波蘭

發展現況與展望

施正鋒、紀舜傑 主編　　台灣國際研究學會 策畫

「波蘭——發展現況與展望」學術研討會議程

主辦單位：台灣國際研究學會
時　　間：2024 年 9 月 21 日（六）
地　　點：線上會議
召 集 人：施正鋒、紀舜傑

時間	議程	
9:30	主辦與協辦單位致詞：台灣國際研究學會理事長　紀舜傑	
	主持人：台灣國際研究學會副理事長　林健次	
9:40 ~ 10:50	波蘭的國家發展 台灣國際研究學會常務理事　施正鋒	評論人：康培德　教授 （國立師範大學台灣歷史研究所）
	波蘭的國家認同 淡江大學教育與未來設計系副教授　紀舜傑	評論人：闕河嘉　副教授 （國立臺灣大學生物產業傳播暨發展學系）
10:50	休息	
	主持人：台灣國際研究學會常務監事　林崇義	
11:00 ~ 12:10	在帝國交會之處的民族建構形態——波蘭的公民及族群民族主義 金門大學閩南文化碩士學位學程主任　劉名峰	評論人：卓忠宏　教授 （淡江大學外交與國際關係學系）
	從歐洲解放者到歐洲最落後的民族——16 至 18 世紀波蘭國家及民族形象在全歐的轉變 中正大學歷史系副教授　杜子信	評論人：顏建發　監事 （台灣國際研究學會）
12:10	休息	

時間	議程	
13:40 ~ 14:50	主持人：台灣國際研究學會常務理事　吳珮瑛	
	波蘭 18 世紀三次瓜分中的國會角色 淡江大學外交與國際關係學系副教授　鄭欽模	評論人：范盛保　教授 （崑山科技大學公共關係暨廣告系）
	美國羅斯福總統對波蘭臨時民族團結政府與邊界問題之研究 台灣國際研究學會理事　鄧育承	評論人：廖雨詩　兼任助理教授 （淡江大學外交與國際關係學系）
14:50	休息	
15:00 ~ 16:10	主持人：台灣國際研究學會理事　郭秋慶	
	中東歐國家的民粹主義——波蘭與捷克 東吳大學中東歐教學研究中心執行長　鄭得興	評論人：張壯熙　副教授 （華梵大學美術與文創學系）
	波蘭的族群政治 雲林科技大學通識教育中心兼任教授　謝國斌	評論人：石雅如　副教授 （慈濟大學外國語文學系）

目次

「波蘭──發展現況與展望」學術研討會議程 iii

波蘭的國家發展／施正鋒 1

壹、早期歷史 1
貳、由雅蓋隆王朝、到波蘭立陶宛國協 5
參、列強瓜分下的異族統治 12
肆、由法國大革命戰爭、到一次世界大戰 20
伍、波蘭重生復國 28
陸、二次世界大戰 36
參考文獻 44

波蘭的國家認同──歷史與文化交織的民族自豪／紀舜傑 ... 53

壹、前言 53
貳、認同的理論 55
參、波蘭的歷史與認同：公元 10 世紀至二次大戰 58
肆、後共產主義時期的民族重建：1989 至 2000 61
伍、團結工聯的角色 63
陸、與歐盟之互動關係 65
柒、烏克蘭戰爭的影響 67
捌、結論 68
參考文獻 70

在帝國交會之處的民族形態
──天主教與波蘭民族主義的建構／劉名峰.................73

    壹、前言..73
    貳、促成「族群 vs.公民」民族主義融合的社會機制............75
    參、帝國交會之處的波蘭民族主義：過去與現在.................87
    肆、結論..107
    參考文獻..109

從「歐洲解放者」到「歐洲最落後的民族」──14 至 18 世紀
波蘭國家及民族形象在全歐的轉變／杜子信..................113

    壹、前言..113
    貳、10 至 14 世紀初之間波蘭國度的建構、大分裂、
        再統一及東進..115
    參、14 世紀末至 16 世紀後期間從波蘭－立陶宛聯盟
        到波蘭王政共和國及其黃金時代的建立......................119
    肆、17 世紀王政共和國體制運作的惡化及波蘭的盛世餘暉..129
    伍、波蘭負面觀的出現及波蘭王政共和國的瓦解.................139
    陸、結論..143
    參考文獻..147

波蘭立陶宛聯邦時期的貴族共和體制／鄭欽模 149

壹、波立聯邦的貴族共和體制 149
貳、波蘭貴族共和體制的背景與演變 154
參、內部整合失利，難以構建國族認同 156
肆、對外征戰連連，國力進一步削弱 159
伍、貴族共和體制對波立聯邦政治發展的影響 162
陸、波立聯邦貴族共和體制的政治危機 165
柒、結論 168
參考文獻 171

波蘭的國族打造／謝國斌 173

壹、當代波蘭的族群組成 173
貳、波蘭的族群歷史：誰是波蘭人？ 177
參、波蘭的國族打造：恢復歷史光榮還是維持現狀？ 181
肆、當代波蘭國族打造議題：西方與東方的拉扯 186
伍、結語：波蘭國族打造的現況與挑戰 191
參考文獻 195

美國羅斯福總統對波蘭與蘇聯邊界問題之研究／鄧育承.....199

　　壹、緒論...199
　　貳、小羅斯福總統領導風格.................................201
　　參、蘇聯與波蘭流亡政府之邊界爭端.........................204
　　肆、波蘭邁向臨時團結政府之重建...........................207
　　伍、結論...210
　　參考文獻...212

中東歐國家的民粹主義與民主發展──波蘭與捷克／鄭得興...215

　　壹、前言...215
　　貳、中東歐的民主化發展...................................217
　　參、中東歐的民粹主義.....................................220
　　肆、波蘭與捷克個案.......................................223
　　伍、結論...226
　　參考文獻...229

波蘭的國家發展[*]

施正鋒
政治學者、自由撰稿人

壹、早期歷史

斯拉夫人（Slavs, Slavic People）起源於波蘭（Poland）的維斯圖拉河（Vistula）流域，在西元 450 年面對來自東方的匈人[1]（Huns）壓力，開始往南遷徙，接著又往北、東發展，終於有西斯拉夫人（Western Slavs）、南斯拉夫人（Southern Slavs）、及東斯拉夫人（Eastern Slavs）的差別；西斯拉夫人因為地方的區別、加上政治區隔，分為平原的波蘭人（Poles）、丘陵地的捷克人（Czechs）、及山地的斯洛伐克人（Slovaks）；當時，西斯拉夫人約有 50 個部落，當中最強的是位於瓦爾塔河（Warta）中游盆地波茲南（Poznań）的波里安人[2]（Polanie, Polans）；在羅馬帝國（Roman Empire, 27 B.C.-395）崩解後，日耳曼人（Germanic peoples）往西、往南遷徙，一些西斯拉夫人[3]在 5-7 世紀趁虛而入奧得河（Oder）與易北河

---

[*] 發表於台灣國際研究學會主辦「波蘭──發展現況與展望學術研討會」，線上會議，2024/9/21。
[1] 即匈牙利人／馬扎爾人（Hungarians, Magyars）的先人。
[2] 意思是平地人（field dwellers, plains people）。
[3] 稱為波拉布斯拉夫人（Polabian Slavs）、或易北河斯拉夫人（Elbe Slavs），即易北河畔的斯拉夫人，又稱為文德人（Wends）（Wikipedia, 2024: Polabian Slavs; Wends）。

（Elbe）之間的原始林、及沼澤地屯兵墾殖，儼然是日耳曼人與斯拉夫人之間的一道人牆緩衝地；面對日耳曼人東進[4]的威脅，波里安人先在 8 世紀中葉以武力初步結合其他西斯拉夫人，在 9 世紀中整合奧得河與西布格河（Bug）流域的部落而建國、以族名為國名，這是波蘭人、及波蘭人國家（Polish land, Polish state）的濫觴（Walters, 1988: 18-19; Slocombe, 1939: 9-19; Pease, 1994: 3-4; Prażmowska, 2011: 2-6; Kulski, 1976: 2; Wandycz, 1992: 26; Zamoyski, 2009: 1-3; Wikipedia, 2024: Slavs; Early Slavs; West Slavs; Names of Poland）。

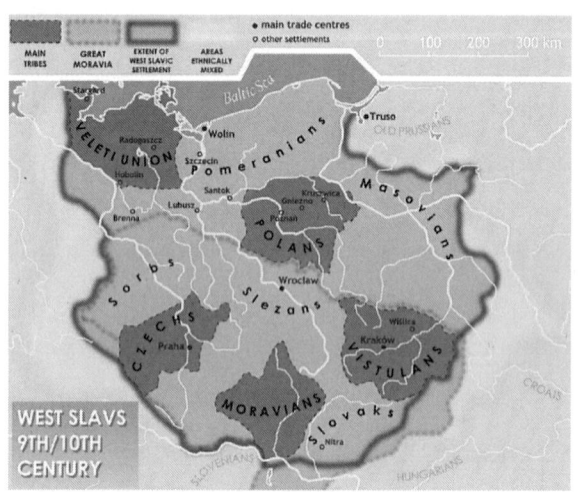

來源：Wikimedia（2022: File:West slavs 9th-10th c..png）。

圖 1：西斯拉夫人（9-10 世紀）

---

4 即東向運動（*Ostsiedlung*, East settlement），是指日耳曼人在中世紀，穿過易北河、及薩勒河（Saale），前往中歐、東歐、及波羅的海的移民墾殖；其實，波蘭人一開頭是歡迎日耳曼人前來開發，進而著手日耳曼化，原本族群邊界逐漸往東移動，北、西、及南方都有日耳曼人逼近（Kulski, 1976: xvii-xviii, 6; Wikipedia, 2024: Ostsiedlung）。

波蘭開國元勳梅什科一世（Mieszko I, 960-92）經由部落聯盟建立世襲的皮雅斯特王朝（Piast Dynasty, 960-1370），南征北討，往北前進到波羅的海（Baltic Sea）、往南則延伸到喀爾巴阡山脈（Carpathian Mountains）、往東到西布格河，幅員大致上就是當下波蘭的版圖；由於飽受日耳曼人東擴5的威脅，他在966年帶領族人接受領洗、成為羅馬的保護國，讓西邊新興的日耳曼人神聖羅馬帝國沒有對異教徒發動聖戰（crusade）的征服藉口，得以開始往東邊發展；其子波列斯瓦夫一世（Bolesław I the Brave, 992-1025）遊走神聖羅馬帝國與教皇之間，得以四面八方擴張，東進聶伯河（Dnieper）、開拓往黑海（Black Sea）地區的貿易線，不過，由於戰線過於延伸，終究無力固守西疆；傳到波列斯瓦夫三世（Bolesław III Wrymouth, 1107-38）雖然力挽狂瀾，卻是禍起蕭牆，他分封領地給諸子，此後，王室為了維持表面的團結，必須以封地來羈縻諸侯，國家持續零碎化，近200年權力傾軋不斷，國力衰退，無力抗拒外患，終究失去北邊臨海的波美拉尼亞（Pomerania）、及南邊的西利西亞（Silesia）（Keefe, et al., 1973: 12-13; Pease, 1994: 4-6; Prażmowska, 2011: 6-17, 22-25; Kulski, 1976: 4-6; Zamoyski, 2009: 3-14; chaps. 2-3; Slocombe, 1939: chaps. 2-5）。

---

[5] 東法蘭克國王鄂圖一世（Otto I, 936-73）繼承父業統一日耳曼人部落，在東疆建立軍事邊區（March）以防範西斯拉夫人，於955年跨過易北河往東擴張，在962年於羅馬被加冕為神聖羅馬帝國（Holy Roman Empire, 800-1806）皇帝，號稱鄂圖大帝（Otto the Great, Holy Roman Emperor, 962-73），梅什科一世不得不虛與委蛇臣服（Wikipedia, 2024: Otto the Great; Battle on the Raxa）。

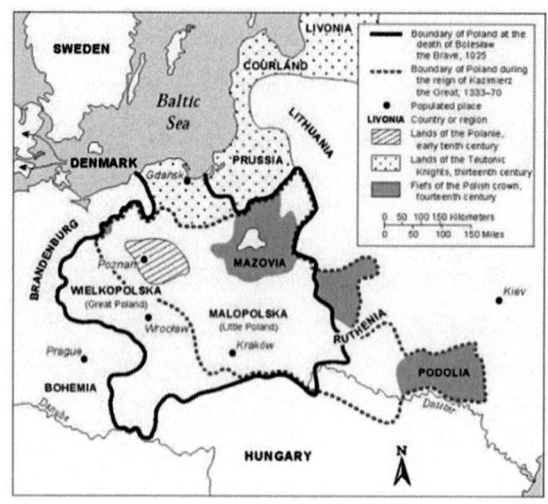

來源：Pease（1994: 8）。

圖2：皮雅斯特王朝（966-1370）

來源：Wikimedia（2024: File:Teutonic Order 1410.png）。

圖3：條頓騎士團國（1410）

在 11-12 世紀，波蘭除了在西邊必須應付神聖羅馬帝國的蠶食鯨吞[6]，在南部則有虎視眈眈的波希米亞王國（Kingdom of Bohemia, 1198-1918），進入 13 世紀，東方又有 3 度入侵的蒙古人（Mongols）欽察汗國（Golden Horde, 1242-1502）（1240-41, 1259-60, 1287-88）；心腹之患則是雄踞北方的條頓騎士團（Teutonic Knights），他們原本在 1226 年受邀前來幫忙應付波羅的海岸叛服不常的異教徒（古）古普魯士人（Old Prussians）部落，沒有想到引狼入室，這些北日耳曼人攻佔維斯圖拉河下游、往北延伸到尼曼河（Neman），建立條頓騎士團國（State of the Teutonic Order, 1226-1561），各地日耳曼人蜂擁而入墾殖，不時給波蘭帶來威脅，甚至於切斷其與出海口的聯繫；另外，由北方邊區（Northern March, 965-83）發展而來的布蘭登堡藩侯國（Margraviate of Brandenburg, 1157-1806）也趁虛來犯（Pease, 1994: 5-6, 10; Prażmowska, 2011: 26-28, 32-34, 47-55; Kulski, 1976: 5-7; Zamoyski, 2009: 19-30; Halecki, 1983: chap. 4; Wikipedia, 2024: Old Prussians; First Mongol invasion of Poland; Second Mongol invasion of Poland; Third Mongol invasion of Poland; Margraviate of Brandenburg）。

貳、由雅蓋隆王朝、到波蘭立陶宛國協

進入 14 世紀，瓦迪斯瓦夫一世（Władysław I Łokietek, 1320-33）文武兼備，透過內部的整合、及外部的結盟，終於統一波蘭、收復大部分失土；皮雅斯特王朝末代國王卡齊米日三世（Casimir

---

[6] 日耳曼人在 12 世紀末開始前來邊地拓殖，進入 13 世紀加速開發，文化威脅不下於武力征伐（Halecki, 1983: 32-33）。

III the Great, 1333-70）功業彪炳、號稱大帝，波蘭躋身歐洲強國之列，死後無男嗣，經過幾番波折，由女兒雅德維加（Jadwiga of Poland, 1384-99）接位，她與立陶宛大公雅蓋沃（Władysław II Jagiełło, Grand Duke of Lithuania, 1377-1434）結婚共治（1386-99），建立雅蓋隆王朝（Jagiellonian Dynasty, 1385-1572）；兩國簽訂條約『克雷沃聯合』（*Union of Krewo*, 1385），以王朝聯盟[7]（dynastic union）方式結為波蘭立陶宛聯盟（Polish-Lithuanian Union, 1370-1569），在格倫瓦德之戰（Battle of Grunwald, 1410）聯手重挫條頓騎士團，又共同抗拒入侵的蒙古人－韃靼人（Mongol-Tatars）；當時的立陶宛涵蓋大部分白俄羅斯（Belarus）、及烏克蘭（Ukraine）東南部，雅蓋沃帶領國人洗禮，讓條頓騎士團不再有入侵異教徒的口實；克紹箕裘的瓦迪斯瓦夫三世·雅蓋隆契克（Władysław III of Poland, 1434-44）好大喜功，贏得波蘭-條頓戰爭（Polish-Teutonic War, 1431-35），卻死於土耳其人（Turks）手中；卡齊米日四世·雅蓋隆契克（Casimir IV Jagiellon, 1447-92）兄終弟及，打贏十三年戰爭（Thirteen Years' War, 1454-66）、納條頓騎士團為藩屬，收復波美拉尼亞[8]、取回出海口，雄霸中歐；到了雅蓋隆王朝末期，儘管西線無戰事，在東方及東南方的邊界時有騷動、領土一再流失，面對莫斯科大公國（Principality of Moscow, 1282-1547）覬覦立陶宛以東土地，波蘭為了制衡而與鄂圖

---

[7] 又稱為身合國（personal union）。
[8] 條頓騎士團國的兩地一分為二，在維斯圖拉河以西的波美拉尼亞被波蘭併入，稱為皇家普魯士（Royal Prussia, 1466-1569, 或波屬普魯士 Polish Prussia），含格但斯克（Gdansk），後來變成普魯士王國（Kingdom of Prussia, 1701-1918）、及德意志帝國（German Empire, 1871-1918）的西普魯士（West Prussia, 1773-1829, 1878-1919）；以東的條頓騎士團國則必須臣服為附庸，後來世俗化為普魯士公國（Duchy of Prussia, 1525-1701, 或 Ducal Prussia），也就是日後普魯士王國、及德意志帝國的東普魯士（East Prussia, 1772-1829, 1878-1945）（Kulski, 1976: 7-9; Wikipedia, 2024: Royal Prussia）。

曼帝國（Ottoman Empire, 1299-1922）結盟、拉攏各路韃靼人，終究，齊格蒙特一世（Sigismund I the Old, 1506-48）與莫斯科言和，卻還是必須每年重禮籠絡克里米亞韃靼人（Crimean Tatars）（Pease, 1994: 6-10; Prażmowska, 2011: 34-67; Kulski, 1976: 6-8; Zamoyski, 2009: 28-43, 55-57; Lukowski & Zawadzki, 2006: chap. 2; Halecki, 1983: chaps. 5-11; Slocombe, 1939: chaps. 7-11; Wikipedia, 2024: Władysław I Łokietek; Casimir III the Great; Jadwiga of Poland; Władysław II Jagiełło; Jagiellonian dynasty; Union of Krewo; Polish-Lithuanian union; Battle of Grunwald; Vytautas; Władysław III of Poland; Polish-Teutonic War (1431-1435); Casimir IV Jagiellon; Thirteen Years' War (1454-1466); Sigismund I the Old）。

雅蓋隆王朝末代國王齊格蒙特·奧古斯特（Sigismund II Augustus, 1548 -72）與立陶宛簽訂條約『盧布林聯合』（*Union of Lublin*, 1569），將兩國實質（*de facto*）關係深化為憲政法規[9]（*de jure*）的聯合王國波蘭立陶宛聯邦（Polish-Lithuanian Commonwealth[10]，1569-1795）；齊格蒙特·奧古斯特身故無嗣，由佔人口 7%的貴族（szlachta）票選國王取代世襲王朝，形式上選舉君主制（elective monarchy）、實為貴族民主制（Golden Liberty, noble republic 貴族共和國），他們為了鞏固黃金自由（golden freedoms）的權，偏好容易操控的外來國王（Keefe, et al., 1973: 14-15; Pease, 1994: 14-15; Prażmowska, 2011: 63-65, 68-72, 86-95, 108-12, 120-24; Zamoyski, 2009: 78-87; Lukowski & Zawadzki, 2006: 60-65; Halecki, 1983: chaps. 12; Johnson, 1996: 107-11; Wandycz, 1992: 85-88; Slocombe,

---

[9] 又稱為政合國（real union）。
[10] 正式國名為波蘭王國及立陶宛大公國（Kingdom of Poland and the Grand Duchy of Lithuania）。

1939: chaps. 10-11; Wikipedia, 2024: Sigismund II Augustus; Union of Lublin; Polish-Lithuanian Commonwealth; Szlachta; Golden Liberty）。

來源：Pease（1994: 12）。

圖 4：波蘭立陶宛聯盟（15 世紀）

在 16-17 世紀，波蘭雖然並未捲入宗教改革（Reformation）的糾葛，自外迎來的國王不免關注出身國的利益，波蘭與俄羅斯、土耳其、及瑞典交戰不已，用兵很難用一致的戰略考量來理解，譬如齊格蒙特三世・瓦薩（Sigismund III Vasa, 1587-1632）除了打波蘭王位繼承戰爭（War of the Polish Succession, 1587-88）、出兵俄羅斯（1609-18），又因為身兼瑞典國王（1592-99），把波蘭捲入瑞典的內戰（1598-99）；揚三世・索別斯基（John III Sobieski, 1674-96）頗有戰功、脫穎而出，雖在維也納之戰（Battle of Vienna, 1683）打敗土耳其，卻始終無法斷絕其騷擾，此後國勢江河日下；繼位的是薩克森選帝侯（Elector of Saxony, 1694-1733）奧古斯特二世

（Augustus II the Strong, 1697-1706, 1709-33），儘管獲得奧地利、教宗、及俄羅斯加持在18位競爭者當中出線，面對推舉他的權貴欲振乏力，特別是令人詬病的國會自由否決權（*liberum veto*），更糟的是他念茲在茲薩克森選侯國（Electorate of Saxony, 1356-1806）的利益，無端捲入俄羅斯與瑞典之間的大北方戰爭（Great Northern War, 1700-21），一度遜位，經過彼得大帝（Peter the Great, 1682-1725）的一臂之力才復辟，波蘭形同保護國（Keefe, et al., 1973: 15-16; Pease, 1994: 14-18; Prażmowska, 2011: 65-66, 88-89, 95-108, 113-20; Kulski, 1976: 10; Zamoyski, 2009: 87-91, chap. 7, 163-68, 176-80; Lukowski & Zawadzki, 2006: 93-109; Halecki, 1983: chaps. 13-16; Johnson, 1996: 105-107; Slocombe, 1939: chaps. 12-18; Wikipedia, 2024: Sigismund III Vasa; War of the Polish Succession (1587-1588); Polish-Russian War (1609-1618); War against Sigismund; John III Sobieski; Battle of Vienna; Augustus II the Strong; *Liberum veto*）。

奧古斯特三世（Augustus III of Poland, 1733-63）在王位繼承的競選雖然獲得奧地利、及俄羅斯的背書，一開頭敗給法國支持的對手，經過俄國聯手奧國、及普魯士強行改選才翻盤，又經過波蘭王位繼承戰爭（War of the Polish Succession, 1733-35）終於確認，他自知政權來自俄軍，因此唯命是從，而奧、普在外交上也不免耳提面命；他由於身兼薩克森選侯，待在波蘭的時間不多，加上受制於那些只關心本身特權、濫用自由否決權的貴族，只能從事收買，因此，儘管希望能借波蘭的手有助於薩克森，卻未必能如願，特別是奧地利王位繼承戰爭（War of the Austrian Succession, 1740-48）、及七年戰爭（Seven Years' War, 1756-63），反而讓波蘭付出沈重的代價，被迫允許俄軍自由進入領土攻打普魯士，請神容易送神難，只能任人驅策；末代國王斯坦尼斯瓦夫・奧古斯特（Stanisław August

Poniatowski, 1764-95）是俄羅斯女皇葉卡捷琳娜二世（Catherine the Great, 1762-96）的舊情人，由於王位是人家欽定的，波蘭的獨立只是形式而已，他認命捍衛俄羅斯西翼安全的角色，而內政則必須聽命權臣來維持政權穩定；葉卡捷琳娜二世為了扶植聽話的新教徒、及東正教徒，以歧視為由強求波蘭廢除對他們出任高官的限制，又醞釀恢復令人詬病的自由否決權，製造政治動亂的陽謀昭然若揭，俄國大使甚至於威脅不惜出兵讓華沙片瓦無存；到了18世紀末，波蘭內政外交崩盤，既沒有常備軍、也沒有外交部門，淪為俄羅斯的保護國，而內部的經濟、社會、及文化更是分崩離析，還好，由於外來威脅者信奉不同的宗教，包括基督教的瑞典與普魯士、東正教的俄羅斯、及回教的土耳其，天主教會勉強維持國家團結（Prażmowska, 2011: 120-24; Keefe, et al., 1973: 16; Pease, 1994: 17; Lukowski & Zawadzki, 2006: 110-22; Halecki, 1983: chaps. 17-18; Slocombe, 1939: chaps. 18-19; Wikipedia, 2024: War of the Polish Succession）。

來源：Pease（1994: 14）。

圖5：波蘭立陶宛國協（1569-1667）

波蘭的國家發展／施正鋒　11

來源：Wikimedia（2023: File:Allegory of the 1st partition of Poland.jpg）。
說明：由左到右分別是俄羅斯女皇葉卡捷琳娜二世、普魯士國王腓特烈二世（Frederick the Great, 1740-86）、國王斯坦尼斯瓦夫・奧古斯特、神聖羅馬帝國皇帝約瑟夫二世（Joseph II, Holy Roman Emperor, 1765-90）

圖6：第一次波蘭瓜分

參、列強瓜分下的異族統治

俄羅斯強人所難介入內政,在波蘭引發將近 4 年的宗教衝突,終究出兵鎮壓;戰後,俄羅斯與奧地利、及普魯士在 1772 年簽約瓜分,波蘭失去三分之一的土地、及一半的人口;貴族在喪權辱國後發奮圖強、從事改革,制訂歐洲第一部成文憲法『五三憲法』(*Constitution of 3 May 1791*),特別是廢除令人詬病的國會自由否決權,並著手建立世襲王朝,一些權貴心有不甘、告到葉卡捷琳娜二世;俄羅斯結合普魯士在 1792 年二度入侵、聯手瓜分,波蘭領土只剩原來的不到三分之一、人口只有 400 萬,儼然殘存國家(rump state),波蘭人揭竿起義,領軍的是先前參加美國獨立戰爭(American Revolutionary War, 1775-83)的名將塔德烏什・柯斯丘什科(Tadeusz Kościuszko),寡不敵眾,華沙慘遭屠殺;戰後,俄羅斯與普魯士、及奧地利為了一勞永逸,乾脆在 1795 年把剩下的領土通通瓜分,波蘭從歐洲的地圖被抹掉、亡國 123 年(Keefe, et al., 1973: 16-17: Pease, 1994: 16-22; Prażmowska, 2011: 124-29; Zamoyski, 2009: chaps. 12-13; Lukowski & Zawadzki, 2006: 127-32; Halecki, 1983: chap. 19; Johnson, 1996: 126-30; Slocombe, 1939: chaps. 19-22; Wikipedia, 2024: Stanisław August Poniatowski; Constitution of 3 *May 1791*; First Partition of Poland; Second Partition of Poland; Tadeusz Kościuszko)。

回首來看,奧地利忘恩負義,畢竟波蘭在 1683 年解圍,維也納才免於落入土耳其手中;奧地利女大公瑪麗亞・特蕾莎(Maria Theresa, 1745-80)原本猶豫不決,在兒子神聖羅馬帝國皇帝約瑟夫二世(Joseph II, Holy Roman Emperor, 1765-90)、及朝臣的壓力下勉強同意(Kulski, 1976: 10; Zamoyski, 2009: 194)。普魯士在 1790 年與波蘭結盟對抗俄羅斯,假惺惺說支持歸還加利西亞(Galicia)、只要補償

就好,波蘭以為起碼有外交支持也好;其實,普魯士的盤算是在戰術上用波蘭來制衡俄羅斯,要是能跟俄羅斯握手言歡,也就顧不得什麼仁義道,自我催眠的波蘭就被盟邦出賣(Johnson, 1996: 95-99, 128; Kulski, 1976: 11; Zamoyski, 2009: 210; Halecki, 1983: 204; Wikipedia, 2023: Polish-Prussian alliance)。

　　普屬波蘭(Prussian Poland)面積141,400平方公里(19.28%),除了波蘭建國搖籃的波茲南,還包含西邊的西普魯士、北邊的瓦爾米亞(Warmia)與波美拉尼亞、及西南方的西利西亞;普魯士統治當局採取嚴苛的統治[11],改派日耳曼公務人員取代民選官員,取消城鎮原本享有的自治權,他們除了沒收官方土地,還拍賣追隨柯斯丘什科起義者的土地,連天主教會的財產也悉數充公,並特地引入30萬日耳曼人前來墾殖,又視波蘭人為「沒有什麼文化內涵的民族」,鐵腕進行日耳曼化工作,以德語為官方語言、不承認波蘭語的地位;在俄國佔領區爆發一月起義(January Uprising, 1863-64)後,普魯士佔領當局開始戒心,接著,儘管有成千上萬波蘭人從軍打普法戰爭(Franco-Prussian War, 1870),然而當普魯士戰勝後,佔領區的波蘭人竟然發動親法國的示威遊行,更讓他們不敢大意;德國在1871年統一以後,首相俾斯麥[12](Otto von Bismarck, 1871-90)立意消滅波蘭人的民族意識,推動文化鬥爭(*Kulturkampf*, 1871-78),在

---

[11] 普魯士原本懷柔波蘭菁英,然而,俄國佔領區爆發十一月起義(November Uprising, 1830-31),不少波蘭人跨區共襄盛舉,包括1,000名服役於普魯士陸軍者,讓當局大吃一驚;當波蘭軍人在1831年尋求庇護,不管日耳曼人、或波蘭人都熱烈歡迎,普魯士軍方在加以解除武裝後,不是虐待、逐回、就是驅策前往英法(Zamoyski, 2009: 260)。

[12] 俾斯麥原本是普魯士的首相(1862-90),普魯士主導北德意志邦聯(North German Confederation, 1867-71),其首相俾斯麥出任邦聯首相(1867-71),等到德國統一為德意志帝國(*Deutsches Reich*, German Empire, 1871-1918),首相還是俾斯麥。

1872 年將傳統上由天主教會主導的教育工作收歸國家負責，波蘭的文化發展橫遭阻礙[13]；波蘭人起先只是嫌惡普魯士，對於其他日耳曼人的印象還好，此後就認為他們沒有什麼差別了，特別是農民原本沒有什麼民族意識，只知道自己是天主教徒，不清楚自己究竟是波蘭人、還是日耳曼人，而普魯士也判斷只要閹割貴族、及教士，農民就會自動變成忠誠的德國人，沒有想到弄巧成拙；由於波蘭人不准參與政治活動，既然沒有出路，便轉而把心力放在經濟活動，成立土地銀行、或信用合作，一方面提供做生意的資本，另一方面出資幫忙農民紓困購買土地，到了 19 世紀末，得以有強韌的經濟做後盾，制衡外來土地政策的侵蝕（Keefe, et al., 1973: 18; Pease, 1994: 27: Prażmowska, 2011: 131-32, 153-55; Kulski, 1976: 16-20; Zamoyski, 2009: 259-65; Halecki, 1983: 257-59; Slocombe, 1939: 288-92; Wikipedia, 2024: Prussian Partition; *Kulturkampf*)。

　　奧屬波蘭（Austrian Poland）面積 128,900 平方公里（17.57%），包含南部的加利西亞、及其周邊[14]；由於奧地利本身是多民族的社會、需要波蘭貴族支持，雖然聯邦安排功敗垂成，波蘭人享有相當程度的自治、交換效忠奧地利帝國（Austrian Empire, 1804-67），甚至於也有不少識時務者為俊傑的人進入政府高層當官[15]；因為同樣

---

[13] 在 1874 年，波蘭文教科書被禁止，日耳曼語在 1876 年成為公務語言，從法院到郵局不容其他語言，甚至於 1887 年起，連波蘭語作為第二語言也不准（Zamoyski, 2009: 262）。
[14] 又稱為奧屬加利西亞（Austrian Galicia），正式名稱為加利西亞和洛多梅里亞王國（Kingdom of Galicia and Lodomeria, 1772-1918）（Wikipedia, 2024: Austrian Partition; History of Galicia (Eastern Europe)）。
[15] 奧地利在 1859、1866 年分別敗於義大利、及普魯士，因此對內必須採取舒緩的手段，相對地，波蘭人對普魯士、及俄羅斯沒有任何寄望，也樂得配合（Kulski, 1976: 16; Wikipedia, 2024: Second Italian War of Independence; Austro-Prussian War）。

是天主教國家,奧地利的日耳曼化沒有普魯士那麼強勢,並未太干預波蘭的文化發展[16],卻擔心法國大革命的感染,所以當局採取嚴格的審查制度;以仕紳(gentry)為主的民族運動者組織波蘭民主會(Polish Democratic Society, TDP, 1832-62)在三國共管的舊都克拉科夫自由市(Free City of Cracow)發動起義(Kraków Uprising, 1846),農民因為奧地利統治當局的挑撥離間而暴動反制,階級鬥爭最嚴重的地方,90%的莊園大屋被毀、地主及家人被殺,最後,奧、俄聯手出兵興師問罪、自由市地位喪失,貴族終於體會,民族問題必須跟社會問題一併解決;儘管農奴制在1849年廢除,農民生活改善的步調遲緩,這是被佔領區當中經濟最落後的地方,不少人在1850年代中以後搬到德國的工業區、或者乾脆飄洋過海移民北美洲[17],到了19世紀末、20世紀初,這裡儼然是農民運動的溫床,在1895年成立人民黨[18](People's Party)(Keefe, et al., 1973: 18; Pease, 1994: 27-28; Prażmowska, 2011: 132-33, 141-46, 155-57; Kulski, 1976: 17; Zamoyski, 2009: 265-68, 236-37, 284; Halecki, 1983: 236, 259-62; Walters, 1988: 88-90; Slocombe, 1939: 292-94; Wikipedia, 2024: Austrian Partition; Kraków uprising; Galician Peasant Uprising of 1846)。

俄屬波蘭(Russian Poland)面積463,200平方公里(63.15%),除了佔領區的東邊是直接納入的西邊疆區(Western Krai)(包含立陶宛、白俄羅斯、及烏克蘭),沙皇亞歷山大一世(Alexander I of

---

[16] 譬如,波蘭語是該省的唯一官方語言,國小以上的教學只能使用波蘭語(Walters, 1988: 89)。

[17] 進入20世紀初期,波蘭裔美國人每年匯回的錢高達5,000萬美元,足以紓解故鄉農村的窮困(Zamoyski, 2009: 267)。

[18] 於1902年首度發動農業工人罷工,在1903年改名為波蘭人民黨(Polish People's Party, PSL)至今(Zamoyski, 2009: 267; Wikipedia, 2024: Polish People's Party)。

Russia, 1801-25）根據維也納會議（Congress of Vienna, 1814-15）授與『波蘭會議王國憲法』（*Constitution of the Kingdom of Poland, 1815*），在佔領區西邊成立波蘭會議王國（Congress Poland, 1815-67）、自兼國王，允許有自己的行政體系、及小規模軍隊，展開工業、礦業、教育的發展；進入 1830 年代，受到法國七月革命（July Revolution, 1830）鼓舞，波蘭軍校士官革命發動十一月起義（November Uprising, 1830-31），百姓揭竿而起，高級將領不願意出面領導，終究俄羅斯出兵掃蕩，法國視若無睹，而普魯士、奧地利、英國也不願意得罪俄國，10,000 波蘭高階軍官、政治人物、作家、藝術家黯然流亡法國[19]，尼古拉一世（Nicholas I of Russia, 1825-55）頒佈『波蘭王國基本法』（*Organic Statute of the Kingdom of Poland, 1832*），剝奪當地的半自治；亞歷山大二世（Alexander II of Russia, 1855-81）雖說從事改革、其實軟硬兼施，一月起義（1863-64）是波蘭人最後一次大規模抗爭，義軍彈盡援絕、慘遭俄軍鎮壓，50,000 人被放逐西伯利亞、一去不回，帝俄乾脆廢除波蘭會議王國、降為省，稱為維斯瓦拉土地（Vistula Land, 1867-1915）、不見波蘭這個名稱；儘管國際輿論同情波蘭、譴責俄國不義，年輕人由愛英法德前來義助，包括義大利紅衫軍，各國政府充耳不聞[20]

---

[19] 許多士兵加入新成軍的比利時國防軍（Belgian Armed Forces, 1830-），而法國則特別成立國籍兵團（French Foreign Legion, 1831-）接納；儘管帝俄昭告天下寬容特赦，有 10,000 波蘭軍官不是被打入勞改營、就是被拔階送到高加索（Caucasus）當士兵，另外，有 800 名因為父親死亡、或流亡的所謂「孤兒」，被強制從母親手中帶走、送進步兵軍團調教（Zamoyski, 2009: 235-36）。

[20] 當時，拿破崙三世（Napoleon III, 1852-70）為墨西哥焦頭爛額，英國、及奧地利只願意提供精神支持；這時候，唯一可以扮演關鍵角色的是普魯士，首相俾斯麥為了向俄羅斯示好，乾脆封閉邊界、阻止波蘭革命份子回國（Walters, 1988: 54）。

（Keefe, et al., 1973: 17-18; Pease, 1994: 23-26; Prażmowska, 2011: 136-41, 145-48; Zamoyski, 2009: chap. 15; Lukowski & Zawadzki, 2006: 157-81; Halecki, 1983: 255-57, chap. 21; Slocombe, 1939: chap. 24-25; Wikipedia, 2024: Western Krai; Congress Poland; November Uprising; January Uprising; Organic Statute of the Kingdom of Poland; 2023: Constitution of the Kingdom of Poland）。

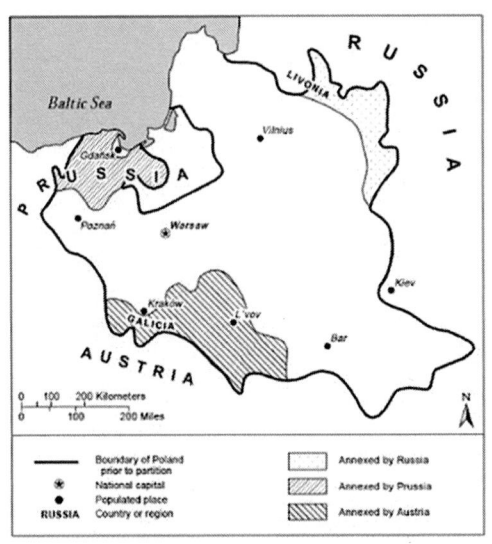

來源：Pease（1994: 18）。

圖7：波蘭第一次瓜分（1772）

　　俄羅斯在佔領區除了試圖擴張東正教，還採取嚴苛的同化政策、禁止在公共場合使用波蘭語；帝俄在1864年廢除農奴制，農民的經濟、社會地位獲得改善，工業、及農業也開始有所發展，卻無法提供出路給伴隨而來的政治企盼，特別是日漸成長的民族主義勢不可擋，催生嶄新的波蘭民族；當時，波蘭保守派人士為了經濟上的好處，初步配合行政改革、及地方治理，俄羅斯化的壓力稍

有舒緩,在審查制度下仍有組織社團的空間,自由派主張體制內改革,期待俄羅斯的民主發展,另外,工業化也讓波蘭人開始接觸到社會主義的思潮(Keefe, et al., 1973: 18-19; Pease, 1994: 27; Prażmowska, 2011: 133, 148-51; Zamoyski, 2009: 240-43, 245, 268-75; Wikipedia, 2024: Russian Partition)。

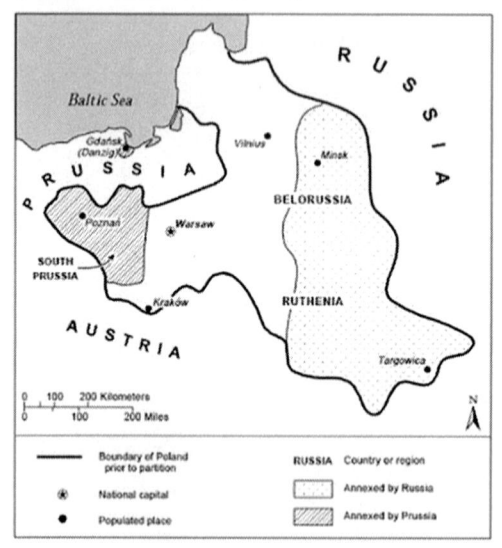

來源:Pease(1994: 20)。

圖8:波蘭第二次瓜分(1793)

在被瓜分時期,英國及法國忙於擴張海外的殖民地,歐陸的普、奧、俄三強則忙著擴充軍備、發展龐大的官僚體系,特別是為了統治波蘭,自本國引入公務人員、及警察,社會控制宛如殖民;由十一月起義(1830-31)到一月起義(1863-64),異族統治者加緊著手土地改革,名為社會正義,實為遂行分化紅(Reds 激進)與白(Whites 保守),波蘭大貴族(magnate)的人數、及財富遞減,特別是在參與起義後財產被沒收,地方仕紳子弟搬到城鎮,從事工

藝、或做小生意，成為新興中產階級的核心、逐漸培養出知識份子，另外，適逢資本主義的發展，礦業及製造業帶來都市化，農村人口也紛紛前往尋求就業機會，都市勞工開始出現，尤其是在普、俄佔領區；在這樣巨幅的社會變遷下，雖然社會摩擦在所不免，原本牢不可破的階級藩籬被打破，群眾的民族意識逐漸凝聚，波蘭人由浪漫主義（Romanticism）調整為實證主義（Positivism），轉而從事「有機工作」（Organic Work），把重心放在草根教育，而非無謂犧牲，抗爭的方式日臻嫻熟；不過，族群間的差異漸凸顯，尤其在東部，先由加利西亞出現離齬，繼而蔓延由立陶宛到烏克蘭的邊區（Zamoyski, 2009: 258-59; Keefe, et al., 1973: 18; Pease, 1994: 26-28; Prażmowska, 2011: 143-44; Lukowski & Zawadzki, 2006: 186-91; Halecki, 1983: chap. 23; Walters, 1988: 50-54; Wandycz, 1992: 162-65; Wikipedia, 2024: Magnates of Poland and Lithuania; Organic work; 2023: Abolition of serfdom in Poland）。

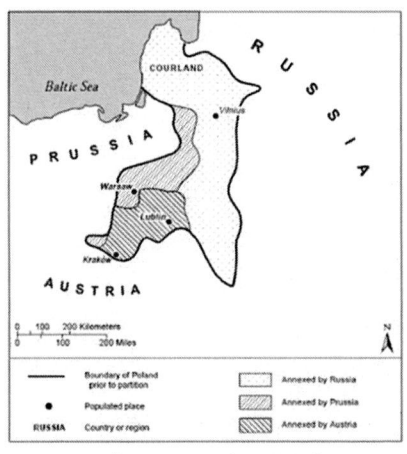

來源：Pease（1994: 21）。

圖 9：波蘭第三次瓜分（1795）

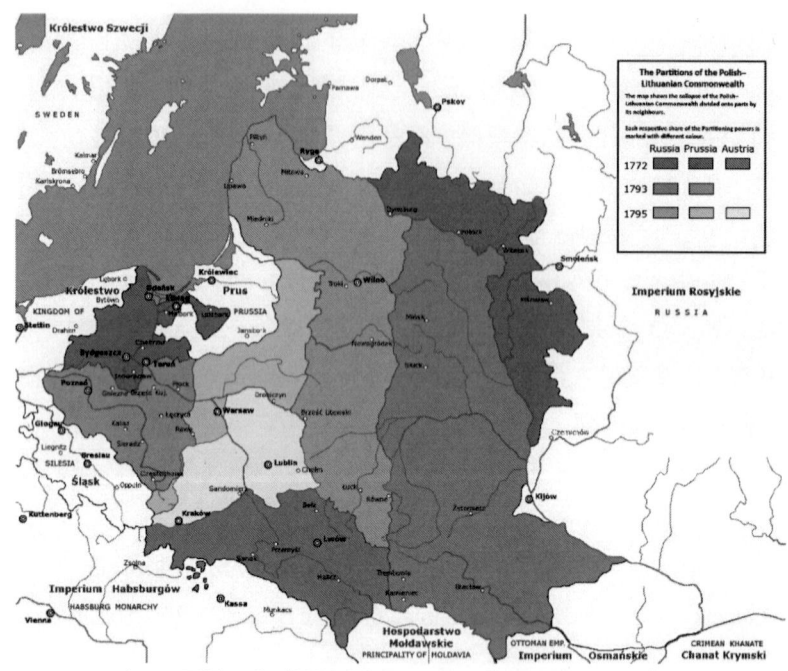

來源：Wikimedia（2024: File:Rzeczpospolita Rozbiory 3.png）。

圖 10：波蘭三次瓜分（1772、1793、1795）

肆、由法國大革命戰爭、到一次世界大戰

經歷列強三次瓜分，許多波蘭知識份子、政治領導者、官員、及愛國者紛紛遠走他鄉，特別是流亡到革命中的法國（1789-99），組波蘭軍團（Polish Legions, 1797-1803）、參加法國大革命戰爭（French Revolutionary Wars, 1792-1802），希冀能借力光復國土[21]；

---

[21] 他們也不少是奧地利徵兵，被法國俘虜，又接受法國的徵召、前往義大利加入波蘭軍團；這些波蘭人相信，只要義大利脫離奧地利統治，他們就能由匈牙利攻回加利西亞，進而在全境起義；不料法國在第一次反法同盟

法國皇帝拿破崙一世（Napoleon, 1804-14）在 1807 年打敗普魯士，與普、俄簽訂『提爾西特條約』（Treaties of Tilsit, 1807），扶植傀儡政權華沙公國[22]（Duchy of Warsaw, 1807-15，面積 127,000 平方公里、人口 3,300,000），還跟奧地利打了一場戰爭（Austro-Polish War, 1809）、擋住進攻華沙的奧軍，不過，終究因為拿破崙在俄法戰爭（French invasion of Russia, 1812）落敗而壽終就寢；亞歷山大一世希望囊括華沙公國，讓普魯士交換取得與拿破崙聯手的薩克森王國（Kingdom of Saxony, 1806-1918），而英、法、奧則憂心帝俄勢力擴張中歐，雙方在維也納會議達成妥協，把華沙公國領地的西部歸普魯士（7%）、設傀儡波森大公國（Grand Duchy of Posen, 1815-48），西南部則併入奧屬波蘭（11%），而其他地方歸俄羅斯所控制的波蘭會議王國（82%），又稱為波蘭第四次瓜分（Fourth Partition of Poland）（Keefe, et al., 1973: 17-18; Pease, 1994: 22-23; Prażmowska, 2011: 133-39; Kulski, 1976: 12-14; Zamoyski, 2009: 220-31, 239; Lukowski & Zawadzki, 2006: 141-55; Slocombe, 1939: chap. 23; Wikipedia, 2024: Congress of Vienna; Polish Legions (Napoleonic era); Duchy of Warsaw; Partitions of Poland; Austro-Polish War）。

（War of the First Coalition, 1792-97）、及第二次反法同盟戰爭（War of the Second Coalition, 1798-1801）後，跟奧地利簽和約『坎波福爾米奧條約』（Treaty of Campo Formio, 1797）、及『呂內維爾條約』（Treaty of Lunéville, 1801），波蘭軍團顯得不搭調；拿破崙於是派遣 6,000 波蘭軍到法屬聖多明戈（Saint-Domingue，現在海地 Haiti）平亂，自由鬥士淪為殖民鎮壓的打手情何以堪，約 4,000 人戰死、400 人留下（Lukowski & Zawadzki, 2006: 139; Zamoyski, 2009: 200, 248-49; Halecki, 1983: 219; Wikipedia, 2024: Polish Legions (Napoleonic era)）。

[22] 對拿破崙來說，波蘭是提供戰費、及兵源的地方，必須養一支 60,000 人的常備兵，此外，還要求 10,000 人步兵、及騎兵去打攻打西班牙；當華沙公國終究破產，法國樂於提供貸款，利息則是波蘭人充當砲灰（Zamoyski, 2009: 221-22）。

當時，一派波蘭人認為獨立端賴國際情勢，強調外交手段、及西方強權的援手，一廂情願認為法國會是適時伸出援手的救星，問題是這些大國所關心的是與德國、及俄羅斯的關係，而波蘭、及東歐的課題是次要的；另一派則主張仿效義大利鼓吹波蘭青年（Young Poland）運動，強調走群眾路線，縝密擘劃、伺機起義；進入被稱為民族之春（Springtime of Nations, 1848-49）的革命年代，流亡份子熱烈參與巴黎、維也納、及柏林的起事，無役不與，除了相信自由是所有民族共同追求的，同時也期待世人投桃報李，又疾呼佔領區的同胞配合起義反抗俄羅斯，並苦口婆心地主廢除農奴制來號召農民共襄盛舉，不過，地方仕紳裹足不前；由於日耳曼革命份子企盼德國統一，對於波蘭的獨立有所保留，因此當歐洲各地的波蘭人蜂擁波茲南發動大波蘭起義（Greater Poland Uprising, 1848），當地的日耳曼自由份子一開頭表示同情，終究拒絕背書，所以當普魯士國王腓特烈·威廉四世（Frederick William IV of Prussia, 1840-61）出兵鎮壓、併入，這些人並未反對[23]；當波蘭流亡份子由維也納前來加利西亞推動耕者有其田，奧地利統治者刻意擴大魯塞尼亞人[24]（Ruthenians）農民與波蘭人地主之間的矛盾，終究出兵清理戰場；克里米亞戰爭（Crimean War, 1853-56）爆發，情勢一片大好，波蘭人希望俄羅斯落敗、企盼英法遠征立陶宛，然後波蘭就可以獲得國際社會的關注，然而，英法則期待普奧能維持

---

[23] 話又說回來，法英德義革命份子熱烈反應，柏林的群眾還釋放先前涉及克拉科夫起義（1846）而被關的共謀；馬克思（Karl Marx）表示支持波蘭復國，他在第一國際（International Workingmen's Association, 1864-76）表示，波蘭人追求自由是大家的共同利益，因為，假設沒有獨立的波蘭，整個歐洲會遭到俄羅斯專制的威脅（Prażmowska, 2011: 45; Zamoyski, 2009: 247-48）。

[24] 也就是當代的烏克蘭人（Ukrainians）的前身。

中立，而普奧當局也鼓勵流亡份子組成波蘭軍團義助土耳其就好，由於戰爭很快結束，波蘭問題終究上不了巴黎會議（Congress of Paris, 1856）的談判桌（Kulski, 1976: 14-16; Prażmowska, 2011: 141-45; Zamoyski, 2009: 236-40; Lukowski & Zawadzki, 2006: 164-73; Halecki, 1983: chap. 21; Wikipedia, 2024: Greater Poland Uprising (1848)）。

到了19世紀下半葉，儘管佔領國的統治手段未盡相同，並不妨礙波蘭民族文化的發展，民族認同與時俱進，大多數都會住民、及受過教育者渴望的是獨立，苟延殘喘、伺機而起，進入20世紀，波蘭人積極展開民族獨立運動，特別是在日俄戰爭（Russo-Japanese War, 1904-1905）、及俄國爆發革命（Russian Revolution of 1905）後，俄國的改革似乎迫在眉睫；儘管有路線的差別，政治領導者的共同覺悟是，除非獲得瓜分三強之一的奧援、波蘭不可能復國，因此不論親俄、德、奧，殊途同歸：諸多社會主義政黨當中，極左的走國際主義，主張與俄國革命份子合作、追求自治，而溫和派則揭櫫民族主義，其中的約瑟夫・畢蘇斯基（Józef Piłsudski）組成波蘭社會黨（Polish Socialist Party, PPS, 1892-），力倡民族獨立優先於勞工權利，雖然加入第二國際（Second International, 1889-1916），卻反對貿然訴諸革命手段，企盼波蘭在奧匈帝國（Austria-Hungary, 1867-1918）下或許可以擠身三位一體、階段性取得自治，進而從俄羅斯手中獨立；最活躍的則是以中產階級及知識份子為主的保守派，他們認為最大的敵人是德國，決定與狼共舞，尋求在俄羅斯庇蔭下由自治走向獨立，走體制內改革路線，其中羅曼・德莫夫斯基（Roman Dmowski）組波蘭國家民主黨（National Democratic Party, 1897-1919），強調務實抗爭，敵視日耳曼人、及猶太人（Jews）；而農民也有自己的政黨農民聯盟（Peasant Alliance），執兩用中，

在地方上的實力不容小覷（Keefe, et al., 1973: 19; Pease, 1994: 28; Prażmowska, 2011: 151-53, 159-60; Kulski, 1976: 20; Zamoyski, 2009: 284-89; Lukowski & Zawadzki, 2006: 197-216; Halecki, 1983: 266-67; Johnson, 1996: 183-84; Walters, 1988: 54-55; Wandycz, 1992: 191-93; Slocombe, 1939: 294-95; Wikipedia, 2024: Polish Socialist Party; National-Democratic Party (Poland)）。

然而，並非所有的波蘭社會主義者都同意漸進的手段，一些人深信社會主義者的長期目標是革命，短期目標則是推翻沙皇體制，而羅莎・盧森堡（Rosa Luxemburg）所領導以知識份子為主的波蘭王國社會民主黨（Social Democracy of the Kingdom of Poland, SDKP, 1893-99，後來擴大為波蘭王國和立陶宛社會民主黨 Social Democracy of the Kingdom of Poland and Lithuania, SDKPiL, 1899-1918）更認為波蘭獨立與社會主義不相容，力主波蘭的社會主義是大俄羅斯社會主義運動的一部份、走國際路線；該黨後來在 1918 年與波蘭社會黨－左翼（Polish Socialist Party-Left, PPS-L, 1906-18）合併為波蘭共產主義工人黨（Communist Workers' Party of Poland, KPRP, 1918-25），進而在 1925 年改頭換面為波蘭共產黨（Communist Party of Poland, KPP, 1925-38）（Prażmowska, 2011: 151-52: Lukowski & Zawadzki, 198-99; Walters, 1988: 330-32; Wandycz, 1992: 192-93; Wikipedia, 2024: Social Democracy of the Kingdom of Poland and Lithuania; Communist Party of Poland）。

在德國於 1871 年統一後，俾斯麥決定與奧地利聯手制衡俄羅斯，瓜分波蘭三強之間的合作頓時出現嫌隙；由於俄國立意與奧地利競逐巴爾幹半島（Balkans），德國在 1878 年柏林會議（Congress of Berlin, 1878）跟奧地利沆瀣一氣、又特別針對俄羅斯結為雙重同盟（Dual Alliance, 1879），因此，儘管亡羊補牢跟俄羅斯秘密簽

訂『再保險條約』（Reinsurance Treaty, 1878），雙方無法繼續模稜兩可、虛情假意；德、奧、義結合為三國同盟（Triple Alliance, 1882-1915）對峙俄、法、英所組成三國協約（Triple Entente, 1907-17），終究德國在 1914 年 8 月 1 日對俄羅斯宣戰，一次世界大戰（World War I, 1914-18）爆發（Kulski, 1976: 16-17; Wikipedia, 2024: Treaty of Berlin (1878); Dual Alliance (1879)）。

來源：Pease（1994: 24）。

圖 11：華沙公國、波蘭會議王國

一開頭，德、奧兩國還盤算打波蘭牌來對付俄羅斯，在 1916 年 11 月 5 日共同承諾，未來會在俄國佔領區恢復制憲王朝、但必

須與兩國密切軍事結合;當時,德國的如意算盤是併吞大部分俄國佔領區、剩下來的成為保護國,而奧地利則是希望併入自己的佔領區、卵翼一個的君主立憲波蘭王國,卻因為德國從中作梗而罷,兩國在 1917 年 9 月成立扶植一個沒有國王、自主有限的波蘭王國 (Kingdom of Poland, 1917-18),波蘭人對三國同盟大失所望;尼古拉二世 (Nicholas II, 1894-1917) 在 1916 年 12 月 25 日鬆口,應允讓波蘭復國取得自由,卻堅持必須以身合國的方式跟俄羅斯結合、由他兼任國王,大體不脫波蘭會議王國的自治框架,不願意得罪俄國的英法心滿意足,美國總統威爾遜 (Woodrow Wilson, 1913-21) 便在 1917 年初宣示「一個統一、獨立、而自主的波蘭應該存在」,接著在『十四點和平原則』(*Fourteen Points, 1918*) 揭示 (Wilson, 1917):

> XIII. An independent Polish state should be erected which should include the territories inhabited by indisputably Polish populations, which should be assured a free and secure access to the sea, and whose political and economic independence and territorial integrity should be guaranteed by international covenant.

此後,英法才開始關注波蘭問題;在二月革命 (February Revolution, 1917) 後成立的俄國臨時政府聲稱,以波蘭人為多數的地方應該有獨立的波蘭國、卻必須與俄國結為軍事同盟,而在十月革命 (October Revolution, 1917) 後成立的蘇維埃俄國 (Russian Soviet Republic, 1917-22 俄羅斯蘇維埃共和國,簡稱蘇俄) 自顧不暇,先於 1918 年 3 月跟同盟國簽訂『布列斯特－立陶夫斯克

條約』(*Treaty of Brest-Litovsk, 1918*)後退出協約國、及大戰[25]，又在 8 月廢除先前的瓜分波蘭條約，集中心力在俄國內戰（Russian Civil War, 1917-22）(Kulski, 1976: 20-21; Lukowski & Zawadzki, 2006: 218-20; Halecki, 1983: chap. 25; Johnson, 1996: 182-85; Karski, 1985: chap. 1)。

在一次大戰，總共有 200 萬波蘭人效命 3 個佔領國、45 萬人戰死，同一個家庭可能穿不國家的軍服；奧地利試圖併吞俄屬波蘭，因此允許波蘭民族運動在其地盤組織，畢蘇斯基相信反俄是獨立的第一步，在 1914 年 8 月 6 日組織波蘭軍團在東線與德奧並肩作戰，儘管老百姓並未熱烈附和，兩國將波蘭會議王國改頭換面為波蘭王國，他後來發現這是附庸，因為拒絕出兵而在 1917 年被德國囚禁，免於日後被政敵指控為通敵（德）；俄羅斯為了拉攏波蘭人，允許自治權、成立波蘭國家委員會（Polish National Committee, 1914-19）；德莫夫斯基原本認為德國對於波蘭民族主義的威脅較大，寄望先藉由協約國統一波蘭、然後在俄羅斯主導的泛斯拉夫聯邦下走向獨立，等到德、奧同盟國在 1915 年 8 月席捲波蘭，他還率眾前往彼得格勒（Petrograd）、嘗試說服帝俄有更明確的立場不成，轉向英法遊說、倡議波蘭復國可以遏止共黨的擴張，他次年流亡巴黎，又組波蘭國家委員會（1917-19）與德莫夫斯基打對台，獲得法英義美承認為合法的代表（Keefe, et al., 1973: 19-20; Pease, 1994: 28; Prażmowska, 2011: 158-65; Zamoyski, 2009: 290-91; Lukowski & Zawadzki, 2006: 217-19; Halecki, 1983: chap. 25; Johnson, 1996: 184-85; Walters, 1988: 171-72; Wandycz, 1992: 197-

---

[25] 德國不想繼續兩面作戰，因此在 1917 年 4 月讓流亡瑞士的列寧（Vladimir Lenin, 1917-24）及 30 名同志入境，協助偷渡回國發動革命、製造動亂（Johnson, 1996: 184）。

99; Slocombe, 1939: 307-308; Wikipedia, 2024: History of Poland during World War I; Józef Piłsudski; Act of 5th November; Kingdom of Poland (1917-1918); Polish National Committee (1914-1917); Roman Dmowski; Polish National Committee (1917-1919)）。

伍、波蘭重生復國

波蘭第二共和國（Second Polish Republic, 1918-39）在同盟國潰敗、大戰結束前成立（1918/10/7），獲釋的畢蘇斯基於 1918 年 11 月從德國回到華沙、出任國家元首（1918-22）；生米煮成飯，協約國對於畢蘇斯基先下手為強老大不高興，畢竟，應該是由他們來授與、而非波蘭自行宣布獨立，而人在巴黎的德莫夫斯基當然也拒絕承認新政府，終究，無黨籍鋼琴家伊格納奇‧揚‧帕德雷夫斯基（Ignacy Jan Paderewski）搭英艦風光回國、臨危授命組聯合政府，德莫夫斯基妥協率團參加巴黎和會（Paris Peace Conference, 1919-20），再生的波蘭立即獲得美國承認，其他協約國家亦步亦趨；波蘭第二共和國的面積 388,600 平方公里、人口 2,700 萬，少數族群（或民族）就有 800 萬之多，主要是烏克蘭人、白俄羅斯人、立陶宛人、日耳曼人、及猶太人，絕大多數維持自己族語、及集體認同，埋下政治不滿的種子；經過 3 個強權瓜分、異族統治百年，拼盤般的波蘭百廢待舉，政治、經濟、及社會問題紛至沓來，卻不像其他歐洲國家，缺乏一塊足以深植民主制度的民族整合地區，政治張力不斷攀升（Keefe, et al., 1973: 20-21; Prażmowska, 2011: 165-67; Zamoyski, 2009: 292-96; Lukowski & Zawadzki, 2006: 221-23; Johnson, 1996: 185;）。

來源:Pease(1994: 32)。

圖 12:波蘭第二共和國(1921-39)

　　有關於國界,波蘭前西部領土(Western Borderlands)主要根據『凡爾賽和約』(*Treaty of Versailles, 1919*)安排,少數地方則依據住民投票決定去留,大部分失土由普魯士手中取回;唯獨港市格但斯克,由於這裡的人口以日耳曼人為主,英國首相勞合・喬治(David Lloyd George, 1916-22)從中作梗,被列為國際聯盟(League of Nations, 1920-46)所管轄的自由市[26](Free City of Danzig, 1920-39),享有高度自治,跟波蘭的唯一關係是關稅同盟,勉強支應美國總統威爾遜在『十四點和平原則』的承諾;至於波羅的海東南岸的東普魯士則仍在德國(威瑪共和國 Weimar Republic, 1918-33)

---

[26] 主要的理由是格但斯克的都會中心住民以日耳曼人居多、周邊才是波蘭人,然而,就東歐國家的人口分布來看,這並非特例(Walters, 1988: 144)。

手中，而波美拉尼亞通往波羅的海，只能透過所謂的波蘭走廊（Polish Corridor, Danzig Corridor 但澤走廊）出海，夜長夢多（Keefe, et al., 1973: 20-21; Pease, 1994: 30-31; Prażmowska, 2011: 170; Johnson, 1996: 186; Walters, 1988: 144; Karski, 1985: chap. 2; Wikipedia, 2024: Recovered Territories; Treaty of Versailles; Free City of Danzig; East Prussia; Polish Corridor）。

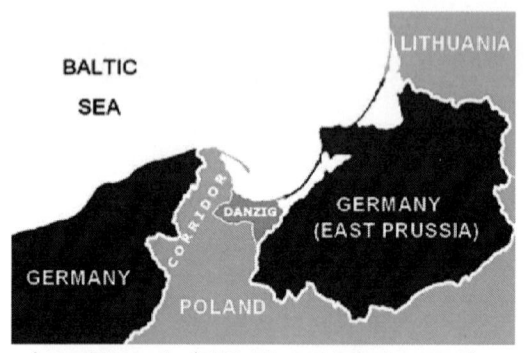

來源：Wikimedia（2022: File:Polish Corridor.PNG）。
圖 13：波蘭走廊（1923-39）

至於『凡爾賽和約』未解決的波蘭前東部領土（Eastern Borderlands），畢蘇斯基為了遏阻蘇聯的擴張，原本的盤算是與立陶宛及白俄羅斯合組聯邦或邦聯[27]，儘量讓俄羅斯縮水到只剩俄羅斯人聚居的地方，由於白軍（White Army, 1917-22）立場強硬，布爾什維克（Bolsheviks 俄國共產黨）則民族自決高唱入雲，兩害相權取其輕，而列寧也忙於內戰、視波蘭為傳遞共產主義給德國勞動

---

[27] 蘇俄本來要給波蘭明斯克（Minsk），波蘭的談判代表由國家民主黨的斯坦尼斯瓦夫・格拉波夫斯基（Stanisław Grabowski）所支配，他們一向主張同化主義，考慮東邊多為少數族群居多，恐怕不利選舉而敬謝不敏，因此堅持依據民族自決原則劃界，畢蘇斯基的聯邦夢斷（Lukowski, & Zawadzki, 2006: 230; Johnson, 1996: 186）。

階級的橋樑，然而，終究，畢蘇斯基在 1920 年決定支持烏克蘭人民共和國（Ukrainian People's Republic, 1917-21），波蘇戰爭（Polish-Soviet War, 1918-21）不可避免；經過英國出面斡旋，波蘭被迫接受一條由北邊拉脫維亞延伸到南邊羅馬尼亞的國界，稱為寇松線（Curzon Line），然而，終究簽訂『里加和約』（*Treaty of Riga, 1921*）將國界東移，瓜分在白俄羅斯、及烏克蘭的爭議領土[28]，才恢復第二次瓜分時的國界，然而，波蘭整體面積只剩瓜分前的五分之三，而與立陶宛的爭議仍然未能獲得解決；照說，法國應該會支持波蘭遏止共黨擴張的說法，卻又希望俄羅斯能制衡德國，終究，由於白軍堅持寸土不讓，巴黎因此對於波蘭的領土完整不是那麼熱絡；英國的優先順序則是尋求跟俄羅斯妥協，除了認為東歐安排事不關己，也不同意法國支持波蘭、及捷克的立場，好不容易出面理出的寇松線竟被翻案，日後對波蘭政策意興闌珊（Keefe, et al., 1973: 20-21; Pease, 1994: 30-31; Prażmowska, 2011: 166-69; Lukowski & Zawadzki, 2006: 225-30; Johnson, 1996: 186-90; Walters, 1988: 55, 145-46; Karski, 1985: chaps. 3-4; Wikipedia, 2024: Polish-Soviet War; Causes of the Polish-Soviet War; Treaty of Riga; Curzon Line; Kresy）。

在西南部的德屬西利西亞（German Silesia，即普魯士西利西亞 Prussian Silesia），下西利西亞（Lower Silesia，首府樂斯拉夫 Wrocław）經過 18-19 世紀的日耳曼化，波蘭人幾乎已經銷聲匿跡，因此 98%仍歸德國（除了東北角）；上西利西亞（Upper Silesia，首

---

[28] 當奧匈帝國在 1918 年解體，烏克蘭軍團趁機佔領東加利西亞（Eastern Galicia）、宣佈成立（West Ukrainian People's Republic），爆發波烏戰爭（Polish-Ukrainian War, 1918-19），被波蘭碾平，50,000 士兵東逃效命烏克蘭人民共和國（Wikipedia, 2024: Polish-Ukrainian War; West Ukrainian People's Republic）。

府奧坡雷 Opole）則透過 1921 年的公投，波蘭獲得比較工業化的 25%東部，德國分到比較富裕的西部、依然耿耿於懷[29]；唯獨奧地利西里西亞[30]（Austrian Silesia, Eastern Silesia 東西利西亞）未經公投劃歸捷克，波蘭抗議無效，在 1938 年趁德國入侵捷克之際用兵，才取回捷克西利西亞（Czech Silesia）（Kulski, 1976: 17-18, 23-241938; Keefe, et al., 1973: 21; Pease, 1994: 31; Walters, 1988: 144-45; Wikipedia, 2024: Silesia; History of Silesia; Lower Silesia; Upper Silesia; 1921 Upper Silesia plebiscite; Austrian Silesia; Cieszyn Silesia; Czech Silesia; 2022: Eastern Silesia）。

來源：Wikimedia（2024: File:Curzon line en.svg）。

圖 14：寇松線

---

[29] 其實，當時還是有效統治德國佔領當局操控公投，波蘭政府當時還為東線的戰事焦頭爛額，根本無力提出異議，德國得了便宜又賣乖（Walters, 1988: 144）。

[30] 又稱為切申西里西亞（Cieszyn Silesia, 首府切申 Cieszyn）。

波蘭在戰後百廢待舉，第二共和國致力經濟、社會、及政治重建，除了從事攸關農民的土地改革，也著手勞工的工時限制、賦予組織工會與集體談判的權利、提供社會保險；政黨因選舉制度採取比例代表制而有如雨後春筍出現，除了主要的左（波蘭社會黨）、中（波蘭人民黨「皮雅斯特」[31]）、右（國家民主黨）政黨，共產工人黨（Communist Workers' Party, 1918-25）也由左翼革命份子分裂而出，不過，由於聽命蘇聯的國際社會革命、反對國內熾熱的民族獨立情愫，無法獲得百姓的普遍支持，因此，即使在1925年改名為波蘭共產黨，在1930年代被波蘭政府列為顛覆團體而禁止，終究於1938年被第三國際（Communist International, 1919-43）質疑感染托洛斯基主義（Trotskyism）而解散，不管言聽計從流亡、或被押解蘇聯的領導者，終究不是被史達林（Joseph Stalin, 1922-52）槍斃、就是死於勞改營，直到1942年才以波蘭工人黨[32]（Polish Workers' Party, PPR, 1942-48）的面目重現、充當蘇聯奪取波蘭政權的打手（Keefe, et al., 1973: 22; Prażmowska, 2011: 191; Walters, 1988: 182-84, 331-33; Karski, 1985: 432; Wikipedia, 2024: Communist Party of Poland）。

　　在政治層面，波蘭仿效法國第三共和國（French Third Republic, 1870-1940）制訂『三月憲法』（*March Constitution, 1921*）、採取內

---

[31] Polish People's Party "Piast," PSL Piast（1913-31），後來與他黨合併為人民黨（People's Party, 1931-45）（Wikipedia, 2024: Polish People's Party "Piast" (1913-1931); People's Party (Poland)）。

[32] 總書記為瓦迪斯瓦夫·哥穆爾卡（Władysław Gomułka, 1943-48），前身是先前被整肅的波蘭共產黨；該黨除了有準軍事組織人民近衛軍（People's Guard, 1942-44），還成立政治門面國家民族議會（State National Council, 1943）整合左派跟流亡政府打別苗頭（Keefe, et al., 1973: 25; Wikipedia, 2024: Communist Party of Poland; 2023: People's Guard (1942–1944); State National Council）。

閣制,大為限縮總統的權力,畢蘇斯基憤而在 1923 年宣布退隱,政權更替頻繁、政局不穩,經濟問題無解;他在 1926 年親自領軍發動政變攻入華沙、捲土重來、充當影武者,修憲限縮國會的權力,建立薩納齊亞(*Sanacja*, Sanation)強人政權、展開政治清理,此後波蘭進入威權統治,先是仰賴宣傳打擊政敵、接著變本加厲囚禁政敵,甚至於在國會發動不信任案時進駐 90 名武裝軍官恫嚇議員,惡名昭彰;他死前量身訂製『四月憲法』(*April Constitution of Poland, 1935*),將憲政體制調整為總統制,不久病故,波蘭進入軍事統治(rule of the colonels)(Keefe, et al., 1973: 22-23; Pease, 1994: 31-32; Prażmowska, 2011: 174-75; Zamoyski, 2009: 298-302; Lukowski & Zawadzki, 2006: 232-33, 236-37, 240-47; Walters, 1988: 182-84; Wikipedia, 2024: Józef Piłsudski; Sanation)。

來源:Wikimedia(2023: File:Silesia-map.svg)。
說明:青色是被普魯士在 1740 年併吞前的奧地利西里西亞,紅線是 1740 年的普魯士西利西亞。

圖 15:西利西亞

在外交上，畢蘇斯基深知德、蘇對於戰後的領土安排心有未甘，可惜與東歐國家結盟的計畫並不順遂，為了確保國土完整，除了儘量避免讓敵人有聯手的口實，還在 1921 年與當時歐洲最強的國家法國結盟，並與西歐國家共同簽訂『羅加諾公約』(*Locarno Treaties, 1925*)，然而，由於德國只願意正式承諾西邊的疆界、東疆則懸而未決，波蘭相當惱怒；等到德國在 1930 年代初期崛起，希特勒（Adolf Hitler, 1933-45）頭角崢嶸、侵略野心昭然若揭，法國卻是立場曖昧、無心捍衛東歐的盟邦，而這時候蘇聯也大致完成內部的權力鞏固，波蘭只好分別與俄（*Soviet-Polish Non-Aggression Pact, 1932*)、德（*German-Polish Nonaggression Pact, 1934*)兩國簽訂互不侵犯條約；德國在 1938 年 3 月併吞奧地利（*Anschluss*），接著在 10 月佔領捷克蘇台德地區（Sudetenland），然後在 1939 年 3 月 15 日吞噬捷克，接著露出猙獰面目，威脅波蘭割讓格但斯克、要求興建治外法權公路跨越波蘭走廊，波蘭在 3 月 26 日婉謝，趕緊跟英國（4/6）、及法國（5/19）結為軍事同盟；德國在 8 月 23 日與蘇聯簽訂互不侵犯條約（*Molotov-Ribbentrop Pact, 1939*)，未經宣戰在 9 月 1 日，由西北南三路入侵波蘭，英、法在兩天後宣戰、二次世界大戰（World War II, 1939-45）開打，蘇聯在 17 日由東邊入侵，波蘭在幾個禮拜內就被征服（Keefe, et al., 1973: 23; Pease, 1994: 33-6; Prażmowska, 2011: 175-77; Zamoyski, 2009: 311-13; Lukowski & Zawadzki, 2006: 252-55; Walters, 1988: 185; Karski, 1985: chaps. 8-9, 13-14, 19-21; Wikipedia, 2024; Klaipėda Region; Molotov- Ribbentrop Pact; Invasion of Poland; Soviet invasion of Poland）。

來源：Wikimedia（2022: File:Davidlowrendezvous.png）。
說明：希特勒指著地上的屍體（波蘭）說「我相信這是人渣？」（The scum of the earth, I believe?），史達林說：「我認為這是殺害工人的刺客？」（The bloody assassin of the workers, I presume?）

圖 16：希特勒與史達林會面

陸、二次世界大戰

德國與蘇聯狼狽為奸，根據『德蘇互不侵犯條約』（1939）的附加密約瓜分波蘭，以桑河（San）、西布格河、及納爾瓦河（Narva）為界，德國佔領區佔了三分之二，希特勒將面積 92,500 平方公里（23.7%，人口 1,050 萬）的西半部併入本土，約有 100 萬波蘭人、及猶太人被趕走，移入 75 萬來自波羅的海國家、羅馬尼亞、捷克、及其他東歐國家的日耳曼人；東半部面積 95,500 平方公里（30%，人口 1,150 萬）設置波蘭總督府（*Generalgouvernement*, GG, General Government），採取軍事統治，發配來自國內、及其他佔領區的 200 萬「不可欲份子」；由於德國不予自治，沒有波蘭政治人物願意合

作；約有 280 萬波蘭人被驅策到德國工廠、或農場充當強迫奴工，另有不少人羈押在集中營等候處決[33]，其他苟延殘喘的人則處於半飢餓狀態；猶太人更是除之而後快的對象，總督府設置約 40 個猶太隔離區，採取連作法管理，終究集體屠殺（Keefe, et al., 1973: 24; Pease, 1994: 36; Prażmowska, 2011: 183-85, 187-89; Zamoyski, 2009: 316-18; Lukowski & Zawadzki, 2006: 257-60-61; Walters, 1988: 277; Wikipedia, 2024: Occupation of Poland (1939-1945); Polish areas annexed by Nazi Germany; General Government）。

來源：Wikimedia（2022: File:Occupation of Poland 1939.png）。

圖 17：德國與蘇聯在波蘭的佔領區（1939-41）

---

[33] 終究，有 15%老師、18%天主教神父、45%醫生、50%工程師、57%律師被處死；另外，只要有一名德國人被殺，就有 100 名羈押的波蘭人被處死報復（Lukowski & Zawadzki, 2006: 260）。

波蘭第二共和國在德、俄入侵後垮台，眾人逃亡巴黎，在 1939 年 10 月組流亡政府，獲得協約國承認為合法政府，前總理瓦迪斯瓦夫・西科爾斯基（Władysław Sikorskim, 1922-23, 1939-43）領導難民、及僑民組成波蘭西線武裝部隊（Polish Armed Forces in the West），與英、法盟軍並肩作戰，在法國於 1940 年 6 月淪陷後與 20,000 部隊撤退倫敦，由於過去軍事政權的印象，英、美對他表面上客客氣氣，不論是軍事、還是外決策，並沒有看在眼裡，直到希特勒攻入蘇聯才改觀；波蘭人在淪陷後組織地下軍（Union of Armed Struggle, 1939-42）從事武裝反抗，進而結合各路人馬成立家鄉軍（Home Army, AK, 1942-45）打游擊戰、也蒐集情報，在 1944 年人數多達 40 萬人（Keefe, et al., 1973: 23-24; Pease, 1994: 36-37; Prażmowska, 2011: 182-83, 185-86; Zamoyski, 2009: 320-21; Lukowski & Zawadzki, 2006: 257-58, 263-65; Walters, 1988: 271-72; Wikipedia, 2024: Władysław Sikorski; Polish Armed Forces in the West; Union of Armed Struggle; Home Army）。

來源：Wikimedia（2024: File:Oder-neisse.gif）

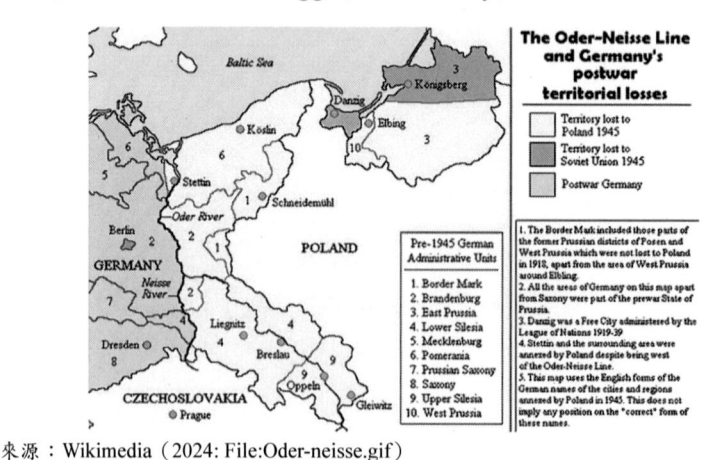

圖 18：奧得河－尼斯河線

蘇聯佔領區面積201,015平方公里（51.6%）、人口13,299,000（30%），經過假公投後併吞，大規模搜捕重要政治、軍事、經濟、及工運人物，有150萬波蘭人被押解西伯利亞（Siberia）、及中亞的勞改營，面對慘絕人寰、暴虐無道的待遇，秘密警察（People's Commissariat of Internal Affairs, NKVD, 1934-46）處決21,000名被俘的戰犯，特別是軍警官、及公務人員；等到德國翻臉對蘇聯發動巴巴羅薩行動（Operation Barbarossa, 1941），流亡政府盼望能聯手驅逐德軍，在英國的壓力下簽訂『西科爾斯基-麥斯基協定』（*Sikorski-Mayski Agreement, 1941*），史達林同意廢除『德蘇互不侵犯條約』（1939）有關於波蘭的部分，同意釋放戰俘、特赦被押送內地的平民，又在塔什干（Tashkent）將75,000人編組為波蘭東線武裝部隊（Polish Armed Forces in the East），由瓦迪斯瓦夫·安德斯（Władysław Anders）領軍；終究，由於蘇聯擔心養癰貽患而不願意收留，10萬波軍得以在1942年陰錯陽差脫離佔領區轉往伊朗跟盟軍合作，在北非、及義大利一展身手，40萬跟隨撤離的眷屬則被安置在大英國協；流亡政府發現蘇聯無意放棄佔領區、也不願協助班師回朝，加上德國在1943年揭露蘇聯秘密警察於卡廷大森林惡意屠殺40,000名波蘭軍警官戰俘（Katyn Massacre, 1940），關係急速惡化，在1943年斷交[34]（Keefe, et al., 1973: 24; Pease, 1994:

---

[34] 蘇聯一開頭俘虜25萬名投降的波蘭官兵，由於兩國並未正式宣戰，這些人不能算戰俘、而是暫時被拘留，無人搭理，一旦雙方在1941年修好，這些被關了將近2年的軍人然就要遣送回國；當波蘭自告奮勇籌組軍團助陣，蘇聯雖然首肯，名單不見軍官，經過徵詢，蘇方先推託失蹤，接著敷衍說這些人已經移送西伯利亞而失聯、或矢口否認有受俘，到最後史達林甚至於信口開河回說逃到日本人控制的滿洲；問題是，儘管失蹤的官兵僅佔被俘波蘭軍的6%，這些人有84%是軍官，啟人疑竇的是，他們多為備役軍官，也就是大學教授、律師、及醫生，加上有相當高比例的尉士官來自有可能繼續念大學的地方、即未來的知識份子；蘇聯嘗試招募願意配合

36-39; Prażmowska, 2011: 189-90; Lukowski & Zawadzki, 2006: 256-57, 266-67; Walters, 1988: 272-76; Karski, 1985: chap. 24; Wikipedia, 2024: Territories of Poland annexed by the Soviet Union; Operation Barbarossa; Sikorski-Mayski agreement; Polish Armed Forces in the East; Władysław Anders; Katyn massacre）。

　　蘇聯在那些跟不上撤離的波蘭人當中，積極扶植波蘭共產黨流亡份子在戰後回去接收，史達林授意這批人於莫斯科成立波蘭愛國者聯盟（Union of Polish Patriots, 1943），組波蘭人民軍（People's Army, AL, 1943-44）與紅軍在東線共同作戰；不久，蘇聯與流亡政府反目成讎，等到紅軍打到盧布林（Lublin），波蘭愛國者聯盟結合潛伏的波蘭工人黨組波蘭民族解放委員會[35]（Polish Committee of National Liberation, PKWN），來跟倫敦的流亡政府打對台（Keefe, et al., 1973: 25; Pease, 1994: 37-39; Prażmowska, 2011: 190-92; Zamoyski, 2009: 322-23; Lukowski, & Zawadzki, 2006: 267-68; Karski, 1985: 432-34; Wikipedia, 2024: Union of Polish Patriots; People's Army (Poland); Polish Workers' Party; Polish Committee of National Liberation）。

　　蘇聯在 1944 年從德國手中搶回原先的佔領區，家鄉軍伺機發動起義，然而，已經攻到華沙郊區的紅軍卻是按兵不動 63 天，坐視圍城的德軍消滅孤立無援的 46,000 名非共地下抵抗運動，為共產黨接收鋪路；到了 1945 年初，蘇聯正式承認波蘭民族解放委員會在解放區所組成的臨時政府（Provisional Government of National

---

的波蘭左翼知識份子，特別是在法國被佔領後，這些人很可能就是因為非我族類而遇害（Walters, 1988: 272-74; Lukowski & Zawadzki, 2006: 256-57; Karski, 1985: chap. 26）。

[35] 又稱為盧布林委員會（Lublin Committee）。

Unity, 1945-47），紅軍才開進已成廢墟的華沙，由愛德華・奧索布卡－莫拉夫斯基（Edward Osóbka-Morawski, 1944-47）出任總理，國家民族議會轉為臨時國會、人民近衛軍則併入波蘭人民軍；紅軍在 3 月驅逐所有德軍，臨時政府儼然蘇聯的傀儡，西方國家儘管抗議，然木已成舟，只得在雅爾達會議（Yalta Conference, 1945）要求蘇聯擴大臨時成員、接納海外與本土的非共成員、及儘快舉行國會大選，來交換承認蘇聯取得波蘭東部領土；其實，史達林早先在德黑蘭會議（Tehran Conference. 1943），就要求以寇松線作為波蘭東部的國界，由於盟軍需要紅軍對抗德國，美國總統羅斯福（Franklin D. Roosevelt, 1933-45）、及英國首相邱吉爾（Winston Churchill, 1940-45, 1951-55）原則上同意，然而波蘭並不知情；後來在波茲坦會議（Potsdam Conference, 1945），同盟國讓波蘭取得奧得河、及尼薩河（Neisse）以西的 10 萬平方公里德國領土作為補償，新國界稱為奧得河－尼斯河線（Oder-Neisse Line），200 萬德國人被趕，波蘭由蘇聯取得的地方移來 300 萬人（Keefe, et al., 1973: 25-26; Pease, 1994: 39-41; Zamoyski, 2009: 326-32; Lukowski, & Zawadzki, 2006: 268-69; Walters, 1988: 278; Kulski, 1976: chap. 3; Karski, 1985: chaps. 29-30, 33. 36-37; Wikipedia, 2024: Warsaw Uprising; Provisional Government of National Unity; Oder-Neisse line; Recovered Territories; Flight and expulsion of Germans from Poland during and after World War II）。

附錄 1：波蘭的河流

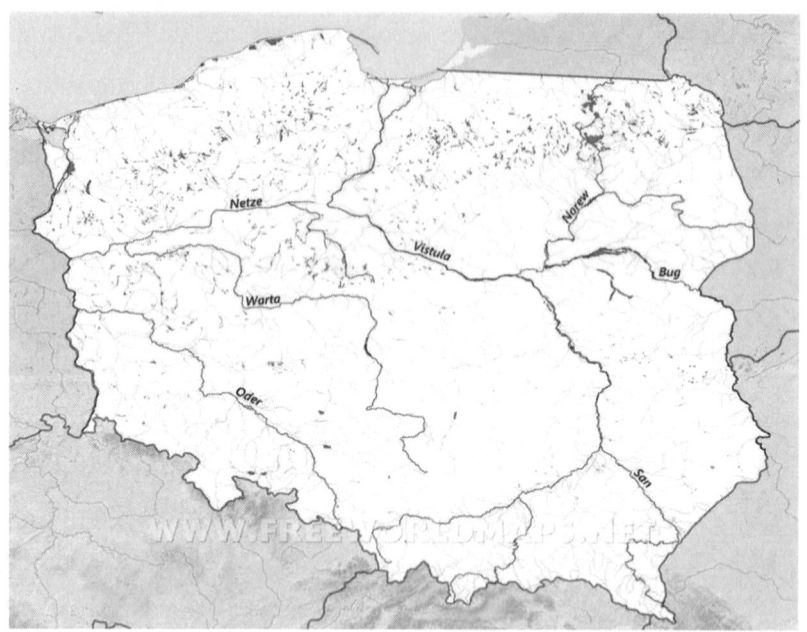

來源：Newebcreations（2024）。

附錄 2：條約、憲法

Union of Krewo, 1385

Union of Lublin, 1569

Constitution of 3 May 1791

Treaty of Campo Formio, 1797

Treaty of Lunéville, 1801

Treaties of Tilsit, 1807

Constitution of the Kingdom of Poland, 1815

Organic Statute of the Kingdom of Poland, 1832

Reinsurance Treaty, 1878

Fourteen Points, 1918

Treaty of Brest-Litovsk, 1918

Treaty of Versailles, 1919

March Constitution, 1921

Locarno Treaties, 1925

Soviet-Polish Non-Aggression Pact, 1932

German-Polish Nonaggression Pact, 1934

April Constitution of Poland, 1935

Molotov-Ribbentrop Pact, 1939

Sikorski-Mayski Agreement, 1941

參考文獻

Halecki, Oskar. 1983. *A History of Poland*, rev. ed. London: Routledge & Kegan Paul.
Johnson, Lonnie R. 1996. *Central Europe: Enemies, Neighbors, Friends*. New York: Oxford University Press.
Karski, Jan. 1985. *The Great Powers and Poland, 1919-1945: From Versailles to Yalta*. Lanham, Md.: University Press of America.
Keefe, Eugene K., Donald W. Bernier, Lyle E. Brenneman, William Giloane, James M. Moore, Jr., and Neda A. Walpole. 1973. *Area Handbook for Poland*. Washington, D.C.: U.S. Government Printing Office.
Kulski, W. W. 1976. *Germany and Poland: From War to Peaceful Relations*. Syracuse: Syracuse University Press.
Lukowski, Jerzy, and Hubert Zawadzki. 2006. *A Concise History of Poland*, 2nd ed. Cambridge: Cambridge University Press.
Newebcreations. 2024. "Poland Rivers Map." (https://maps-poland.com/maps-poland-geography/poland-rivers-map) (2024/9/28)
Pease, Neal. 1994. "Historical Setting," in Glenn E. Curtis, ed. *Poland: A Country Study*, pp. 1-51. Washington, D.C.: U.S. Government Printing Office.
Prażmowska, Anita J. 2011. *A History of Poland*, 2nd ed. Houndmills, Basingstoke, Hampshire: Palgrave Macmillan.
Slocombe, George. 1939. *A History of Poland*. London: Thomas Nelson & Sons.
Walters, E. Garrison. 1988. *The Other Europe: Eastern Europe to 1945*. Syracuse: Syracuse University Press.
Wandycz, Piotr S. 1992. *The Price of Freedom: A History of East Central Europe from the Middle Ages to the Present*. London: Routledge.
Wikimedia. 2022. "File:Davidlowrendezvous.png." (https://commons.wikimedia.org/wiki/File:Davidlowrendezvous.png) (2024/7/3)
Wikimedia. 2022. "File:Polish Corridor.PNG." (https://commons.wikimedia.org/wiki/File:Polish_Corridor.PNG) (2024/7/3)
Wikimedia. 2022. "File:West slavs 9th-10th c..png." (https://commons.wikimedia.org/wiki/File:West_slavs_9th-10th_c..png) (2024/7/3)
Wikimedia. 2023. "File:Allegory of the 1st partition of Poland.jpg." (https://commons.wikimedia.org/wiki/File:Allegory_of_the_1st_partition_of_Poland.jpg) (2024/7/3)
Wikimedia. 2023. "File:Silesia-map.svg." (https://commons.wikimedia.org/wiki/File:Silesia-map.svg) (2024/7/3)
Wikimedia. 2024. "File:Curzon line en.svg."

(https://commons.wikimedia.org/wiki/File:Curzon_line_en.svg) (2024/6/10)
Wikimedia. 2024. "File:Rzeczpospolita Rozbiory 3.png."
　　(https://commons.wikimedia.org/wiki/File:Rzeczpospolita_Rozbiory_3.png)
　　(2024/7/3)
Wikimedia. 2024. "File:Teutonic Order 1410.png."
　　(https://commons.wikimedia.org/wiki/File:Teutonic_Order_1410.png)
　　(2024/6/10)
Wikipedia. 2022. "Eastern Silesia." (https://en.wikipedia.org/wiki/Eastern_Silesia)
　　(2024/7/1)
Wikipedia. 2023. "Abolition of serfdom in Poland"
　　(https://en.wikipedia.org/wiki/Abolition_of_serfdom_in_Poland) (2024/7/1)
Wikipedia. 2023. "Constitution of the Kingdom of Poland."
　　(https://en.wikipedia.org/wiki/Constitution_of_the_Kingdom_of_Poland)
　　(2024/7/1)
Wikipedia. 2023. "Polish-Prussian alliance." (https://en.wikipedia.org/wiki/Polish–
　　Prussian_alliance) (2024/7/1)
Wikipedia. 2024. "1921 Upper Silesia plebiscite."
　　(https://en.wikipedia.org/wiki/1921_Upper_Silesia_plebiscite) (2024/7/1)
Wikipedia. 2024. "Act of 5th November."
　　(https://en.wikipedia.org/wiki/Act_of_5th_November) (2024/7/1)
Wikipedia. 2024. "Austrian Partition."
　　(https://en.wikipedia.org/wiki/Austrian_Partition) (2024/7/1)
Wikipedia. 2024. "Austro-Polish War." (https://en.wikipedia.org/wiki/Austro-
　　Polish_War) (2024/7/1)
Wikipedia. 2024. "Augustus II the Strong."
　　(https://en.wikipedia.org/wiki/Augustus_II_the_Strong) (2024/7/1)
Wikipedia. 2024. "Austrian Silesia." (https://en.wikipedia.org/wiki/Austrian_Silesia)
　　(2024/7/1)
Wikipedia. 2024. "Austro-Prussian War." (https://en.wikipedia.org/wiki/Austro-
　　Prussian_War) (2024/7/1)
Wikipedia. 2024. "Battle of Grunwald."
　　(https://en.wikipedia.org/wiki/Battle_of_Grunwald) (2024/7/1)
Wikipedia. 2024. "Battle on the Raxa."
　　(https://en.wikipedia.org/wiki/Battle_on_the_Raxa) (2024/7/1)
Wikipedia. 2024. "Battle of Vienna." (https://en.wikipedia.org/wiki/Battle_of_Vienna)
　　(2024/7/1)
Wikipedia. 2024. "Casimir III the Great."
　　(https://en.wikipedia.org/wiki/Casimir_III_the_Great) (2024/7/1)
Wikipedia. 2024. "Casimir IV Jagiellon."

(https://en.wikipedia.org/wiki/Casimir_IV_Jagiellon) (2024/7/1)
Wikipedia. 2024. "Causes of the Polish-Soviet War."
(https://en.wikipedia.org/wiki/Causes_of_the_Polish–Soviet_War) (2024/7/1)
Wikipedia. 2024. "Cieszyn Silesia." (https://en.wikipedia.org/wiki/Cieszyn_Silesia) (2024/7/1)
Wikipedia. 2024. "Communist Party of Poland."
(https://en.wikipedia.org/wiki/Communist_Party_of_Poland) (2024/7/1)
Wikipedia. 2024. "Congress of Vienna."
(https://en.wikipedia.org/wiki/Congress_of_Vienna) (2024/7/1)
Wikipedia. 2024. "Congress Poland." (https://en.wikipedia.org/wiki/Congress_Poland) (2024/7/1)
Wikipedia. 2024. "Constitution of 3 May 1791."
(https://en.wikipedia.org/wiki/Constitution_of_3_May_1791) (2024/7/1)
Wikipedia. 2024. "Czech Silesia." (https://en.wikipedia.org/wiki/Czech_Silesia) (2024/7/1)
Wikipedia. 2024. "Dual Alliance (1879) ."
(https://en.wikipedia.org/wiki/Dual_Alliance_(1879)) (2024/7/1)
Wikipedia. 2024. "Duchy of Warsaw."
(https://en.wikipedia.org/wiki/Duchy_of_Warsaw) (2024/7/1)
Wikipedia. 2024. "Early Slavs." (https://en.wikipedia.org/wiki/Early_Slavs) (2024/7/1)
Wikipedia. 2024. "East Prussia." (https://en.wikipedia.org/wiki/East_Prussia) (2024/7/1)
Wikipedia. 2024. "First Mongol invasion of Poland."
(https://en.wikipedia.org/wiki/First_Mongol_invasion_of_Poland) (2024/7/1)
Wikipedia. 2024. "Free City of Danzig."
(https://en.wikipedia.org/wiki/Free_City_of_Danzig) (2024/7/1)
Wikipedia. 2024. "Galician Peasant Uprising of 1846."
(https://en.wikipedia.org/wiki/Galician_Peasant_Uprising_of_1846) (2024/7/1)
Wikipedia. 2024. "General Government."
(https://en.wikipedia.org/wiki/General_Government) (2024/7/1)
Wikipedia. 2024. "Golden Liberty." (https://en.wikipedia.org/Golden_Liberty) (2024/7/1)
Wikipedia. 2024. "Greater Poland Uprising (1848) ."
(https://en.wikipedia.org/Greater_Poland_Uprising_(1848)) (2024/7/1)
Wikipedia. 2024. "History of Galicia (Eastern Europe) ."
(https://en.wikipedia.org/History_of_Galicia_(Eastern_Europe))) (2024/7/1)
Wikipedia. 2024. "History of Poland during World War I."
(https://en.wikipedia.org/History_of_Poland_during_World_War_I) (2024/7/1)
Wikipedia. 2024. "History of Silesia."

(https://en.wikipedia.org/wiki/History_of_Silesia) (2024/7/1)
Wikipedia. 2024. "Home Army." (https://en.wikipedia.org/wiki/Home_Army) (2024/7/1)
Wikipedia. 2024. "Jagiellonian dynasty." (https://en.wikipedia.org/wiki/Jagiellonian_dynasty) (2024/7/1)
Wikipedia. 2024. "January Uprising." (https://en.wikipedia.org/wiki/January_Uprising) (2024/7/1)
Wikipedia. 2024. "John III Sobieski." (https://en.wikipedia.org/wiki/John_III_Sobieski) (2024/7/1)
Wikipedia. 2024. "Józef Piłsudski." (https://en.wikipedia.org/wiki/Józef_Piłsudski) (2024/7/1)
Wikipedia. 2024. "Jadwiga of Poland." (https://en.wikipedia.org/wiki/Jadwiga_of_Poland) (2024/7/1)
Wikipedia. 2024. "Katyn massacre." (https://en.wikipedia.org/wiki/Katyn_massacre) (2024/7/1)
Wikipedia. 2024. "Kingdom of Poland (1917-1918)." (https://en.wikipedia.org/wiki/Kingdom_of_Poland_(1917–1918)) (2024/7/1)
Wikipedia. 2024. "Klaipėda Region." (https://en.wikipedia.org/wiki/Klaipėda_Region) (2024/7/1)
Wikipedia. 2024. "Kraków uprising." (https://en.wikipedia.org/wiki/Kraków_uprising) (2024/7/1)
Wikipedia. 2024. "Kulturkampf." (https://en.wikipedia.org/wiki/Kulturkampf) (2024/7/1)
Wikipedia. 2024. "Liberum veto." (https://en.wikipedia.org/wiki/Liberum_veto) (2024/7/1)
Wikipedia. 2024. "Lower Silesia." (https://en.wikipedia.org/wiki/Lower_Silesia) (2024/7/1)
Wikipedia. 2024. "Magnates of Poland and Lithuania." (https://en.wikipedia.org/wiki/Lower_Silesia) (2024/7/1)
Wikipedia. 2024. "Margraviate of Brandenburg." (https://en.wikipedia.org/wiki/Magnates_of_Poland_and_Lithuania) (2024/7/1)
Wikipedia. 2024. "Molotov-Ribbentrop Pact." (https://en.wikipedia.org/wiki/Ribbentrop_Pact) (2024/7/1)
Wikipedia. 2024. "Names of Poland." (https://en.wikipedia.org/wiki/Names_of_Poland) (2024/7/1)
Wikipedia. 2024. "National-Democratic Party (Poland)." (https://en.wikipedia.org/wiki/National-Democratic_Party_(Poland)) (2024/7/1)
Wikipedia. 2024. "November Uprising." (https://en.wikipedia.org/wiki/November_Uprising) (2024/7/1)

Wikipedia. 2024. "Old Prussians." (https://en.wikipedia.org/wiki/Old_Prussians) (2024/7/1)

Wikipedia. 2024. "Organic Statute of the Kingdom of Poland." (https://en.wikipedia.org/wiki/Organic_Statute_of_the_Kingdom_of_Poland) (2024/7/1)

Wikipedia. 2024. "Organic work." (https://en.wikipedia.org/wiki/Organic_work) (2024/7/1)

Wikipedia. 2024. "Ostsiedlung." (https://en.wikipedia.org/wiki/Ostsiedlung) (2024/7/1)

Wikipedia. 2024. "Otto the Great." (https://en.wikipedia.org/wiki/Otto_the_Great) (2024/7/1)

Wikipedia. 2024. "Partitions of Poland." (https://en.wikipedia.org/wiki/Partitions_of_Poland) (2024/7/1)

Wikipedia. 2024. "People's Army (Poland)." (https://en.wikipedia.org/wiki/People%27s_Army_(Poland)) (2024/7/1)

Wikipedia. 2024. "People's Party (Poland) ." (https://en.wikipedia.org/wiki/People%27s_Party_(Poland)) (2024/7/1)

Wikipedia. 2024. "Polabian Slavs." (https://en.wikipedia.org/wiki/Polabian_Slavs) (2024/7/1)

Wikipedia. 2024. "Polish Armed Forces in the East." (https://en.wikipedia.org/wiki/Polish_Armed_Forces_in_the_East) (2024/7/1)

Wikipedia. 2024. "Polish Armed Forces in the West." (https://en.wikipedia.org/wiki/Polish_Armed_Forces_in_the_West) (2024/7/1)

Wikipedia. 2024. "Polish Committee of National Liberation." (https://en.wikipedia.org/wiki/Polish_Committee_of_National_Liberation) (2024/7/1)

Wikipedia. 2024. "Polish Corridor." (https://en.wikipedia.org/wiki/Polish_Corridor) (2024/7/1)

Wikipedia. 2024. "Polish Legions (Napoleonic era) ." (https://en.wikipedia.org/wiki/Polish_Legions_(Napoleonic_era)) (2024/7/1)

Wikipedia. 2024. "Polish National Committee (1914-1917) ." (https://en.wikipedia.org/wiki/Polish_National_Committee_(1914–1917)) (2024/7/1)

Wikipedia. 2024. "Polish National Committee (1917-1919) ." (https://en.wikipedia.org/wiki/Polish_National_Committee_(1917–1919)) (2024/7/1)

Wikipedia. 2024. "Polish People's Party." (https://en.wikipedia.org/wiki/Polish_People%27s_Party) (2024/7/1)

Wikipedia. 2024. "Polish People's Party "Piast" (1913-1931) ."

(https://en.wikipedia.org/wiki/Polish_People%27s_Party_"Piast"_(1913–1931)) (2024/7/1)
Wikipedia. 2024. "Polish Socialist Party."
(https://en.wikipedia.org/wiki/Polish_Socialist_Party) (2024/7/1)
Wikipedia. 2024. "Polish-Lithuanian Commonwealth."
(https://en.wikipedia.org/wiki/Lithuanian_Commonwealth) (2024/7/1)
Wikipedia. 2024. "Polish-Lithuanian union."
(https://en.wikipedia.org/wiki/Lithuanian_union) (2024/7/1)
Wikipedia. 2024. "Polish-Russian War (1609-1618) ."
(https://en.wikipedia.org/wiki/Polish–Russian_War_(1609–1618)) (2024/7/1)
Wikipedia. 2024. "Polish-Soviet War." (https://en.wikipedia.org/wiki/Polish–Soviet_War) (2024/7/1)
Wikipedia. 2024. "Polish-Teutonic War (1431-1435) ."
(https://en.wikipedia.org/wiki/Polish–Teutonic_War_(1431–1435)) (2024/7/1)
Wikipedia. 2024. "Polish-Ukrainian War." (https://en.wikipedia.org/wiki/Polish–Ukrainian_War) (2024/7/1)
Wikipedia. 2024. "Prussian Partition."
(https://en.wikipedia.org/wiki/Prussian_Partition) (2024/7/1)
Wikipedia. 2024. "Recovered Territories."
(https://en.wikipedia.org/wiki/Recovered_Territories) (2024/7/1)
Wikipedia. 2024. "Roman Dmowski."
(https://en.wikipedia.org/wiki/Roman_Dmowski) (2024/7/1)
Wikipedia. 2024. "Royal Prussia." (https://en.wikipedia.org/wiki/Royal_Prussia) (2024/7/1)
Wikipedia. 2024. "Russian Partition." (https://en.wikipedia.org/wiki/Russian_Partition) (2024/7/1)
Wikipedia. 2024. "Sanation." (https://en.wikipedia.org/wiki/Sanation) (2024/7/1)
Wikipedia. 2024. "Second Mongol invasion of Poland."
(https://en.wikipedia.org/wiki/Second_Mongol_invasion_of_Poland) (2024/7/1)
Wikipedia. 2024. "Second Italian War of Independence."
(https://en.wikipedia.org/wiki/Second_Italian_War_of_Independence) (2024/7/1)
Wikipedia. 2024. "Sigismund I the Old."
(https://en.wikipedia.org/wiki/Sigismund_I_the_Old) (2024/7/1)
Wikipedia. 2024. "Sigismund II Augustus."
(https://en.wikipedia.org/wiki/Sigismund_II_Augustus) (2024/7/1)
Wikipedia. 2024. "Sigismund III Vasa."
(https://en.wikipedia.org/wiki/Sigismund_III_Vasa) (2024/7/1)
Wikipedia. 2024. "Sikorski–Mayski agreement."
(https://en.wikipedia.org/wiki/Sikorski–Mayski_agreement) (2024/7/1)

Wikipedia. 2024. "Silesia." (https://en.wikipedia.org/wiki/SilesiaMayski_agreement) (2024/7/1)
Wikipedia. 2024. "Slavs." (https://en.wikipedia.org/wiki/Slavs) (2024/7/1)
Wikipedia. 2024. "Social Democracy of the Kingdom of Poland and Lithuania." (https://en.wikipedia.org/wiki/Social_Democracy_of_the_Kingdom_of_Poland_and_Lithuania) (2024/7/1)
Wikipedia. 2024. "Stanisław August Poniatowski." (https://en.wikipedia.org/wiki/Stanisław_August_Poniatowski) (2024/7/1)
Wikipedia. 2024. "Szlachta." (https://en.wikipedia.org/wiki/Szlachta) (2024/7/1)
Wikipedia. 2024. "Tadeusz Kościuszko." (https://en.wikipedia.org/wiki/Tadeusz_Kościuszko) (2024/7/1)
Wikipedia. 2024. "Third Mongol invasion of Poland." (https://en.wikipedia.org/wiki/Third_Mongol_invasion_of_Poland) (2024/7/1)
Wikipedia. 2024. "Thirteen Years' War (1454-1466) ." (https://en.wikipedia.org/wiki/Thirteen_Years%27_War_(1454–1466)) (2024/7/1)
Wikipedia. 2024. "Treaties of Tilsit ." (https://en.wikipedia.org/wiki/Treaties_of_Tilsit) (2024/7/1)
Wikipedia. 2024. "Treaty of Berlin (1878) ." (https://en.wikipedia.org/wiki/Treaty_of_Berlin_(1878))
Wikipedia. 2024. "Treaty of Riga." (https://en.wikipedia.org/wiki/Treaty_of_Riga) (2024/7/1)
Wikipedia. 2024. "Treaty of Versailles." (https://en.wikipedia.org/wiki/Treaty_of_Versailles) (2024/7/1)
Wikipedia. 2024. "Union of Armed Struggle." (https://en.wikipedia.org/wiki/Union_of_Armed_Struggle) (2024/7/1)
Wikipedia. 2024. "Union of Krewo." (https://en.wikipedia.org/wiki/Union_of_Krewo) (2024/7/1)
Wikipedia. 2024. "Union of Lublin." (https://en.wikipedia.org/wiki/Union_of_Lublin) (2024/7/1)
Wikipedia. 2024. "Union of Polish Patriots." (https://en.wikipedia.org/wiki/Union_of_Polish_Patriots) (2024/7/1)
Wikipedia. 2024. "Upper Silesia." (https://en.wikipedia.org/wiki/Upper_Silesia) (2024/7/1)
Wikipedia. 2024. "Vytautas." (https://en.wikipedia.org/wiki/Vytautas) (2024/7/1)
Wikipedia. 2024. "War against Sigismund." (https://en.wikipedia.org/wiki/War_against_Sigismund) (2024/7/1)
Wikipedia. 2024. "War of the Polish Succession." (https://en.wikipedia.org/wiki/War_against_Sigismund) (2024/7/1)
Wikipedia. 2024. "War of the Polish Succession (1587-1588) ."

(https://en.wikipedia.org/wiki/War_of_the_Polish_Succession) (2024/7/1)
Wikipedia. 2024. "Wends." (https://en.wikipedia.org/wiki/Wends) (2024/7/1)
Wikipedia. 2024. "West Slavs." (https://en.wikipedia.org/wiki/West_Slavs) (2024/7/1)
Wikipedia. 2024. "Western Krai." (https://en.wikipedia.org/wiki/Western_Krai) (2024/7/1)
Wikipedia. 2024. "West Ukrainian People's Republic." (https://en.wikipedia.org/wiki/West_Ukrainian_People%27s_Republic) (2024/7/1)
Wikipedia. 2024. "Władysław Anders." (https://en.wikipedia.org/wiki/Władysław_Anders) (2024/7/1)
Wikipedia. 2024. "Władysław I Łokietek." (https://en.wikipedia.org/wiki/Władysław_Anders) (2024/7/1)
Wikipedia. 2024. "Władysław III of Poland." (https://en.wikipedia.org/wiki/Władysław_III_of_Poland) (2024/7/1)
Wikipedia. 2024. "Władysław Sikorski." (https://en.wikipedia.org/wiki/Władysław_I_Łokietek) (2024/7/1)
Wikipedia. 2024. "Władysław II Jagiełło." (https://en.wikipedia.org/wiki/Władysław_II_Jagiełło) (2024/7/1)
Wilson, Woodrow. 1917. "A World League for Peace." Address to the Senate of the United States, January 22 (https://www.presidency.ucsb.edu/documents/address-the-senate-the-united-states-world-league-for-peace) (2024/7/25)
Zamoyski, Adam. 2009. *Poland: A History*. London: William Collins.

波蘭的國家認同
——歷史與文化交織的民族自豪

紀舜傑

淡江大學教育與未來設計系副教授

壹、前言

波蘭位於中歐，與俄羅斯、立陶宛、白俄羅斯、烏克蘭、捷克、斯洛伐克，德國為鄰。國土面積 312,696 平方公里，排名全世界第 71 名（CIA, 2024），約台灣的 10 倍大。波蘭的歷史可以追溯到 10 世紀，當時波蘭王國成立。中世紀時期，波蘭曾是歐洲的一個強國，但在 18 世紀末被鄰國瓜分，直到 1918 年才重新獲得獨立。二戰期間，波蘭遭受納粹入侵，戰後成為蘇聯的集團國家。1989 年，波蘭進行了政治轉型，成為民主國家，並於 2004 年加入歐盟。

波蘭的人口約為 3875 萬，排名全世界第 38 名（CIA, 2024），主要集中在首都華沙等大城市。波蘭的人口結構較為年輕，同時受教育的程度高。人口資源之外，波蘭也擁有豐富的自然資源，包括礦產和農業資源。而在地理的多樣性帶來了壯麗的自然景觀，也使得旅遊觀光業興盛。在民情上，波蘭人以熱情好客著稱，家庭觀念強烈，重視傳統節日和宗教儀式。天主教是波蘭的主要宗教，對波蘭的文化和社會生活有著深遠的影響。文化上波蘭擁有豐富的文化遺產，包括音樂、文學、藝術和科學。科學家哥白尼（Mikołaj Kopernik），化學家居里夫人（Maria Skłodowska-Curie），作曲家蕭

邦（Fryderyk Franciszek Chopin）和科幻小說家史丹尼斯瓦夫賴（Stanisław Herman Lem）都是波蘭的民族代表人物。另外，領導團結工聯當選波蘭第一任民選總統，並榮獲諾貝爾和平獎的華勒沙（Lech Wałęsa），以及教宗若望保祿二世（Pope John Paul II），他是首位波蘭籍教宗，他的影響力超越宗教界，深深地影響了世界的發展，更是 20 世紀後期重要的波蘭代表人物。

　　台灣與波蘭的關係最早於波蘭獨立後（1918）與中華民國建立了外交關係。到了二次大戰後，1949 年中華人民共和國成立，波蘭轉而與中華人民共和國建交，承認其為唯一合法的中國政府，並與中華民國斷交。冷戰結束後，波蘭共產政權垮台，開始進行政治和經濟改革，積極尋求外國合作夥伴。台灣與波蘭的關係因此得到顯著發展。1990 年代初，台灣與波蘭互設常駐代表處，開啟了非官方的交流。前幾年發生所謂的「波波醫師」紛爭，這個稱呼源自於網路，所指的是那些前往波蘭就讀醫科的台灣留學生，並未參加實習或獲得當地的醫師執照，便回到臺灣參加國家考試並成為醫師。與台灣本地醫學生的醫師培訓過程相比，過於簡單因而引起不滿聲浪。最後由立法院通過『醫師法』之修正草案，限縮國外醫學生考照規定，自 2023 年起持外國學歷回台灣報考醫師國家考試前，需先通過學歷甄試，此爭議才落幕（徐筱嵐，2022）。

　　本文的重點在透過波蘭的歷史發展，找出其民族主義要素與國家認同的建構，以認同理論提供的脈絡檢視波蘭國家認同的重要驅動力和議題。其中歷史與文化的交疊作用是本文的探索重點，在不同的歷史階段，檢視文化形塑與認同的互動發展。

貳、認同的理論

民族主義一直是學術界探討國家認同的重要途徑，這一概念涵蓋了身份認同的多個層面，對於理解不同文化、政治和社會結構的運作至關重要。國家認同的形成通常基於內部成員（被稱為「我者」）與外部成員（被稱為「他者」）之間的區分。這種認同不僅影響個體的自我意識，也關乎團體的凝聚力以及民族文化的形成。

國家認同是一個複雜的概念，涉及到了政治、文化和社會等多重因素。其核心在於如何定義「我者」和「他者」，內部成員與外部成員之間的界限常常反映出權力結構和文化價值觀。在這一過程中，民族主義扮演著重要角色，透過文化、歷史和共同的情感來界定這些範疇。族群民族主義（ethnic nationalism）主要基於共同的祖先、出生地、種族、宗教或語言，強調這些因素對個人身份認同的影響。這種觀念通常具有排他性，個人的身份往往由社會環境和出生時的條件所決定，並不完全是個體所能選擇的。族群民族主義的核心在於「我們」與「他們」的對立，這種對立常常導致社會的分裂和衝突。

根據 Smith（1991）的觀點，民族的定義包括一群擁有特定名稱、佔有固有領土、共用神話和歷史記憶的人群。這些民族文化成為了該群體的凝聚力，其中對民族歷史的共同記憶更是維繫整體認同的根基。族群的身份認同往往強調的是對自己民族的忠誠，並在這種忠誠中尋求安全感和歸屬感。民族認同的形成不僅依賴於血緣關係，還包含了一系列的民族象徵，這些象徵包括民族名稱、共同的歷史記憶和共同的故土等元素。這些象徵是民族文化的核心，成為了成員之間情感連結的基礎。例如，許多民族的傳說、歌謠和節慶都圍繞著這些共通的記憶而展開，這不僅是文化的延續，

也是民族身份的象徵。

相對於族群民族主義，公民民族主義（civic nationalism）則更傾向於包容性。Anderson（1983）認為，民族是一種「想像的政治共同體」，血緣關係只是其中一種要素。這種觀點強調，民族認同是透過歷史、語言、意識形態和權力的相互作用而建構出來的。在這一過程中，不同的文化群體可能因為文化、經濟和政治等方面的競爭而引發對國家認同的爭議。這些競爭有時可能會引發社會分裂，但同時也可能促進不同群體之間的對話與理解。在一個多元的社會中，公民民族主義提供了一種可能性，即透過尊重和包容來尋求共融，這對於維護社會和諧至關重要。

在討論國家認同與民族主義的區別時，根據 Connor（1993）的分析，民族主義是民族建立共同體的動力，而國家認同則與愛國主義相關。這一區別體現在兩者忠誠的對象與程度上。民族主義的忠誠可能更注重於民族的獨特性和優越性，而國家認同則表現為對國家的愛戀，超越了單個民族的利益或特定的政治目標。

國家認同通常更具包容性，能夠尊重和接納多樣性。這意味著，雖然各民族之間可能存在差異與競爭，但國家認同的概念促進了不同文化和民族之間的對話與互動，這對於建立一個和諧的社會環境至關重要。國家認同的包容性不僅是理想的追求，也是在全球化背景下的現實需求。隨著各種文化和民族間的交流加深，尊重多樣性已成為維護社會穩定與和諧的重要基石。國家認同的框架使得來自不同背景的個體能夠共存共榮，這對於抵抗極端民族主義和排外情緒尤為重要。

另一方面，國家認同的探究不只從精英敘事、話語和事件中構建國家，也該由探討普通個人如何理解和詮釋國家和國家認同。特別是少數族裔與新興的身分政治認同（identity politics）風潮，例

如多元性別人士，爭取自身的權益的過程中與國家體制的衝撞和磨合，也是國家認同的重要議題（Bratcher, 2020）。

總結而言，民族主義和國家認同之間的關係複雜而多元。雖然民族主義往往強調排他性和對特定群體的忠誠，但透過促進包容性的公民民族主義，我們能夠在尊重多樣性的基礎上建立起更為穩固的社會結構。這種對話與交流的進程，將成為未來社會發展的重要驅動力，並為和平與共融的共同體奠定堅實的基礎。

回顧完國家認同與民族主義之論述後，我們可以透過皮尤研究中心（Pew Research Center）的一項針對全球 24 個國家調查結果，看到一些跨國性的事實現象。調查發現語言和習俗是國家認同的關鍵組成部分，而對於出生地和宗教的重要性的看法則存在較大分歧。使用最通用的語言和共享傳統被視為國家認同的關鍵方面，在受訪的國家中，91% 的人表示，能夠說自己國家最通用的語言對於被視為真正的國民很重要，波蘭人認為這項因素很重要的比例高達94%。在分享自己國家的習俗和傳統對於真正的歸屬感很重要的項目上，整體調查有 81% 的人表示很重要。波蘭人認為很重要的比例有91%，高於所有平均值達 10%（Huang, et al., 2024）。

在調查所涉及的國家認同的四個面向中，語言是迄今為止最受重視的。參與一個國家的習俗和傳統也很重要，相對地，出生地和國家認同之間的連結稍弱一些。在宗教面向上，作為國家認同組成部分的看法差異較大，一些中等收入國家尤其可能認為宗教很重要。相較之下，較高收入的國家的著重宗教比率則相對較低。再看教育程度對國家認同的要素也有不同看法，在大多數國家，受教育程度較低的人往往將出生在該國並成為該國主要宗教的成員視為國家認同的重要組成部分。在一些國家，對習俗和傳統重要性的評估也因教育程度的不同而有所不同，但在語言的重要性上並沒有差異。

整體而言,波蘭的受訪者對於通用語言、民俗傳統、和出生地等作為國家認同的要素,都有超過八成人認為很重要,只有在信奉主要宗教上的重要性較為低,但是也還是超過半數認為很重要。

表 1、波蘭人對國家認同要素之比較

	不重要	很重要
最通用的語言	6%	94%
民俗傳統	9%	91%
出生地	16%	84%
信奉主要宗教	41%	57%

資料來源:Huang 等人(2024)。

檢視完波蘭的國家認同調查狀況後,我們就接著以歷史發展的脈絡,更細部地來探討波蘭國家認同的發展歷程。

參、波蘭的歷史與認同:公元 10 世紀至二次大戰

波蘭的歷史起源於公元 10 世紀,皮亞斯特王朝(Piastowie)是第一個出現的王朝。966 年,梅什科一世(Mieszko I)成為波蘭第一位歷史記載的統治者,他接受了基督教洗禮,這一事件象徵著波蘭的基督教化的開始。這不僅使波蘭成為歐洲基督教國家的一部分,也標誌著波蘭自此在歐洲歷史舞臺上的重要角色。

隨著波蘭王國的正式成立,1025 年時波列斯瓦夫一世(Bolesław I Chrobry)登基為波蘭國王,標誌著中世紀波蘭的開端。這一時期,波蘭也經歷了內部的權力鬥爭與外部的侵略。然

而，在卡齊米日三世（Kazimierz III Wielki）的統治下（1333-70年），波蘭經歷了經濟與文化的繁榮。他因其卓越的治國才能而被稱頌，並進行多項改革，促進國家的發展，為後來的繁榮奠定了基礎。

到了16世紀，盛大的波蘭立陶宛聯邦（Polish-Lithuanian Commonwealth）逐漸興起。1569年，波蘭與立陶宛簽署正式成立波蘭立陶宛聯邦。這一聯邦國家成為當時歐洲最大的國家之一，擁有廣大的領土與多元的文化。波蘭立陶宛聯邦在16世紀和17世紀達到了鼎盛時期，不僅在軍事上具有優勢，在文化、科學和藝術方面也取得了顯著的成就，吸引了大量的學者與藝術家，是為波蘭的文化光輝的一頁。波蘭立陶宛聯邦是一個民族、宗教和文化都很多元的國家。這個聯邦的核心是波蘭，但其國民身份更多地基於公民身份和文明，而非語言和種族（Snyder, 2004）。

然而，波蘭的歷史並非一帆風順。之後的悲劇性發展，深深影響波蘭的民族文化（洪茂雄，2009）。18世紀末，波蘭立陶宛聯邦因內部鬥爭與外部侵略而逐漸衰弱，最終在1772年、1793年和1795年經歷了三次瓜分，分別被普魯士、奧地利和俄羅斯瓜分，波蘭從地圖上消失了整整123年。這段期間波蘭的民族主義開始從早期的多元文化概念轉變為以種族和語言為基礎的民族主義。這一轉變是對抗外來統治的反應，波蘭人民始終未曾放棄復國的希望，試圖恢復他們的獨立與自由。

第一次世界大戰結束後，1918年波蘭終於重新獲得獨立，成立第二共和國。這一歷史性的時刻為波蘭人民帶來了希望與重生的機會，然而，戰爭的破壞緊接而來。1939年，第二次世界大戰爆發，波蘭再次遭到德國與蘇聯的侵略與瓜分。戰後，波蘭成為蘇聯影響下的共產主義國家，這段時間內波蘭人民經歷了嚴酷的政治鎮壓與經濟困境，此時期的民族主義強調波蘭的獨立和主權。

總體來看，波蘭人的認同裡，有歷史上光榮輝煌的記憶，也有戰亂亡國的傷痛。從波蘭的歷史教科書中，我們看到藉由推崇聖海德薇（Saint Hedwig）和畢蘇斯基（Józef Piłsudski）的英雄主義，加以定義波蘭的民族性。包含的是波蘭身份的兩種主要表現：一種是光榮而強大的波蘭形象，另一種是反映國家不穩定和脆弱性的形象（Hildebrandt-Wypych, 2017）。

聖海德薇是一位中世紀的聖人，特別受到天主教和東正教的尊敬。她生於 1174 年，卒於 1243 年。聖海德薇在 12 歲時嫁給了西里西亞公爵亨利一世（Henry I the Bearded），並成為西里西亞的公爵夫人。他們有七個孩子，其中包括後來的波蘭國王亨利二世（Henry II the Pious）。海德薇以她的慈善工作和虔誠的宗教生活而聞名。她和丈夫共同創建了許多修道院和教堂，並積極參與慈善事業，特別是幫助窮人和病人。海德薇於 1267 年被教皇克萊門特四世（Pope Clement IV）封為聖人。她在中歐地區特別受到尊敬，尤其是在波蘭和德國。她的生活和事蹟成為許多宗教和歷史文獻的主題。她的生活展示了中世紀貴族女性在宗教和慈善事業中的重要角色，她的虔誠和慈善行為使她成為後世敬仰的聖人。

另一位教科書中的英雄人物畢蘇斯基，是波蘭歷史上非常重要的政治和軍事領袖，他在波蘭 1918 年重獲獨立以及之後的政治發展中扮演了關鍵角色。他來自一個貴族家庭，早年接受了良好的教育。參與了反對俄羅斯帝國統治的革命活動，並因此被流放到西伯利亞。回到波蘭後，他成為波蘭社會黨（Polish Socialist Party, PPS）的領袖之一，積極參與反對俄羅斯帝國的地下活動。在第一次世界大戰期間，畢蘇斯基建立了波蘭軍團（Polish Legions），並與奧匈帝國和德國合作，目的是利用戰爭機會重建波蘭國家。然而他因拒絕向德國宣誓效忠而被捕並囚禁。1918 年波蘭重獲獨立後，

畢蘇斯基被釋放並返回波蘭，成為波蘭臨時政府的領袖。他被任命為波蘭的國家元首（Chief of State），並在 1919 年至 1922 年間領導波蘭。

1920 年，波蘭與蘇聯爆發戰爭，畢蘇斯基成功指揮波蘭軍隊在華沙戰役中擊敗蘇聯紅軍，這一勝利被稱為「維斯瓦河奇蹟」（Miracle on the Vistula）。他在 1926 年至 1935 年間實際上掌握了波蘭的最高權力，雖然他並未正式擔任總統或總理職位。他在 1935 年 5 月 12 日去世，被視為波蘭現代國家的奠基人之一，他的軍事和政治領導能力對波蘭的獨立和穩定起到了關鍵作用。

肆、後共產主義時期的民族重建：1989 至 2000

1989 年後冷戰結束，波蘭的民族主義逐漸轉向和平與合作。波蘭政府在處理與東部鄰國（如烏克蘭和白羅斯）的關係時，採取了務實正確的政策，這有助於化解歷史恩怨，促進了地區穩定（Snyder, 2004）。冷戰結束後，東歐前共產國家在化解歷史恩怨和重建民族國家的過程中，採取了多種策略和方法。以下是一些關鍵步驟和策略：首先是歷史和解與教育，許多東歐國家透過公開討論和教育來面對過去的歷史創傷。例如，波蘭和德國之間的和解過程中，雙方共同編寫歷史教科書，促進相互理解和尊重。其次是國際合作與歐洲一體化，例如加入歐盟和北約等國際組織，幫助東歐國家穩定政治和經濟，並提供了一個共同的框架來解決歷史問題。像是烏克蘭在與歐盟的合作中，尋求經濟和政治改革，以擺脫過去的腐敗和不穩定。再來是民主化與法治建設，推動民主化進程和法治建設，確保公民權利和自由，並建立透明和負責任的政府機構。這有助於減少歷史上的不公正和壓迫，促進社會和諧。

重建策略也包含經濟改革，透過經濟改革和發展，改善人民生活水準，減少貧困和不平等，從而減少社會矛盾。例如，波蘭在經濟轉型過程中，成功吸引了大量外資，促進了經濟增長。最後是文化交流與多元化，促進文化交流和多元化，尊重不同民族和文化的權利，增強社會凝聚力。這有助於化解歷史上的民族矛盾，建立包容和諧的社會。這些策略和方法幫助東歐國家在面對歷史恩怨時，逐步實現了民族重建和現代化（Greble & Lilic, 2023）。

　　在波蘭的民族重建過程中，吉德羅伊奇（Jerzy Giedroyć）透過他的編輯工作和政治思想，特別是透過《文化》（*Kultura*）雜誌，對波蘭身份認同產生了重大影響。他的理念塑造了後共產主義時期波蘭的國家敘事及其與鄰國，特別是烏克蘭的關係。作為《文化》雜誌的創辦人，吉德羅伊奇為波蘭知識分子提供了一個討論國家身份和外交政策的平台，創造一個推動合作而非衝突的敘事，強調與烏克蘭的和解方式。他認為，承認共同的歷史可以促進更強大的雙邊關係，從而影響波蘭作為東歐地區領導者的身份。他被視為波蘭對其東部鄰國政策的設計師。這表明他的思想和著作不僅影響了文化討論，還在塑造該地區的外交和政治策略方面發揮了關鍵作用，是後共產主義政策的設計師（Turkowski, 2019）。

　　另一方面，東歐共產主義的終結後產生意識形態真空。「回歸歐洲」所伴隨的嚴峻的經濟狀況需要一套新的信仰理念，在東歐民族與歷史上占主導地位的宗教很快就成了國家建設的要素，隨之而來的是宗教信仰的機會（Topidi, 2019）。天主教在波蘭國家認同中扮演著重要角色。天主教會一直是統一力量，特別是在外國統治和共產主義統治時期。1978年波蘭籍的教宗若望保祿二世登台，增強了波蘭的光榮感和對共產主義壓迫的抵抗。他對團結運動的支持最終導致了共產主義在波蘭的垮台。

檢視天主教與波蘭民族認同之間的關係，天主教在波蘭的歷史可追溯至 966 年，當時，波蘭的第一位統治者梅什科一世接受了基督教的洗禮，這一事件被看作是波蘭國家的誕生。自此，天主教逐漸成為波蘭文化及社會的核心。中世紀與文藝復興時期在中世紀期間，天主教會在波蘭的教育、藝術和科學的進步中扮演了舉足輕重的角色。波蘭的第一所大學「雅捷隆大學」(Uniwersytet Jagielloński, 成立於 1364 年)便是由天主教會創立的。至文藝復興時期，波蘭已成為歐洲文化和學術的重心之一，而天主教會在這一歷史進程中發揮了關鍵作用。18 世紀末，波蘭經歷了三次瓜分，最終在 1795 年從地圖上消失。然而，天主教會卻成為波蘭人民維持民族認同的重要力量。在 19 世紀及 20 世紀初，波蘭的天主教會領袖積極參與民族復甦的運動。波蘭在二戰期間遭受了納粹德國與蘇聯的雙重侵略時，天主教會成為抵抗運動的主要支持者。戰後，共產主義政權試圖削弱天主教會的影響力，但未能如願。相反，天主教會反而成為抵抗共產主義統治的重要力量。教宗若望保祿二世對於波蘭及全球天主教會產生了深遠影響。他於 1980 年代支持波蘭的團結工會運動，最終促成了共產主義政權的崩潰。接著，我們便討論團結工聯在共產主義時期和後冷戰時期，對波蘭重建與認同的影響。

伍、團結工聯的角色

　　團結運動（在波蘭語中稱為 *Solidarność*）於 1980 年在波蘭興起。此運動藉由工會組織宣揚共同目標而動員大量人群。這場運動被認為是歷史上最大規模的社會動員，估計有 900 萬到 1000 萬成員參與，而當時波蘭的人口約為 3500 萬，可見其波蘭民眾參與與支持的盛況。團結運動不但在推翻波蘭共產政權中發揮關鍵作用，

還在東歐地區引發了連鎖反應,促成了該地區的更廣泛變革(Kwaśniewski, 2022)。檢視波蘭團結運動對社會和文化變革的力量,其產生背景包含共產主義時期的馬克思主義集體主義的意識形態與政策,造成波蘭社會的疏離和分裂。加上亡國與被侵略記憶帶來的歷史傷痛,團結運動強化民族認同的復興和解決共產政權遺留的歷史矛盾,並強調確保波蘭個人和社群整體發展的重要性,爭取自由、平等和尊嚴(Pasko, 2019)。

團結工聯在華勒沙的領導下,與共產黨政府於圓桌會議(Round Table Talks)達成協議,這一協議最終導致了波蘭的政治轉型,結束了共產主義統治,並開啟了波蘭的民主化進程。團結工聯的成功為其他東歐國家的民主運動提供了範例和激勵。隨後華勒沙在 1990 年當選為波蘭總統,開展波蘭民主化改革。華勒沙政府也展開了一系列向市場經濟轉型的改革。這些改革涵蓋了私有化、自由市場政策及結構調整,目的是提升經濟效率及競爭力。儘管在短期內,這些措施帶來了一些社會與經濟挑戰,但從長遠角度來看,它們卻為波蘭的經濟增長和現代化鋪平了道路。

在社會發展上,團結工聯的運動強化了波蘭的公民社會意識,促進了市民的積極參與及社會責任感。這場運動讓波蘭人民深刻認識到集體行動與社會運動的重要性,並激勵了其他社會運動及非政府組織的蓬勃發展。團結工聯的運動不僅在政治和經濟結構上引發變革,還對波蘭社會價值觀造成深遠的影響。該運動強調人權、自由及社會正義,這些理念在波蘭的社會及文化中得到了廣泛的認同與傳播。

在國際影響上,團結工會的成功在冷戰結束的過程中扮演了重要角色。波蘭的民主化進程及東歐共產主義政權的崩潰,促進了蘇聯的解體,最終導致了冷戰的結束。團結工會的運動被視為冷戰

時期最重要的社會運動之一，對全球政治格局造成了深刻影響，成為波蘭人國家光榮與驕傲的重要來源。波蘭的民主化進程和團結工聯的成功，為其加入歐盟創造了良好條件。2004年，波蘭正式成為歐盟的一員，這一舉措對其經濟發展和國際地位產生了正面影響。加入歐盟不僅帶來了豐厚的經濟援助和投資，同時也促進了基礎設施的建設和經濟的現代化。因此，我們接著探討波蘭在加入歐盟後的國家定位與認同的演變。

陸、與歐盟之互動關係

波蘭於2004年加入歐盟標誌著其國家認同的新篇章。在擁抱歐洲一體化的同時，波蘭人保持了強烈的獨特文化和歷史身份。這種雙重性體現在波蘭人於歐洲認同和國家認同身份之間，經常將自己視為波蘭人和歐洲人。當然也會有一些關於主權和國家價值的辯論，但在歐洲一體化過程帶來了經濟利益和更大的政治穩定，大多數波蘭人對歐盟成員資格持積極態度，認為這是波蘭回歸歐洲核心地位（Moria, et al., 2023）。

波蘭與歐盟的爭執，主要出現在波蘭憲法法庭與歐盟關於波蘭國內法是否應優先於歐盟法律，特別是在2015年後波蘭政府實施了一系列削弱司法獨立性的改革，導致與歐盟及歐洲法院的緊張關係。這一情況引發了對波蘭自由民主削弱及其對歐盟一體化影響的擔憂。波蘭憲法法庭在裁決認為，某些歐盟條約規範與波蘭憲法不相容，法庭所確定的限制包括構成波蘭憲法身份的規範，特別是憲法保障的權利和自由以及未轉移給歐盟的權限。這反映了憲法法院保護國家憲法身份免受歐盟法律影響的更廣泛趨勢。這一原則旨在保護國家憲法身份，強調在面對歐盟法律時維持憲法

至高無上的重要性，波蘭憲法法庭在履行其作為歐盟成員國義務的同時，也應維護憲法優先地位的權力（Kucina, 2022）。

這場法律紛爭對波蘭與歐盟的關係具有重大影響，導致波蘭與歐盟之間的信任和合作惡化。波蘭憲法法庭裁定國內法優於歐盟法律，指出歐盟條約中的四條條款與波蘭憲法不相符。其中，第一條和第四條提到歐盟正處於「一個更緊密的聯盟的新階段」；第二條則涉及「人的尊嚴」，重點在於少數群體的權利；而第十九條強調歐盟法院負有確保法律有效執行的責任。這些裁定挑戰了歐盟一體化的基本原則，與所有歐盟成員共享的民主價值觀（Kucina, 2022）。由於波蘭不遵守歐盟法律標準，歐盟已扣留約354億歐元的補助金和貸款，突顯了這場衝突中的財務利害關係，波蘭與歐盟司法標準的一致性對於這些對國家發展至關重要（Fadeeva, 2024）。

連帶的影響是關於波蘭脫歐（Polexit）的討論，波蘭執政黨從溫和的歐洲懷疑主義轉向強硬的歐洲懷疑主義，這一轉變受到了英國脫歐（Brexit）的影響，促使波蘭政府採取了更強硬的主權維護的立場（Rettinger, 2023）。儘管波蘭政府採取了更為歐洲懷疑主義的立場，但公眾意見仍然大體上支持歐盟，波蘭民眾對歐盟表現出強烈支持，顯示出對歐盟成員資格及其理想的認同。因次可以看出，儘管波蘭政府挑動與歐盟的關係作為政治競爭的資本，進而造成政治緊張局勢，但波蘭人民對成為歐盟的一分子仍是明顯的堅持（Polak, et al., 2023）。波蘭未來與歐盟的可能發展情節有許多種，其中較為可見的可能是較為保守的發展，那就是將焦點擺在經濟利益的考量，而不追求其他層面更深層次的整合（Chojan, 2020）。

儘管波蘭政府在國家法律與歐盟法律上有所爭執，烏克蘭戰爭的爆發卻讓波蘭在歐盟的角色有所轉變，以下便接著討論這個轉變在認同上的影響。

柒、烏克蘭戰爭的影響

2022年俄羅斯入侵烏克蘭後，美國拜登政府（Joe Biden）的國家安全顧問蘇利文（Jake Sullivan）以「前線」（front）稱波蘭（Sullivan, 2022），不僅因為波蘭就在烏克蘭戰爭的邊緣，國際援助的物資和武器裝備，也大都由波蘭邊界往進烏克蘭。也因為波蘭的北約（NATO）會員國的身分，美國政府的領導人，包括美國總統拜登、副總統賀錦麗（Kamala Harris）、中情局局長伯恩斯（William J. Burns）、國防部部長奧斯丁（Lloyd James Austin III），以及歐盟理事會主席米歇爾（Charles Michel），都到波蘭訪問與進入烏克蘭。

波蘭對烏克蘭展現強力的支持，也快速的接收上百萬的烏克蘭難民，這些行動的加強了其作為歐盟成員的認同。波蘭積極參與歐盟的外交和人道主義行動，並在歐盟內部倡導更強硬的對俄政策。這使波蘭在歐盟內部的地位得到提升，並使其成為捍衛歐洲價值觀和安全的重要國家之一。烏克蘭戰爭讓波蘭歷史上的對俄羅斯的威脅和警覺再次浮現。波蘭歷史上多次遭受俄羅斯的侵略和壓迫，是認同上最強烈的「他者」，而且是欺壓的霸主。這些歷史記憶深深影響了波蘭對俄羅斯的仇恨態度。烏克蘭戰爭使這種警覺和傷痛感更加強烈，並成為波蘭國家認同的一部分，進而提升波蘭作為自由和主權國家的捍衛者。波蘭的這種立場得到了國內廣泛的支持，也成為波蘭在國際社會中的顯明形象。

從皮尤研究中心針對波蘭與匈牙利兩國的調查中（Fagan, et al., 2023），我們看到儘管匈牙利和波蘭都投票支持聯合國譴責俄羅斯在2022年入侵烏克蘭，波蘭推動向烏克蘭提供坦克，並提議對俄羅斯實施額外制裁，而匈牙利政府則阻止了對烏克蘭的軍事

援助，並繼續與俄羅斯保持經濟關係。而且波蘭人比匈牙利人更傾向認為俄羅斯是主要威脅，並支持加大對俄羅斯的製裁。

對照與美國的關係，當被問及與美國或俄羅斯的密切關係對他們的國家哪個更重要時，76%的波蘭人表示與美國保持密切的關係更重要，這一數字比 2019 年首次提出這個問題時上升了 47 個百分點。自 2015 年俄羅斯吞併克里米亞（克里米亞未得到其他國家承認）後首次提出此問題以來，波蘭認為應加強制裁的比例上升了 18 個百分點。兩國對北約的認同感也有所不同，93% 的波蘭人支持該聯盟，而匈牙利人的比例只有 56%（Fagan, et al., 2023）。

總體而論，烏克蘭戰爭對波蘭的定位和認同產生了重大影響，影響了其經濟、貿易動態和地緣政治地位。在經濟和住房市場影響上，戰爭導致波蘭的住房市場波動，特徵是通貨膨脹和需求波動。烏克蘭難民的湧入增加了租賃住房的需求，而利率上升也讓整體市場受到波動。另一方面在對外貿易上也有所改變，波蘭與美國的貿易顯著增加。波蘭對戰爭的反應增強了其作為北約重要盟友和地區大國的角色，儘管在國內政策方面與歐盟的緊張關係並未完全消除。

捌、結論

對於國族與國家認同的研究，已經不再僅限於分析精英的敘事、話語及事件，而是轉向考察普通個體如何理解及詮釋這些概念。這些研究有助於揭示國家認同在日常生活中的重要性，以及它在何時、何種情境下被喚起和展現。

波蘭的國家認同是一個由其複雜歷史、文化遺產和人民韌性編織而成的流動過程。本文探討了定義波蘭國家認同的關鍵要素，

包括歷史發展、文化累積以及歐洲一體化的影響，特別是天主教、團結工聯、和加入歐盟後的互動，以及烏克蘭戰爭的因素討論。國家認同是我者（self）與他者（other）的互動過程，就像團結工聯的運動表面上是工人運動，但因為蘇聯的外力介入，變成波蘭的公民社會意識運動，促進了市民的積極參與及社會責任感。這運動所強調人權、自由及社會正義等理念，更外溢至東歐共產國家，得到了廣泛的認同與傳播。而與歐盟的互動關係，展現的是波蘭人在冷戰結束後的新的認同建立，儘管執政者屢屢以法律條文挑戰歐盟侵犯波蘭主權，但普羅大中的波蘭人仍傾向維護歐盟的成員身分，及其所代表的民主自由認同。

最後再特別提出，天主教與波蘭國家認同的關係也面臨挑戰。隨著全球化和現代化的進程，波蘭社會出現了多元化的趨勢，特別是在年輕一代中，世俗化的趨勢逐漸顯現。然而天主教會在一些社會議題上的保守立場，如對同性婚姻和墮胎的反對，也引發了社會的爭議和分歧。

波蘭人在緬懷光榮的歷史時，對晉身為歐洲強國有所憧憬。同時在遭到瓜分亡國的歷史陰影下，又有些戒慎恐懼。與歐盟和北約的正面關係是對和平繁榮發展的方向選擇，但如何保有自身獨特的國家形象和定位，是民族主義和尊嚴上的平衡，這是未來可見的考量議題所在。

參考文獻

洪茂雄，2009。《波蘭史: 譜寫悲壯樂章的民族》。台北：三民書局。
徐筱嵐，2022。〈立院三讀通過《醫師法》 爭議 12 年的波波醫師今年底落日〉Yahoo 新聞（https://tw.news.yahoo.com/立院三讀通過-醫師法-爭議 12 年的波波醫師今年底落日-150200159.html）（2024/8/24）
Anderson, Benedict. 1983. *The Imagined Communities: Reflections on the Origin and Spread of Nationalism*. London: Verso.
Bratcher, Ian. 2020. "Ideological Others and National Identifications in Contemporary Poland." *Nations and Nationalism*, Vol. 26, No. 3, pp. 677-91.
Chojan, Adrian. 2020. "Brexit and Its Impact on Poland's Policy Towards Europe: An Attempt to Forecast." *Studies in European Affairs*, Vol. 24, No. 2, pp. 91-104.
CIA. 2024. "World Factbook: Poland." (https://www.cia.gov/the-world-factbook/countries/poland/) (2024/7/10)
Connor, Walker. 1993. *Ethnonationalism*. Princeton: Princeton University Press.
Fagan, Moira, Laura Clancy, Sneha Gubbala, and Sarah Austin. 2023. "Poles and Hungarians Differ over Views of Russia and the U.S." Pew Research Center (https://www.pewresearch.org/global/2023/10/02/poles-and-hungarians-differ-over-views-of-russia-and-the-us/) (2024/8/12)
Greble, Emily., and Vladislav Lilić. 2023. "Nations, Politics, and the Role of History in East Central Europe." *American Historical Review*, Vol. 128, No. 2, pp. 951-62.
Hildebrandt-Wypych, D. 2017. "Religious Nation or National Religion: Poland's Heroes and the (Re) Construction of National Identity in History Textbooks," in Joseph Zajda, Tatyana Tsyrlina-Spady, and Michael Lovorn, eds. *Globalisation and Historiography of National Leaders*, pp.103-21. Dordrecht: Springer.
Huang, Christine., Laura Clancy, and Sarah Austin. 2024. "Language and Traditions Are Considered Central to National Identity." Pew Research Center (https://www.pewresearch.org/global/2024/01/18/language-and-traditions-are-considered-central-to-national-identity/) (2024/8/22)
Kucina, Irena. 2022. "Polish Constitutional Tribunal's Judgement Regarding Supremacy of the Polish Constitution Over EU Law: The Next-Level Debate on the 'Last Word.'" *Journal of the University of Latvia, Law*, No. 15, pp. 204-14.
Kwaśniewski, Jerzy. 2022. "Solidarity (Poland)." *The Wiley-Blackwell Encyclopedia of Social and Political Movements,* pp. 1-4 (https://doi.org/10.1002/9780470674871.wbespm392.pub2) (2024/08/15)
Mezyk, Robert. 2021. "Member State's Lawlessness and European Law: The Case of Poland." *Australian and New Zealand Journal of European Studies*, Vol. 12,

No.1, pp. 54-66.
Moria, Fagan., Laura Clancy, Sneha Gubbala, and Sarah Austin. 2023. "Poles and Hungarians Differ Over Views of Russia and the U.S." Pew Research Center. (https://www.pewresearch.org/global/2023/10/02/poles-and-hungarians-differ-over-views-of-russia-and-the-us/) (2024/9/1)
Pasko, Yaroslav, and Hennadii Korzhov. 2019. "Solidarity' as a Community of Civil Society." *Skhid*, Vol. 5, No. 163, pp. 20-28.
Polak, Aleksandra, Christopher A Hartwell, and Katarzyna W. Sidło. 2023. "Physically Present but Spiritually Distant: The View of the European Union in Poland." *Comparative Southeast European Studies,* Vol. 71, No. 3, pp. 300-32.
Rettinger, Tanja. 2023. "De-Europeanization of Eastern Peripheries or Testing the Limits of Differentiation: Poland in the Post-Brexit European Union," in John Fossum, and Christopher Lord, eds. *Handbook on the European Union and Brexit,* pp. 296-308. Cheltenham: Edward Elgar Publishing.
Smith, Anthony D. 1991. *National Identity.* Reno, Nev.: University of Nevada Press.
Snyder, Timothy. 2004. *The Reconstruction of Nations: Poland, Ukraine, Lithuania, Belarus.* New Haven, Conn.: Yale University Press
Sullivan, Jake. 2022. "Press Briefing by Deputy Press Secretary Chris Meagher and National Security Advisor Jake Sullivan." White House. (https://www.whitehouse.gov/briefing-room/press-briefings/2022/03/22/press-briefing-by-deputy-press-secretary-chris-meagher-and-national-security-advisor-jake-sullivan-march-22-2022/) (2024/8/21)
Topidi, Kyriaki. 2019. "Religious Freedom, National Identity, and the Polish Catholic Church: Converging Visions of Nation and God." *Religions*, Vol. 10, No. 5, pp. 293-311.
Turkowski, Andrzej. 2019. "Polish Intelligentsia Totems in Elites' Struggles for Legitimization: The Case of Jerzy Giedroyc and Poland's Eastern Policy." *East European Politics and Societies*, Vol. 33, No.1, pp 66-88.
Zerofsky, Elisabeth. 2018. "Is Poland Retreating from Democracy? A Debate about the Country's Past has Revealed Sharply Divergent Views of its Future." *New Yorker,* July 23 (https://www.newyorker.com/magazine/2018/07/30/is-poland-retreating-from-democracy) (2024/8/21)

在帝國交會之處的民族形態
——天主教與波蘭民族主義的建構

劉名峰
國立金門大學閩南文化碩士學位學程教授

壹、前言

　　在當下全球化的情境裡，民粹主義的運動再度成為鎂光燈的焦點，並受到學界的高度關心，而本文所研究的波蘭也有民粹領導人浮上政治檯面的現象；但在同時，波蘭也加入了歐盟，並在2022年爆發烏俄戰爭之後，不僅接收了大量的烏克蘭難民，也堅定地與西方民主國家一起對抗俄羅斯。因此，即有研究指出了波蘭民族主義逐漸走出了過去對文化及族群性的強調，而有更多奠基於民主規則而生成的公民性（Kubicki, 2008）。那麼，就此一民粹運動興起，而公民意識也發展的過程中，如何理解此間之民族建構的形態，也就是本文關切的主題。也就是說，為什麼又如何會出現此一「族群—公民」兩種民族主義俱在的政治社會處境？本文認為，「族群—公民」兩種形態之民族主義間的關係，更適宜將其當作是分析上的概念，而非實然之社會生活裡的對立。並且，將分析上的概念「理意化」（reification）（Gunderson, 2021）當作是實然社會生活裡的狀態，除了是知識上的便宜行事，也反映了全球化時期之自由主義的偏見，因為二分了公民及族群民族主義即為其賦予了不同的道德意涵，也就是族群民族主義是情緒的、褊狹而排外的，並

因此是「壞」的,而公民民族主義不僅是理性的、包容的,也呼應了新自由主義之政經秩序的價值。

不同於對兩種形態之民族主義的理意化與道德化,本研究以 Elias（2009）的「文明化歷程」（civilizing process）為分析的架構,藉由其中的「自我 vs.我群」認同平衡（I-We balance）（Elias, 2003）,來說明個體化裡的認同建構,並指出了「國家」在民族建構裡的重要性（Elias, 1972）。而且,還由於波蘭經歷過了三度瓜分與亡國,遂使得本文對於波蘭民族主義的研究,不僅能了解到國家在民族建構裡的角色,還能看到國家不存在之際,民族主義又是如何建構的。也就是說,波蘭是在亡國的廢墟上建國,並生成於帝國的夾縫之間,故而波蘭民族主義的建構,或者需要國家出面對抗帝國的威脅,並從中強化了波蘭民族的光榮;或者是面對著帝國在現代文明裡所具有特別的魅力,而對比出波蘭的屈辱（Elias, 2008）。面對著帝國的威脅與魅力,與隨著而來波蘭民族的光榮與屈辱,本文首先將指出的是,作為區分波蘭與週邊帝國的天主教,別說其對波蘭民族之建構的意義是變動的,也不都是正面與有效的;其次,魅力與屈辱不僅影響了特定時空裡的民族建構,在整體上以自由主義為核心價值的現代文明化歷程裡,也為特定形態之民族主義賦予了相應的道德性。

具體地說,在全球化的新自由主義時期裡,「族群—公民」兩種形態之民族主義的看法,即壞的、封閉排外與情感的民族主義,與好的、開放參與及理性的民族主義,受到了進一步的鞏固。唯本文將透過 Elias（2008）的「形態社會學」（figurational sociology）來分析波蘭的民族主義,除了在理論層次上提供一個帶有反思性並更為科學的分析架構外,還在空間上緊扣著波蘭與週邊帝國間的關係來理解在不同的時期裡的民族建構,與天主教於其間的角

色。據此,本文將分成兩大段落:其一,以「形態社會學」來說明文明化歷程裡的建構,而此間建構的不只是帶有民族元素的認同,也是在知識層次上解釋民族主義之符號的道德意涵,而後者即具有知識社會學的性質;其二,從「帝國交會」之處來掌握生成波蘭民族主義的歷史社會脈絡,並對應著不同的時期來解釋天主教所扮演的角色。最後,以「帝國交會」的位置為中心,不僅有效地解釋了波蘭民族主義的發展,還在理論層次上呈現了關係性建構主義的研究策略,並指出經常被理解為原生性的天主教,實則也在不同時空之帝國交會的關係裡,對於波蘭民族主義也有不同的意義與效果。尤有進者,本研究還跳脫了在「公民—族群」兩種形式之間評價民族主義,並予其一個更具反思性及科學性的解釋架構。

貳、促成「族群 vs.公民」民族主義融合的社會機制

「族群 vs.公民」之間的對比,經常被用來作為理解當代民族主義的架構。然而,這一理念的對比不僅被當作是實然社會生活裡的對立,還在「內向 vs.外向」、「原生論 vs.建構論」等等符號及理論的對應之間,進一步被賦予了道德意涵,這在筆者看來,除了反映了自由主義,特別是全球化時期之新自由主義的價值系統之外,也有違科學的原則。茲先說明此一「理意化」之知識建構的脈絡,再進一步提出本文用來理解波蘭民族主義的策略。

一、二分化「族群 vs.公民」民族主義「理意化」知識的社會脈絡

對民族主義的研究由來已久,就其早期的文獻而言,經常是以西歐為對象,並帶有自由主義的色彩,不過在社會中心論所帶動的視野下,往往也會注意到這些國家的民族主義裡,強調了語言、宗

教及種族等原生性的元素，Deutsch（1953）的經典研究《民族主義與社會運動》，就表現了此一特質。不過，筆者也要指出的是，在更早之前即已出現了對族群原生性與公民性民族主義的區分（Kohn, 1944），並將此一「族群 vs.公民」的對比，與「東方—西方」民族主義串聯，而當時的東方與西方所指的即是東歐與西歐。而且，在西歐的公民性民族主義帶有「文明作風」，並排斥那些追尋「原始之根源」，如血緣宗族、傳統及種族等等，具有侵略性格的族群性民族主義。如此看來，區分「族群 vs.公民」兩種形式之民族主義的研究，不僅由來已久，其中還帶有價值上的判斷。然而，同樣地也存在另一種研究民族主義的策略，它的重點更多在於解釋民族主義的生成，並指出了兩種形式之民族主義同時俱在的現象。據此，首先可以指出來的是對民族主義的研究，有兩個重要的傳統：其一，是回答民族主義是「什麼」（what）？並與本文有關的是，將其分成族群與公民兩類來說明民族主義的內涵，並進一步地在「東方—西方」的對比之間，將民族主義的研究延伸出「哪裡」（where）的問題；其二，是有關民族主義發展的機制，回答的是「如何？」（how）的問題。這些問題在各種有關民族主義的研究裡，當然會有比重不一的關注，並彼此交錯穿插，而在研究了民族主義是什麼、在哪裡，及如何的問題後，為什麼筆者會特別強調全球化時期，這個有關於「何時」（when）的問題，及其對於「族群 vs.公民」民族主義之區分的「理意化」？

　　由於戰後亞非地區殖民地的獨立風潮，並使得戰前對於「東方」的研究，進一步向「南方」擴張，此間不只是研究對象所處的位置發生了變化，前殖民地的獨立還直接地影響了戰前西歐帝國主義國家的版圖。並且，戰前的國際局勢是以歐洲為中心，但在戰後的國際格局則是跳脫了歐洲，以全球為範圍之美蘇兩大陣營的

冷戰。另外,在美蘇兩大陣營的衝突下,這些位於「南方」的國家還以民族主義的運動及訴求,掙脫出「資本主義 vs.共產主義」的架構,並發展出不結盟的第三世界,強調相對於美蘇的自主性。誠然,想要掙脫出美蘇的二元陣營並不容易,特別是在全球冷戰的衝突之下,對於美國及其資本主義陣營來說,當時所存在的威脅較戰前的「東方」來說,恐有過之而無不及。也就是說,戰前從自由主義傳統的視野下,將「東方/東歐」民族主義理解為帶著「原始之根源」,附著於血緣宗族、傳統及種族等等,而具有侵略性格的族群性民族主義,如今很容易也會向「南方」延伸,並使得「族群 vs.公民」兩種形式之民族主義的區分仍然存在。Geertz(1973)對新興國家民族主義的研究,即提出了「原生情感」(primordial sentiments)的看法。而且,此時研究民族主義之對象別說所處的位置不同、國際政治的格局不同,在知識傳統上也發生了重要的變化。前述 Geertz(1973: 311-26)的研究裡提到了「意義的政治」(politics of meaning),而這一視野不僅已與過去單純地強調客觀性及因果律的研究有所不同,也與當時正在發展中的建構論結合,並促成了 1970 年代至 1980 年代間民族主義大辯論、以及 1080 年代初的典範轉移。

此一建構論視野的出現,並不單純地由於民族主義之研究對象的轉變所致,它還源自於更早之前科學知識的典範轉移,也就是在 1960 年代由 Kuhn(1967)所著之《科學革命的結構》、及 Berger 與 Luckmann 合著的《社會實體的建構》(1966),於知識論及社會科學方法論對於「真實」的看法;真實並不是客觀外在的單一實體,而是參照著社會脈絡之主體間的建構。自由主義傳統對民族主義的研究,著重於「民族帶來國家」之社會中心論的視野,並因此往往著重其間之原生性的元素,如語言、文化及宗教等等。然而,

1980年代之後的典範則強調「國家打造民族」的國家中心論，並因此更多表現出建構論的視野來理解民族主義，包括 Anderson（1983）的《想像的共同體》、Hobsbawm 與 Ranger（1983）合編的《傳統的發明》，以及 Gellner（1983）的《民族與民族國家》。在這些對民族主義的研究裡，不管是從印刷資本主義裡談「想像的共同體」，或指出了種種傳統活動及儀式在現代裡的「發明」，以致於從現代性的角度來談「民族（國家）」，不僅都注意到了民族在現代世界裡的建構，也提到了國家在民族建構中的關鍵地位。也就是說，對民族主義之研究的焦點放在它於現代情境中生成的機制，並強調了國家的角色。建構論的觀點在此一脈絡下大行其是，不僅在民族主義的議題裡，還延續到冷戰結束之後成為國際關係學界裡的支配性理論（McCourt, 2012）。

共產陣營瓦解與冷戰的結束，對於資本主義陣營來說是個鬥爭了四十多年的重大勝利，市場制度及民主體制具有無可挑戰的正當性，不僅令其背後之自由主義的地盤進一步擴張，並建置了全球化新自由主義的國際政經體制，在智識層面也發展出所謂的「歷史終結論」，即社會中的衝突終可藉由自由主義的政經體制來解決，因而帶來歷史的終結（Fukuyama, 1993）；至於哪些會發生衝突，而需要解決的，也就可以從杭廷頓的「文明的衝突」來理解，這也就表現為以歐美為中心之基督教文明、個人主義文化，對於非歐美之伊斯蘭、儒家等等具集體主義性格之文明間的衝突（Huntington, 2020）。此間，不單單表現了「西方 vs.東方」及「個體 vs.集體」文明間的衝突，隱隱地也帶出了強調個人參與、建構性與重視開放，及隨之而來全球化之新自由主義的世界觀，與相對於此之集體的、原生的，相對封閉的價值系統之間的對比，及相應於此一對比而來的道德判斷。並且，前述對比還能與公民及族群兩

種形態之民族主義對應，也有相應的道德內涵。此間，可以注意到「族群 vs.公民」兩種民族主義的形式在全球化時期的理意化。它們的區分固然在先前的研究裡即已出現了，並在自由主義的傳統下標示出族群性民族主義帶有的侵略性格。但是，冷戰期間一方面由於大量的前殖民地獨立建國，使得族群性民族主義在西方陣營眼下更難控制並也更具威脅性，另一方面也使其激烈的對抗，致得西方陣營更想控制族群性民族主義，並消除其威脅性。如此一來，不僅再鞏固「族群 vs.公民」兩種形式間的對立，也為西方陣營賦予更堅強的可欲性，想要去除族群性民族主義，而冷戰的結束為此一想望提供了更大的機會（Kamusella, 2017: 20）。

於是，民族主義在後冷戰時期裡的研究，即揭櫫自由主義的大旗而帶著征服對立面的強烈可欲，再一次地拉出了「族群—公民」兩種形式的對比。而且，此一對比不僅被各自賦予了道德意涵，還割裂了其間的互動與融合，並疏離於所在的社會情境，這也就是本文所說的「理意化」。但是，這別說並不是科學研究的姿勢，以建構論在 1980 年代後所取得的支配性地位來說，也相當詭異，因為「族群 vs.公民」兩種形態的民族主義，不單單就其性質上表現了「原生—建構」的差異，就是在研究上也彷彿對應於「原生論 vs. 建構論」的策略。也就是說，對那些被認為帶有族群性的民族主義，不只是認定其中包含了原生性的情感，也透過原生論的策略來掌握此一性質的原生情感而認定其為族群性民族主義；相對的，就那些被認為表現了公民性的民族主義，則不僅強調這些民族主義是透過公民的參與而建構的，就是在研究的策略上也採用建構論來掌握。於是，「研究對象—呈現的性質—研究策略」之三位一體的套套邏輯裡，即共伴地鞏固了兩種民族主義的差異，並呈現了其間的對比。而筆者之所以認為研究民族主義的建構論，於此間的表

現相當詭異,首先在於此一後冷戰時期裡的支配性理論,對跨入那些被認為是族群性民族主義,或原生性情感的認同裡,卻是相當地消極,甚至是劃地自限,而鞏固了上述「族群 vs.公民」的區分;其次,還在於建構論僅是被當作是種研究策略,用來研究民族主義等等的課題,而沒能再往前一步地注意到知識本身也是被建構的,以致於人們對世界的認識方式與內容,也可能是被建構的。

不過,筆者並不想要將建構一詞,無窮無盡地後推到虛無與懷疑的深淵。在有限的篇幅裡,本文對前述研究民族主義之知識社會學的考察,首先要指出「族群 vs.公民」的區分固然在概念上是有效的,但是將其性質連結上空間上的「東方 vs.西方」,卻是有問題的。不過,與其批評這類的研究忽略了各別的空間裡,都存在著對立性質的民族主義,如西歐也有族群,而東歐也存在著公民民族主義,不如去解釋為空間賦予了族群意涵,並進一步本質化的原因:因為這類研究帶著自由主義的色彩,故而對其所認定之自由的「我群」來說,東方不只是不自由的,也是危險、帶著怨恨與威脅的「他者」(Kamusella, 2017: 21)。這一「我群 vs.他者」的關係,不只是社群建構的「根隱喻」(root metaphor)(Turner, 2018: 25-29),也是人的存有及其認識的基礎—這也就是關係性的存有(Gergen, 2016)。其次,就研究民族主義之生成機制的策略裡,確是有強調「原生情感」的原生論,如其源頭的 Geertz(1973);但是對 Geertz 的研究彷彿只是望文生義地理解,別說沒有細讀其自深描(thick description)的方法下,對「原生情感」在新興國家中生成民族主義的機制,恐怕也沒有注意到該篇文章之後所討論到的〈意義的政治〉一文裡,就政治鬥爭對意義生產的角色。簡單地說,具有動員性質的意義,或也就是民族情感,是生成於敵我的鬥爭之間。換句話說,別說意義的政治參照著「我群 vs.他者」的關係,同時也絕

不能將「原生情感」所涉及的元素，如族群宗教、語言文化「自然化」了，它們固然建構了社會，但也同樣為社會所建構。

如此看來，不管是帶著更多原生情感的族群性民族主義，或是被認定是理性參與的公民性民族主義，都可以從建構論的策略來研究，只是這將是參照著「我群—他者」關係的新建構論（McCourt, 2016），而不是早期的建構論。就後者來說，其不僅沒能注意到知識本身即帶有建構的色彩，也沒有考慮到自身也參與了建構，而欠缺「反思性」（*réflexivité*, reflexivity）（Bourdieu, 2001）的關照。因而在研究民族主義時，不只是先在的自由主義會對「族群 vs.公民」兩種形式有不同的道德判斷，還會有後見之明的「回顧性偏誤」（hindsight bias）（Roese & Vohs, 2012），因為先在的道德判斷會引領研究者對於特定的民族主義，會在龐大無垠的歷史社會之中，尋找對應的民族元素來建構其民族主義的特質，而這也就表現在前述「研究對象—呈現的性質—研究策略」的三位一體之中，並消滅了此一研究的科學性；相對地，參照著「我群 vs.他者」之關係的新建構論則帶著清醒的反思性，並以呈現民族主義之生成機制為研究主題，而成為更科學的建構論。

二、文明化歷程中的帝國交會之處作為分析架構

本文在一開始即提到了以 Elias 的「形態社會學」為本文提供分析的理論視野，而該視野不僅將可為民族主義的生成發展機制提供分析的架構，它在存有論上也奠基於關係主義（Elias, 2008; Vandenbergh, 1999）。本文立基於形態社會學，發展出的關係主義建構論來分析波蘭民族主義的發展，並特別從帝國交會的關係裡，說明被認為是原生情感的宗教元素，在其中的生成與變化。

（一）從文明化歷程中所理解之全球自由體制下的社會建構

「文明化歷程」是個以個體為中心而打造了現代國家，並在壟斷暴力的過程中，出現暴力逐漸減少的現象。在這個體的社會裡，固然相應地會出現政治上的自由民主及經濟上的市場體制，但其間也由於政經體制及社會文化的個體化，使得其間的個體也出現了疏離、不安及剝削的社會情境，故而對應地生成了「我群意識」，而這也就是「自我 vs.我群」的認同平衡。跟著「自我 vs.我群」之認同平衡的邏輯，即可理解在西歐等自由民主體制下之民族主義的建構，也就參照著全球性資本主義的國際政經體制，能夠讓自我認同有相對充分的表達，而在參與之間表現了民族意識的公民精神。相對的，自由民主的價值與體制尚未健全的國家，它們都存在於自由主義，也就是當代世界裡唯一的國際政經體制裡（Wallerstein, 2001），故而得強化國家能力與先進的自由主義國家競爭與對抗。於是，在 20 世紀前半即在德國義大利及日本，出現了國家集權的法西斯主義，及在更為後進的東歐及蘇聯，還有更為極權的共產主義。它們都有更為明顯之「我群認同」的性格與族群民族主義的氣質。

其間的原因，是對那些不僅經濟發展相對後進，而政治上又比較保守的體制來說，民眾的參與管道有限，但又迫切地需求對抗先進國家對其經濟的壓迫，因而在危機中即突顯了原生元素的重要性，並生成了族群性民族主義，藉由其中的「我群」來消解變動之現代社會裡的不安。於是，兩種形式的運動都是由現代世界裡的自由主義所驅動，唯由於所在之政治體制及經社發展的差異，致使其所呈現之「我群」有不同的性質。不過，即便在同一個國家裡，其間的人們也會由於不同的社會位置而得面對自由主義所帶來的不

同壓力,並對應地追求不同性質的「我群」。也就是說,即便在先進的西歐國家有更多的公民性民族主義,但也不免存在著族群性的元素,更何況即便持續地作為民主體制的西歐國家,在不同的歷史時段裡也不必然總是先進的經社體制。因此,只能說公民性民族主義在先進國家更容易成為主流,而非族群性民族元素不存在。而在非西歐的世界裡,也反之亦然。文明化歷程裡生成了「現代國家」(modern state),並建構了參照著「國家」而對應的「民族」(nation)。並且,在這文明化歷程中形成的個體社會與自由主義,固然是以全球為範圍,但是在不同的情境裡,仍會與該社會中具有凝聚力的傳統連帶結合,例如宗教,並進一步生成面對現代社會的保護機制(Geertz, 1973: 340-41)。於是,不僅現代與傳統並不是二分的,也會有多元現代性及後傳統社會的出現(Eisenstadt, 1973, 2000, 2002)。

　　於是,在全球性的自由主義體制下取得先進地位的西歐及美國,其民族主義的形式往往被認為帶有更明顯的自由主義性格,不僅就政治上以自由民主的體制運作,社會生活裡也有各種公民參與的社會組織;相對的,較為後進的自由主義國家,固然也有可能在政治上發展出對應的自由民主體制,但是往往在這樣的社會裡,也就在面對現代社會的來臨及其漫延的不安情緒裡,快速地附著於該社會裡傳統的元素,並表現得較為暴力。這些社會即如前文提到的中歐及日本等國,它們在二戰之前,一方面由於國力的快速增長,並在「生存空間」的要求下,與西歐國家一樣擴張國土、打造殖民地,並加入了帝國主義的行列;另一方面,由於這些國家的快速發展,致使1929年的經濟大恐慌更加大了其社會失序的強度,而單薄的個人也更急切地向國家靠攏,成為孕育法西斯主義的沃土。以全球為範圍的古典自由主義,不僅令自由市場在毫無阻力的

狀況下讓國際經濟的動盪深入它國的國境之內,如中歐的德義,並令孤單不安的個人在動盪的經社體制裡,透過其自由民主的代議制度,賦予了法西斯政黨正當性,並以國家統合了社會的運作。如此一來,不僅破壞了古典自由主義的放任邏輯(laissez-faire),還組成了軸心聯盟、爆發第二次世界大戰(Polanyi, 2020)。

然而,從「自我 vs.我群」之認同平衡的觀點出發,本研究的興趣並不在於將二戰的爆發歸因於某一類國家的責任,而更強調在自由主義的全球秩序下,特定政經體制的發展具有對應的正當性,就如同相應之民族主義的形態,也有其脈絡中的必然。也就是說,先進的西歐國家就其在全球市場中的位置,即令其政治社會裡有更多的公民團體,並使得表現民族主義的「我群」有了更多的公民色彩;相對的,後進的中東歐國家則得依賴更多帶有傳統元素的團體及組織,不僅個人空間受到更大的壓抑,表現為「我群」的民族主義也帶有更多族群文化的元素。然而,這些族群文化的元素之所以會被「思及」,並轉化為具有動員社會、組織凝聚的功能,仍是由於這些社會位於自由主義的世界體系,並與西歐自由主義的國家競爭。也就是說,這些被認為是「傳統」的族群文化,並不是客觀外在的「傳統」,而是相應於現代情境而被喚起的「後傳統」,或「發明的傳統」。據此,本文在理論層次上提醒到,原生論視野下所注意到之民族主義的族群宗教、語言與文化,它們固然經常在前現代時期裡即已存在,但其之所以被「思及」而成為「建構」我群元素,卻是由「國家」在面對著現代情境之競爭中,被有意無意地召喚出來。筆者在這裡將原生論與建構論等的概念結合,即試圖呈現兩種理論視野之間的對立,不僅恐怕是被誇大了,其實上在原生論被提出來之際,也並不認為這些原生性的族群文化是恆久不變,並決定了民族主義的內涵(Geertz, 1973)。

最後，民族主義是個隨著文明化歷程而生成的現象，它生成於並回應著自由主義的世界體系，而為了消解此一世界體系對於社會的破壞，即生成了對應於國家的框架而生成了社會保護的運動。於是，它所體現的是不同社會情境下，人們重建其存有安全感的策略。「族群vs.公民」兩種形式的民族主義並不是範疇性地二分而斷裂的存在，而是種在對比之概念中的連續。當然，族群及公民兩種形式的民族主義，確實存在著質感上的差異，然而如前所述，不能將「原生論」所標示的族群文化元素，當作是恆久不變，並生硬地決定了民族的內涵，與隨之而來於「我群—他者」間的區分。民族既然是個現代情境下，與國家的概念同樣是新生的社會範疇，就不會完全地與前現代的「原生元素」鑲嵌對應，而是在其間的公民在思及「誰是我群」之際，對於此間元素的迫切性及對其黏合度：愈是急切地在「我群—他者」之間有所區分，是因為「他者」的威脅更大，並因此愈具強制性地想要固定下來「我群」的特質，而黏合愈強。於是，那些在民族論述裡用來界定「我群」的族群文化元素，也就會被「自然化」，而成為「原生的」、「充分情感（緒）」的——據此，本文建構了一個不帶價值判斷的分析架構，即族群與公民兩種形式的民族主義並無關好壞，甚至不能認為簡化為前者排外，而後者包容，因為民族主義不僅必然地區隔了內外，只是對於此間民族元素「自然化（本質化）」的強度有所不同。接著，本文將簡述近現代裡的波蘭歷史，作為進一步說明經常被認為是原生元素的天主教，於帝國交會的處境裡「（不）被思及」，及其與民族主義之建構間的關係。

（二）在帝國交會處建構波蘭的民族主義：
被思及或不被思及的天主教

在討論波蘭民族主義時，有兩個重要的概念是其中的關鍵：其一，是所謂「現代」的來臨，這一概念與民族主義的生成關係密切；其二，則是波蘭在 18 世紀後半所遭遇的 3 次瓜分，並於 1795 年的滅國。這裡被滅的國，指的是在 1569 年成立之「波蘭-立陶宛聯邦」，它是當時中東歐一個面積相當大的政治實體，科學及文藝上也相當發達。固然就「現代」的概念來說，其時間的起點難以界定，而此一後世稱為「波蘭第一共和」的波立聯邦時期裡，其民族主義的論述也不明顯，更多表現的是種聯盟性質的政治意志（Kania-Lundholm, 2012: 85-87）。然而，歷史上曾經的輝煌，卻在 18 世紀經歷了 3 次的瓜分，其間的反差很容易在國家的光榮與存亡之間，生成了針對外族支配與控制的反抗。並且，法國大革命在波蘭滅國前不久爆發，此一標誌著現代的重要歷史事件，其自由、民主與博愛的價值還隨著拿破崙的征戰而向歐陸散播。1806 年，拿破崙進軍普魯士，並在勝利後扶植了華沙公國。固然公國在拿破崙被流放，及隨後在 1815 年所召開的維也納會議裡廢除了，但在周邊帝國對其的 3 次瓜分與大革命風潮之下，自由與保守的理念與派系的衝突之間，波蘭民族主義即於一次又一次的反抗之間，逐漸生成。

那麼，如何理解波蘭的民族主義？又何以本文以「在帝國交會之處的民族建構形態」為主標，來說明其民族論述裡的族群性及公民性？前文提到了國家機關是民族主義生成的關鍵，這並不是說民族主義可在國家的操作下無中生有，而是人們面對著現代情境的動盪與不安，使得一個能夠管制暴力、建立秩序的政治機構，

即可讓人安心與認同、具有正當性。然而，在 1795 年之後並不存在一個以波蘭為名的國家；其次，波蘭民族主義在亡國後的醞釀、生成過程中，中東歐地區固然也存在著自由主義的理念，但保守勢力更是強悍。因此，波蘭民族主義所面對的不只是一個沒有以波蘭為名的國家，此間的民族主義還生成於貴族網絡串聯的政治社會之中—這樣的脈絡，是其民族國家建構的形態（Elias, 1972），它呈現了本文所述之「帝國交會」的背景，並由於民族主義生成於國家缺位而貴族勢力籠罩的形態下，即使得之後被當作是波蘭民族情感之核心元素的天主教，並不會理所當然地被「思及」，或在「被思及」之際也不必然具有正面的意涵，因其為波蘭民族所帶來的，並不是光榮而是屈辱。不過，自 19 世紀末、20 世紀初，隨著波蘭民族主義逐漸成形，以致於波蘭建國之後，天主教即被認為是波蘭民族中的核心元素。茲即在此一波蘭民族主義起伏之間，本文一來以「帝國交會之處」來呈現波蘭於不同時期裡的位置，及其間波蘭民族主義的發展；再者，也特別聚焦於天主教，說明此一被認為是原生性的元素，在建構波蘭民族主義中的角色。

參、帝國交會之處的波蘭民族主義：過去與現在

對於歷史的引用不能作為民族主義論述的一部分，但民族主義的生滅不僅相應於特定的歷史條件，本文還試圖透過波蘭民族主義論述於不同的歷史時期裡，天主教的角色及內涵，來呈現其於關係間的建構。為此，本節即區分出不同的歷史時期，在過去與現在的比較之間，呈現帝國交會的波蘭民族主義。

一、第二共和前後波蘭民族主義的論述：帝國交會下的獨立與依附

在一戰結束之後，由俄國控制下波蘭議會王國（亦稱俄屬波蘭）為協約國的一方，與德意志帝國、奧匈帝國及鄂圖曼土耳其帝國所組成的同盟國對抗，並在取得勝利之後，獲得英法等國的支持，而在1919年的巴黎和會上，以先前為普（德）奧瓜分的土地為基礎重建波蘭，是謂第二共和；1920年，新成立的波蘭共和國對剛成立的社會主義國家蘇維埃俄國的發動戰爭，互有勝負。兩國於1921年3月18日在里加簽訂『里加條約』，劃定波蘭東部邊界。依據該約，波蘭獲得西烏克蘭和西白俄羅斯以及立陶宛的一部分，蘇俄在這場戰爭中損失大片領土，這也為蘇聯和德國在二戰期間分割波蘭埋下伏筆。如此看來，固然在近現代歷史上的波蘭，一直因其位於帝國交會之處而承受特別激烈的戰爭風險，但不能忽略的是，第一共和時期的光榮與偉大，也鼓舞了其自身民族主義的擴張。因此，兩個共和時期之間，經受著俄羅斯帝國、奧匈帝國與普魯士王國瓜分下的波蘭，也就在帝國統治的屈辱與民族的偉大之間，發展其民族主義的論述。

（一）兩個共和之間的波蘭民族主義論述

古羅夫斯基（Adam Gurowski, 1805-66）是在這段期間裡，對了解波蘭的處境及其民族主義論述時，一位相當重要的人物。而得先說明的是，以古氏作為開始地討論波蘭民族主義，與其說是呈現了其民族論述的內涵，不如說是為了更好地表現此時波蘭的民族處境：因為他在1831年反俄起義，並在1833年至1834年間所發起之一連串的革命行動失敗之後，開始了對波蘭革命與建國的懷疑，從而轉為支持俄國專制主義的泛斯拉夫主義者，並改宗東正

教；不過，諸多歐陸國家在1848年出現「人民之春」（springtime of the peoples）的民族主義運動之後，古氏從過去的俄羅斯沙皇專制的擁護者轉為歐洲革命的同情者，並前往美國，一方面質疑專制主義，但仍宣揚親俄的理念。另一方面，也對美國的民主體制非常欽佩，指出其以個人自由和勞動為基礎所建立的國家，是文明發展的方向。因此，藉由古氏的論述，本文對民族主義的研究並不僅在於討論民族主義是什麼，還在於民族主義所面對之社會處境下的演變，即「民族主義如何可能？」的社會條件。茲以古氏說明在兩個共和期間之波蘭民族主義的論述。

首先，古羅夫斯基活躍時期的波蘭是處於帝國治下，不管是俄屬的波蘭議會王國、作為普屬波森省的波茲南大公國，或奧匈帝國治下的克拉科夫自由市。此時的波蘭並不是民族國家，而其先前的波宛聯邦也不是訴諸民族主義而成立的政治實體。民族主義尚未成為主流，並且在1815年所舉行的維也納會議裡，歐洲的封建貴族還再度掌權，使得保守勢力得以透過聯盟壓抑了由法國大革命所吹起的自由主義風潮。誠然，自由主義已在文明化歷程中，滲透歐洲各國並強調著以個人為基礎地打造政治體制。其中包括的不只是自由民主，也是由平等的個人所組成的民族國家，而在自由民主及平等的個人，與民族國家的政治社群之間，呈現的也就是「自我 vs.我群」的認同平衡。1848年的「人民之春」，義大利、德國、法國、丹麥及奧地利與瑞士等國都爆發大小不一的人民革命，試圖推翻由貴族及專制王權所組成的政治體制，而波蘭地區固然呼應了此間的革命運動，唯效果僅在於迫使普奧當局廢除農奴制度，並未對民族國家的發展取得進一步的成果。換句話說，波蘭地區的反抗在經社層面上取得了一些向現代轉型的成績，但民族意識的發展不彰，其原因不只是此時的民族意識仍在萌芽，還在於波蘭處於

帝國瓜分的狀態,而不同於前述發動「人民之春」的國家,因為後者在人民與國家之間已然具有對應性,其民族主義的運動旨在推翻保守的封建貴族及王權,但波蘭地區並沒有一個代表波蘭民族的國家,故而也就欠缺一個清楚的國家可茲行使職能,成為喚起「我群」之民族意識所依附的對象。

其次,古羅夫斯基出身於擁有伯爵頭銜的卡斯特拉尼家族,其弟還與西班牙公主結婚而成為西班牙貴族,妹妹也嫁給了沙皇尼古拉一世的副官,因而在維也納會議後的歐洲,實則他還是據有親近當權之保守勢力的社會位置。不過,人所處的社會位置並不必然決定了人的行動,他的青年時期因為參加了革命示威活動,於1818年和1819年分別被華沙和卡利什的中學開除。之後,古羅夫斯基前往當時普魯士的多所大學求學,並曾在柏林大學師從黑格爾,且於海德堡大學獲得學位。1825年返回華沙後,他成為反俄的領袖之一,並因此多次被監禁。1829年1月,他參加了一項暗殺沙皇尼古拉一世的計畫。在1830年11月的起義,古氏負責了組織的工作,而在起義被鎮壓後失去了大部分的財產;隔年1月,他再組織了示威活動,要求將尼古拉一世罷免為波蘭國王。起義及示威失敗後,古氏逃往法國組織了波蘭國家委員會,但在1832年3月17日退出該組織,成為波蘭民主社會黨的創始人之一。然而,波蘭流亡者在1833年至1834年間發起的所有革命行動都失敗了,這些失敗令古羅夫斯基開始對革命本身及波蘭革命者產生了嚴重的懷疑。此時,古羅夫斯基對法國的聖西門主義產生了興趣,而其反俄的觀點也在1834年發生了根本性的轉變,他發表了一封公開信譴責11月的起義,並向沙皇當局請求赦免,之後又發展了泛斯拉夫主義的歷史哲學,而與其先前的種族及宗教身份決裂。

這一轉變呈現在古羅夫斯基於1834年底發表的〈俄羅斯及波

蘭省的叛亂真相〉。他提到:「斯拉夫民族的偉大總和」才是他的真正祖國,而俄羅斯代表了斯拉夫的活力,波蘭不過是一具已經經歷過了所有分解階段的屍體。此一立論所認定的歷史進步觀,奠基於統一性和集權化的增加,而波蘭一直缺乏吸引力的統一力量、層級制度精神與紀律,因而既無法也不願意關心斯拉夫世界的命運。在古羅夫斯基看來,這不只表現在波蘭疏離於歐洲的主流,造成了國家更分裂並孤立於歐洲,還在於貴族之間的爭吵而無法融入國家的理性。據此,他再指出波蘭沒能表現人類偉大及強大生命力的原因,源自於波蘭國王梅什科一世(Mieszko I, 960-92)於 10 世紀時以拉丁禮而接受了天主教,令波蘭成為天主教國家而錯失了機會。在古氏看來,此一宗教性格使得 16 世紀建立的波立聯邦與歐洲西部分離。倘若當時的波蘭是以征服,而不是與立陶宛建立聯邦,即可建立集權的帝國。並且,波蘭在 17 世紀初還未能趁著俄羅斯內亂取得優勢,相反的是俄羅斯克服了內亂,使其成為天選的民族,不僅因其具備了波蘭所缺乏的一切,即偉大的政治家、統一且集中的力量,以及方向感與目標感,也在於它沒有拉丁文化的腐化而能進行社會主義的改造(Walicki, 1979)。

由這段透過比較而呈現之立場的改變,宗教毫無疑問地是其中的關鍵所在。不過,宗教的重要性並不在於它被用來建構民族主義,而在於它帶給了古氏關於「天選」的概念,並隨後將「民族」的重要與否置於天命的脈絡下來理解,遂使得古氏將波蘭復國運動的失敗歸因於天主教,並謳歌東正教下的沙皇專制統治,及泛斯拉夫主義的正當性。不過,「天選」作為論述的有效性並不單純地基於宗教上的依據,因為它來自於包括東正教、天主教及新教的基督教傳統,並且「天選」對東正教來說也不具有特殊性。筆者認為,得配合著論述中的其它概念,才能有效理解其間論述的意涵:首

先,是黑格爾的理性與進步觀下所思及的國家命運;其次,是波蘭的國家命運是未能統一、力量不集中,而其原因在古羅夫斯基看來,是貴族間的鬥爭與欠缺偉大的領袖;最後,是他對於征服的興趣,與隨之表現的帝國情懷。帝國的成就在於擴張,並表現了權力與自由,也面對著世界及連結西歐。那麼,為什麼古羅夫斯基並不是讓波蘭的命運與西歐連結,而是轉向泛斯拉夫主義,並大力支持其原本試圖罷免與謀殺的沙皇?甚至,古氏當時還身處法國,與聖西門主義者交往。要了解其間的邏輯,不僅可透過當時逐漸生成的社會進化論來理解競爭、征服,以致於理性與進步等的概念,更能配合著自由主義所帶來的世界體系來掌握。

這是古典自由主義體制下的世界體系,而其中心不僅在於西歐的英法等國,1834年俾斯麥上台之後的普魯士也正積極發展,並建立了德意志關稅聯盟。如此看來,以古典自由主義為基礎的國際政經體制,其中心也就鄰近波蘭,故而面對著文明化歷程在西歐社會的快速發展,不單單法國出現了聖西門的社會主義,也生成了泛斯拉夫主義的正當性,因為它們都帶有強烈的社群意識,作為回應自由主義及個體化的挑戰。聖西門主義要求統一性與集權化,即是種對自由主義的反抗,而古氏對於階級、權威、紀律和明確社會目的興趣,不只是聖西門主義的特質,也反映了古氏的社會位置,並結晶出泛斯拉夫主義的策略,因其不僅可與西部歐洲對抗,也是對古典自由主義之世界體系的回應。並且,正是在這古典自由主義之世界體系裡所生成的,具有「我群」地位的泛斯拉夫主義,並再結合了沙皇的專制體制與東正教,可抵禦帶有自由主義之西歐的威脅。西歐是「他者」、相鄰的普魯士還具有基督教色彩,故而在「我群 vs.他者」的競爭之間,能與西部歐洲的帝國對抗的並不是天主教,而是東正教。而東正教、泛斯拉夫主義及沙皇的三位一

體,即據有「天選」的地位,這除了能解釋古氏的改宗及對種族的背叛,也表現在當時其它波蘭流亡者之所以對俄羅斯心生嚮往的原因;舉例來說,波蘭議會王國王子斯維亞托波爾克-米爾斯基(Dmitry Ivanovich Svyatopolk-Mirsky)也在 1843 年宣布皈依東正教,認為它是「所有斯拉夫人的自然宗教」,並宣稱自己忠於俄羅斯所代表的「斯拉夫理念」(Walicki, 1979)。

透過古氏從波蘭復國運動向泛斯拉夫主義的轉向,本文指出了波蘭位於「帝國交會」的位置,不僅使其復國大業一再失敗,也因為在建構個體性的文明化歷程中,致使其得依附於「泛斯拉夫主義—沙皇—東正教」而建構的「我群」,方得與具有更強烈之自由主義的西部歐洲對抗。如此看來,在此一「我群—他者」關係裡的泛斯拉夫主義,即在結構中具有廣泛的正當性,並在對比之間消解了波蘭復國及其民族主義的道德訴求,以及天主教之所以不具有正當性,甚至還成為解釋波蘭淪喪的理由。簡單地說,亡國的處境及復國無望的命運,不只是具體地表現為國家的缺位,也解釋了古氏的改宗,以及天主教於此時被思及的是負面的道德敗壞與不具天命的形象。此間的關係得在 19 世紀末,才由於工業化的發展,致使早期以貴族為主的波蘭政治型態逐漸被新興的中產階級所取代,並於期間生成了波蘭現代民族意識。至於天主教與波蘭民族主義間的連結,得在 1905 年後方才逐漸明顯,也才有波蘭人是天主教徒,即「波蘭人-天主教徒」(*Polak-katolik*, Pole-Catholic)的說法(Sadkowski, 2001: 9-10)。

(二)第二共和成立後的波蘭民族主義論述

在帝國主義的競爭白熱化到二戰結束之間,波蘭民族主義歷經了非常關鍵的時期,也就是 1918 年一戰結束之後,由於德意志

及奧匈帝國的戰敗，與俄羅斯帝國的崩解，使得波蘭得以建國，不僅在國家的基礎上發展民族主義，還由於一戰的結束，弱化了沙皇與泛斯拉夫主義的道德地位，而西歐所主導的古典自由主義也受到質疑。於是，不僅波蘭建國了，國家的重要性也跟著增加，並為波蘭民族主義的發展提供沃土。那麼，此間生成的民族主義，又是怎樣的形態？在上一段落裡，本文透過古氏之認同的變遷，貫時地呈現了波蘭民族主義的消長。這一段落將藉由德莫夫斯基（Roman Dmowski）與皮爾蘇斯基（Józef Piłsudski）兩位在第二共和時期之重要政治人物的主張，說明此一時期波蘭民族主義的形式。在分別說明其內涵之前，可先指出的是，位於中東歐帝國交會之處的波蘭第二共和，是合併了先前併入俄羅斯、普魯士及奧匈等帝國，故而境內族群相當多元，不僅有主流的波蘭人，還有大量的德裔日耳曼人、白俄羅斯烏克蘭等裔的斯拉夫人，以及猶太人等少數族群。因此，波蘭建國後所推動的民族重建政策，必然地擺盪於同化及多元之間？尤有進者，由於波蘭在兩次大戰期間，仍位於德國及蘇聯兩大帝國之間的地緣緩衝區，在其國族建構的過程中，如何理解「我群」與「他者」，朋友與敵人，即是關鍵議題。

　　首先，波蘭在巴黎和會後得到英法等國的支持，先整合了德奧兩大帝國內的波蘭區，並在 1919 年至 1921 年的波蘇戰爭後，確立了第二共和的波蘭領土。皮蘇斯基在這段期間是波蘭的國家元首，他在波蘇戰爭中統領波蘭軍隊，雖然在 1923 年以民族民主黨為主的反對派取得了政權，致使皮氏淡出政壇，但他在 1926 年 5 月發動政變，並成為波蘭「事實上」的獨裁者，執政到 1935 年逝世為止。民族主義是皮氏主政期間的重要政策。自波蘇場戰爭期間，他即試圖讓波蘭向東方的俄國領土擴展，並通過支持烏克蘭的獨立來建立東部的安全緩衝區。然而，雙方在戰爭中互有輸贏，故

而在 1921 年所簽訂的『里加條約』裡，未能實現皮氏聯邦主義的理想，並被迫放棄了對烏克蘭的支持，但從中可以理解到他提倡更包容而多民族之波蘭國家的理想，具有復興波立聯邦的意圖，藉由波蘭、立陶宛、烏克蘭、白俄羅斯等民族組成的多民族聯邦國家，包容東歐地區的不同民族，將可用來抵制俄羅斯和德國的擴張主義。而且，波蘭的安全和穩定依賴於與鄰國的合作，不是強行同化或壓制這些民族，並因此而需要尊重不同民族的語言、文化和宗教信仰，對不同族裔採取相對寬容的政策，主張這些民族可以在波蘭的框架下共同生活，而不需要強行波蘭化，也反對排外及反猶的民族主義。

其次，延續著反猶也帶出了戰間期的宗教議題。戰前，波蘭地區存在著泛斯拉夫主義的論述，而當時的俄國及戰後的蘇聯，則是波蘭民族主義的威脅。有鑑於此，別說串聯著斯拉夫主義的東正教，不再是波蘭人的「自然宗教」，一直瀰漫在歐陸的猶太教，也成為波蘭民族主義建構的「他者」，這是因為天主教在這一時期與外部威脅的東正教，成為「我群 vs.他者」的關係，遂串聯了波蘭民族主義與天主教，並使得猶太教也跟著被「他者化」了。不過，波蘭民族主義雖然很容易與天主教之間串連，即便在亡國時期也是如此，但別說在前一時期裡的天主教並不被認為是「斯拉夫人的自然宗教」，就算作為波蘭民族主義之「原生情感」的對象，它的形象也不一定是正面的。隨著波蘭的建國及其位於德蘇兩大帝國之間的位置，天主教與波蘭民族主義間的連結不只是更進一步鞏固，更由於戰間期動盪的經濟情勢，遂使得帶有強烈社群意識的天主教，具有更高的正當性。此間對比的主要是猶太人及其它少數民族，倒不是猶太教與其它宗教不具社群意識，而在於天主教為波蘭的主要宗教，其社群意識即與波蘭民族意識連結；另外，猶太人不

僅被認為是「外來者」,還由於存在著猶太人比較富有的印象,而很容易成為經濟危機時期的替罪羔羊。

最後,德莫夫斯基及其所領導的民族民主黨(*Narodowa Demokracja*, National Democracy, ND, 1886-),在民族政策上不同於皮氏,前者強調民族同質性、波蘭文化,以及對天主教信仰的重要性,並警惕於國內外的「敵對」勢力。也就是說,兩者的民族政策雖有不同,但都相同的是在面對周邊帝國的威脅裡,發展其民族政策。皮氏是透過以多元的民族來建立「我群」,並藉由聯邦主義來面對德蘇的威脅;相對的,德氏則要求民族的「純粹化」,不僅因此而強化了宗教文化作為「原生性」的元素,因而重視天主教信仰與波蘭文化。在他看來,波蘭應該成為一個以民族同質性為基礎的國家,因此國家是民族的反映,而民族的概念應該基於共同的語言、文化和宗教。並且,只有當一個國家由一個強烈的民族身份所支配時,它才能真正強大。因此,他強烈支持一個單一的波蘭民族國家,並認為多民族國家模式是不穩定的,會導致內部分裂。於是,在民族同質性的框架下,德氏所主張的「波蘭化」政策是要求非波蘭裔的少數民族融入波蘭文化,而不是建立多元的波蘭文化。並且,他還認為波蘭境內的猶太人、烏克蘭人、白俄羅斯人和德國人等少數民族是國家統一的威脅,因為他們的文化和宗教差異會削弱波蘭的民族團結(Pankowski & Kormak, 2014: 157-58)。於是,其民族主義即表現為強迫同化的政策,要不是將少數民族轉化為波蘭民族的一部分,就是將其邊緣化,甚至驅逐不願同化的群體,例如猶太人。因此,德氏民族主義也就很容易地具有反猶的色彩,並與皮氏的多民族聯邦主義形成鮮明的對比。

不過,兩者之間雖有不同,但「帝國交會」的處境仍是其民族政策生成時,所共同依據的社會型態,不僅因為在此一地緣政治之

下，國家存亡與其民族主義的論述緊密結合，也由於帝國交會之處而使得其民族主義論述更得面對族群及宗教多元的現象及課題。於是，皮氏採取了多元的民族政策，透過聯邦國家的打造來面對德國與蘇聯；而德氏則以波蘭文化及天主教為中心同化或排除其它民族，藉由民族團結來對抗德國及蘇聯。此間，固然在兩位的民族主義論述裡，天主教均據有原生情感的地位，差別在於與其它宗教間的關係。多民族聯邦主義的皮氏，在宗教上也採取了多元主義的策略；相對的，強調天主教及波蘭文化同質性的德氏，則強力地要求改宗同化。然而，是否因為兩者對於宗教及族群不同的立場，就認為他們是對立的公民性及族群性的兩種民族主義，即便前者較為開放、主張寬容而不排外，而後者則相對單一、要求同化，並主張驅逐不願融合的群體？進入歷史的脈絡裡，別說這樣的類比太過誇大，因為如果將兩者的民族政策分類為多元主義與共和主義，也就不會有「公民 vs.族群」兩種民族主義間的道德判斷。更何況，當時兩種民族政策都是為了回應外部的威脅，而如今就「公民 vs.族群」兩種民族主義的理解上，外部不僅不是威脅，甚至還在自由主義的價值系統下，開放具有理所當然的正面意義，並在對比之間即使得「排外」變成了負面，並等同為族群性民族主義。此一過度誇大及忽略威脅的特質，即是前文之所以認為此一對比預設了自由主義的立場，並在全球化時期裡進一步「理意化」的原因。

其實，自由主義的立場不只是忽略了外部的威脅，而將所謂的族群性民族主義當作是威脅，並賦予了污名、加上道德判斷，同時也將族群及民族等的概念，當作是宛如實體般的存在。這種實體化，乃至於自然化了特定單位，包括個體、族群、民族或國家─的視野，是自由主義的存有觀，並具體地表現在自然狀態、契約論或功利主義等的哲學裡（Macpherson, 2018）。並且，在一戰結束及波

蘭建國之後,還由於帝國之交的處境而使得國家興亡迫在眉睫,更令 19 世紀末逐漸鞏固的波蘭民族主義及天主教之間的關係,進一步實體化、自然化了,於是有了「波蘭人是天主教徒」的想像。這樣的想像,不僅提供了波蘭在德俄的東正教與基督新教之間,作為國族認同的依據,實則也是皮氏的社會黨及德氏的民族民主黨之民族論述的共同基礎。兩者間的差異,僅在於對其它民族的態度,與採取的政策有所差異。然而,帝國交會之處的困境與波蘭的興亡直接有關。因此,反猶排猶及對少數民族的歧視,也就必然地較為暴力,更別說這還反映了波蘭在初建國之初,其國家能力對暴力的管制相對單薄,而人權法治也尚未鞏固的狀態。其實,皮氏及德氏也都注意到外部的威脅,並也都鼓勵民族間的融合,而不管是相對平等而共融的行動,或是具壓制性的同化與排除,不僅均帶有建構的色彩,也都需要時間。唯時間並非波蘭所能控制的,帝國交會的困境也非黨派所能克服。1939 年 9 月 1 日,德國入侵波蘭,並標誌著第二次世界大戰的正式爆發。隨後,蘇聯根據與德國簽訂的『莫洛托夫-里賓特洛甫條約』(*Molotov-Ribbentrop Pact*),於 1939 年 9 月 17 日從東部入侵,使得波蘭再被德國和蘇聯瓜分,並失去了其國家主權,而第二共和也隨之結束了。

二、戰後波蘭民族主義的發展

德國戰敗,史達林強力干預波蘭政府重建,並成立了新的共產主義政權。因此,固然波蘭人民共和國在 1947 年正式成立,然而不僅同意了蘇聯對戰前波蘭東部地區的併吞、及紅軍在其領土內的永久駐軍,1955 年所成立的華沙公約組織(Warsaw Treaty Organization, 1955-91)更代表了波蘭完全融入共產集團,實施專制統治。在此一治理的形態下,雖然國家自主性有限,但民族主義的

論述仍在蘇聯壓制下發聲,而天主教還在其中扮演了關鍵的角色,甚至促成「團結工聯」(*Solidarność*, Solidarity)在 1980 年的成立,及 1989 年的民主化。這一小節即分成冷戰與後冷戰兩個段落,分述天主教在波蘭民族主義中的角色與論述。

(一)冷戰期間的波蘭天主教及其於民族運動中的角色

二戰結束之後,國際社會很快地再落入了東西陣營對抗的局面,唯此時的東方雖仍是以蘇聯為首的共產集團,但西方陣營的中心則由西歐變成美國,而美蘇對抗的局面不僅是以全球為範圍,還進入了熱核武器的冷戰情境。於是,在「資本主義 vs.共產主義」對立的結構中,固然波蘭在二戰結束之後復國,並據有國家主權,但它作為共產主義國家的一員,不僅實際上是蘇聯的附庸而國家的獨立性受到剝奪,作為民族精神的天主教也在共產主義的無神論底下,別說受到嚴厲地壓抑,民族主義論述的發聲也非常困難,並往往需要依附於階級性的工人運動來表現。1956 年的「波蘭十月(Polish October)」即可說是一個具有代表性的案例。1953 年史達林去世之後,波蘭社會對其政經體制完全服從於蘇聯的不滿情緒,逐漸升高。1956 年 6 月,西部工業城市的波茲南爆發了大規模的工人罷工,要求更高的工資和更好的生活條件。這場罷工受到政府的武裝鎮壓,但也觸發了波共內部權力鬥爭的白熱化。改革派領導人、前共產黨領袖哥穆爾卡(Władysław Gomułka),因其相對自由的政策和獨立的主張而廣受支持。哥氏認為波蘭應擁有更多自主權,減少蘇聯的干預。10 月,波蘭共產黨召開中央全會,並選舉哥穆爾卡重新作為第一書記,代表了波共的改革和自主化的政策邁出了一步。

不過,蘇聯並未放棄它對波蘭的控制。在哥氏上台之際,赫魯

曉夫帶領蘇聯代表團前往華沙,表達對其不滿並試圖施壓、阻止波蘭的改革。不過,波蘭成功地避免了蘇聯的武裝干預,而哥氏也在隨後推動了一系列溫和的改革,其中包括了減少對宗教的限制、改善與天主教會的關係。這些政策實則也就表現了波蘭的民族意識(Resende, 2014: xiv)。1960 年,天主教會開始了千禧年的九日禱告活動,這是為了慶祝首位波蘭國王梅什科一世於 966 年受洗的千年紀念。值得一提的是,梅什科一世在前文提到的古氏眼下,卻是由於他的受洗而造成了波蘭民族精神的淪喪。然而,此時的梅什科一世及天主教,不僅被當作是波蘭的宗教根源及社會凝聚的基礎,還代表了抵禦外來威脅的保護者(Resende, 2014)。這裡所謂的外來威脅,不只是蘇聯,也有來自梵蒂岡的干預。如此看來,波蘭天主教會在 1960 年代不僅表現了民族意識,還帶有自由主義的色彩(Gregg, 2002: 60)。1964 年,擔任克拉科夫大主教的沃伊蒂瓦(Karol Wojtyła, 1964-78)宣佈了共產主義侵犯人權而成為非法的,因此,他也成為反抗共產政權的要角。1968 年 3 月,華沙爆發學生運動,要求結束對言論自由的壓制。示威活動逐漸擴大,並引發了全國範圍的抗議。此一事件固然遭到政府的強力鎮壓,且未帶來立即的政治改革,但在活動之中已促成了一個在「教會與左派」之間,基於反共之目標的合作(Resende, 2014: xv)。1978 年,克拉科夫大主教沃伊蒂瓦被選為教宗,即若望保祿二世(Jan Paweł II, 1978-2005),更是波蘭民族主義發展上的重要事件。

　　天主教從 19 世紀末成為建構波蘭人身份,並與德俄區分的關鍵元素,到冷戰期間則成為掙脫蘇聯共產主義控制,及發展國家自主性的基礎。據此,波蘭民族與天主教之間的關係愈來愈密切,但仍需注意到帝國交會的處境對其間關係的建構。1979 年 6 月,若望保祿二世訪問了自己的祖國,參加了由統一工人黨所主辦的聖

斯丹尼斯勞斯逝世 900 周年紀念活動。這位教會史上第一位非義大利籍的教宗，在波蘭各地受到極其熱烈的歡迎，而其強調人權與反共的主張也令波蘭的民族精神備受鼓舞，並點燃了 1980 年團結工聯的運動。團結工聯在波蘭共黨政權統治下，結合了天主教會、反蘇左派，及波蘭民族主義者與自由主義者等各方反蘇勢力，成立了在蘇聯集團中的第一個獨立工會。尤有進者，天主教對波蘭在 80 年代之後的影響力，有增無減，固然若望保祿二世在教義上被視為是保守派，即反對墮胎、避孕和同性戀婚姻等議題，且在世界範圍內維護家庭價值和人類生命的尊嚴，但他也推動了一些內部改革，特別是在宗教對話方面。以猶太教來說，若望保祿二世不僅經常對大屠殺中犧牲的猶太人表示敬意，且於 1979 年成了第一個訪問波蘭奧斯威辛集中營的教宗，他在 1995 年還首次訪問了以色列，並在哭牆前祈禱，象徵著天主教與猶太教之間的和解，以致於在 2000 年 3 月訪問耶路撒冷之際還說道：「猶太人是我們信仰上的兄長。」如此看來，天主教除了繼續支持團結工聯，並強化民族自主，致使其反共的理念在 1989 年能夠落實，促成了波共及整個東歐蘇聯共黨政權的瓦解，也致於力消除反猶的勢力，從共產專政時期到民主轉型之後。

（二）後冷戰時期之波蘭民族主義的論述及天主教的角色

自 19 世紀末波蘭民族主義串接了天主教，後者不僅被視為波蘭國家認同的核心元素，也是波蘭面對帝國之交而國家興亡之際的精神支柱。1989 年 2 月波蘭團結工聯取得了合法地位，並在同年 6 月 4 日於議會選舉中以壓倒性優勢擊敗統一工人黨之後，冷戰對立的結構即開始崩解：同月，匈牙利拆除部分邊防，大量東德居民借道流入西德。隨後，東德出現了大規模群眾示威，柏林圍牆

於 11 月 9 日倒塌並造成兩德合併。1990 年，蘇聯開始解體、各加盟共和國相繼成為獨立國家。10 月 3 日東德退出華沙公約組織，後者並於 1991 年 3 月 31 日停止一切活動。同年 7 月 1 日，並於捷克斯洛伐克首都布拉格簽署了終止『華沙公約』(Warsaw Pact, 1955) 的議定書，正式宣布解散。據此，長期以來波蘭民族主義論述的基本處境，也就是「帝國交會之處」似乎出現了結構性的轉變：一方面，固然俄羅斯的威脅並未完全解除，甚至在 2022 年 2 月 24 日入侵烏克蘭，然而俄羅斯已然不如先前蘇聯或帝俄時期強大。另一方面，波蘭分別於 1999 年及 2004 年加入了北約與歐盟，不僅與昔日在西方威脅波蘭的德國成為盟國，整體上的西方陣營在後冷戰時期裡還遠比後俄羅斯來得強大。並且，就波蘭的民族主義論述來說，當下的西方陣營是個立基於自由民主與人權法治的制度性組織，別說不會為波蘭的民族主義帶來「帝國」的想像與威脅，還會限制對猶太人或性少數等少數族群之人權的戕害。

　　先就反猶運動來說，不僅隨著若望保祿二世對人權的重視，及與其它宗教，特別是猶太教之間的對話與和解，天主教與反猶之間的關係勢必愈來愈淡薄。並且，相對戰間期反猶主義的強大與暴力來說，別說如今的猶太人已經建國，以色列在國際間也對猶太人權益積極發聲，後冷戰的波蘭也已不是一戰之後新興的國家。也就是說，不管是代表猶太人的以色列，或者是境內也有猶太人的波蘭來說，如今都已是相當成熟，並具有制度管道地保障猶太人人權的國家了。於是，反猶運動中所呈現的情景，即必然遠不若二戰結束之前的暴力與血腥。相對的，性少數及與之相關的同婚、墮胎議題，不單單是當代社會新興的議題，還因為與天主教教義的結合，而成為波蘭民族主義在後冷戰的時代裡，一個相當關鍵的課題。不過，在進一步與反猶的議題，一起就天主教在後冷戰時期之波蘭民族

主義中的角色說明之前,需要對反同及相關議題先說明的是,反同在此際成為討論的對象,首先並不單純地只在波蘭出現而已。性少數的同志(LGBT)權利運動在戰後逐漸發展,並在冷戰結束之後開始獲得了法律上的承認。此間,他們也受到保守派及教會勢力的抵抗,但這一抵抗與性少數權利受到保障都是全球性的,唯由於天主教在波蘭中特別的重要性,而使其與民族主義間的結合,特別地明顯;其次,反同運動之間固然會有明顯及公開的語言或肢體的暴力,但相較於性少數的歧視與困境不能浮上檯面時之理所當然的象徵暴力或犯罪來說,當代對性少數的暴力確是在比較之間輕微許多。

　　本文一再提到了暴力,其原因固然與所謂的族群性民族主義排外、強制力高等看法有關,不過更重要的是因為文中採用了文明化歷程,及形態社會學的分析架構,也就是在個體化的轉型過程中,消解孤獨不安及疏離的「我群」也跟著成形,並參照著「國家」而成為「民族」。因此,不單單國家的有無與民族的建構息息相關,其形態也影響了民族的論述。於是,隨著工業化、都市化等現象致使 19 世紀末的波蘭加速著個體化的現代轉型之際,波蘭民族意識也逐漸成形,不僅與天主教之間的連結更為緊密,建國復國的想望也益加強烈。因此,當一戰結束、波蘭建國之後,即以天主教為中心來想像其共同體的建構,或在多元聯邦的主張中聯合其它宗教與民族,或是在同化與強制裡統一國家,抵禦德蘇等強權。此間,別說主張同化論的民族民主黨對於少數族群及宗教,難免會有暴力,就是強調多元論的皮氏及其社會黨,也在 1926 年 5 月,發動政變並重新取得權力,成為波蘭「事實上」的獨裁者。換句話說,在帝國交會之處的危機中,不僅外在的暴力很容易驅動了民族主義的強制力,新興國家管制暴力的能力相對單薄,致使在境內的民

族問題上出現了暴力，國家的民族政策也會以暴力方式處理。冷戰期間的波蘭在華沙公約組織裡，深受蘇聯的控制，而天主教不僅於其間成為凝聚波蘭民族的精神象徵，若望保祿二世還積極地強調人權與自由，遂使得「自我 vs.我群」的認同平衡同時與天主教串接，並促成波共的倒台。此間的暴力也就表現在波蘭民族主義與共產政權間的衝突裡，但也在此一過程中，國家能力逐漸穩定，而波蘭內的宗教及族群之間也有溝通及融合的機會。

然而，在若望保祿二世所強調的人權與自由的價值本身，不只是體現了文明化歷程裡的個體價值，LGBT 權利運動裡所呈現的「自我認同」，還可說是個體化的極致，因為性少數的權利不僅是對於其間的性行為除罪化，還要求多元成家的權利。於是，家庭不必然為一男一女所建立，其目的也不在生養子女，而是出於個體的意願。因此，冷戰期間由天主教所推動的人權與自由，固然強化了波蘭民族精神並促成共黨政權的垮台，但也催化了性少數的權利運動。因此，相應地也就出現了「我群」認同的論述，旨在維持或強化社群的凝聚，並表現在後冷戰時期裡的天主教及民族主義間的串聯。不過，就此時「自我 vs.我群」的認同平衡來說，與二戰前與冷戰期間不同的是，後冷戰時期之政治社會的形態，除了國家能力已然更加穩定，而自由民主已然鞏固之外，歐盟的體制還再強化了自由民主及人權法治的價值。而得要指出來的是，民族主義的集體想像往往不僅帶有同質性的要求，還與「內在的男性主義」聯繫在一起（Bunzl, 1999: 13）。位於帝國之交的處境，使得這兩個要素在波蘭更是明顯，並在 19 世紀末及廿世紀初隨著波蘭民族主義的高漲，將猶太人與同志當作是「病態」、「不正常」的「外來者」，他們不僅被認為有損波蘭民族的同質性及男性主義，也在波蘭建國後受到排擠，甚至迫害（Mosse, 1985 :136）。這些民族主義論述

與天主教串聯的形態,在後冷戰時期仍然存在,但此時不僅性少數的運動已在國際間取得迴響,波蘭民主的鞏固及歐盟的人權體制,也是此一議題生成時所面對的社會形態。

首先,不同於早先「病態」與「不正常」等羞辱性的措詞,後冷戰的恐同反同改採「治療性」的言論,旨在治癒同性戀者。「勇氣」(odwaga)就是其中的一個組織,它依據天主教的教義,提倡「愛罪人,恨罪行」,致力於「幫助那些有同性戀傾向的人保持純潔,放棄同性戀生活方式。」類似的使命宣言也可以在許多天主教團體裡找到,而在政界裡的波蘭家庭聯盟黨(Liga Polskich Rodzin, League of Polish Families, LPR, 2001-),不僅與「勇氣」緊密連繫,其於歐洲議會的成員 Wojciech Wierzejski 還曾建議設立「再教育營」來治療同性戀者。這一提議讓人聯想到二戰期間的「集中營」,其中監禁的不只是猶太人,也有許多在當時被視為有損民族健康的同性戀者。波蘭家庭聯盟黨的領袖吉爾蒂奇(Roman Giertych)於 2006 年中期被任命為教育部長,教育部在當年即嘗試將歐洲理事會一個名為「All Different - All Equal」的計劃,改為「All Different - All in Solidarity」。這一改名的理由是避免與波蘭同性戀群體組織的華沙平等遊行(Equality Parade)混淆,因為「平等」一詞同時出現在該計劃及遊行的名稱中。當時執政的法律與正義黨(Prawo i Sprawiedliwość, Law and Justice, PiS, 2001-)中的某些成員,還主張禁止同志團體在華沙舉行的平等遊行,雖然此一主張僅是黨內成員的看法,在人權法治的規範下不能禁止同志團體的遊行。但是,教育部將歐洲理事會之計畫改名,不僅表現了法律與正義黨的行政權,也呈現了在此一民主鞏固又有歐盟人權規範的情境裡,反同的天主教團體及保守政黨的民族主義論述,認為其敗壞了民族的道德(Shibata, 2009)。

其次,就反猶的主張來說,得先了解到在 19 世紀中後,雖然天主教在波蘭逐漸取得主導的地位,但其對包括猶太教在內的其它宗教卻表現出高度的包容。反猶運動在波蘭建國之後逐漸積極,在 1930 年代出現了「反猶運動的根源在於猶太人自身,因為他們明確拒絕同化」的看法,並認為其建立了「國中之國」,不僅是潛在的威脅並有叛國的可能,還經常將其與同性戀行為一起談起,當作他們從內部毀壞國家有機體的病態(Czarnecki, 2007: 333),或者擁有無法控制的性慾而造成了女性的墮落(Landua-Czajka, 1989: 183)此間要指出的是,宗教在民族主義中的地位與立場,並不是理所當然、自然而然的,而仍是社會建構的。為能掌握所謂的「社會建構」,本文在「帝國交會」的關係性位置裡,掌握其間生成波蘭民族主義論述的社會形態。因此,上述就其拒絕同化而為潛在威脅,甚至叛國的看來,源自於在帝國之交的情境裡,急切地要求同質性而帶著的反應。若望保祿二世對於在大屠殺中的猶太人表示敬意之所以重要,在於其不同於天主教會長期以來對猶太人經受暴力的事件而默不作聲的立場。誠然,反猶運動在後冷戰時期裡仍然存在,唯其語言中並不承認反猶,更多是以「保護波蘭性免受外來威脅」為名。在 2006 年至 2008 年期間,波蘭教育部推動了一個名為「明日的愛國主義」計畫(*Patriotyzm Jutra*),並強調在年輕世代之中復興愛國價值及態度的重要性。在這裡計畫裡,不單單在強調波蘭民族特質之際,也隱隱地透過天主教義而有反同反猶的色彩,其國家主義的性格也具有反歐盟的元素(Kania-Lundholm, 2012: 106-10)。

與上述主張不同的,也就是表現出較具包容性而被稱之為公民性民族主義的論述,因其與天主教間的關係不若前者緊密,而且它對民族所呈現之建構特質,也一直廣為人知。不過,在提到公民性民族主義之際,也就可以再回到本文一開始所關注之「族群—公

民」民族主義的對比,及前文以「理意化」就此一對比的批評。延續著 Elias(1991)的象徵理論,象徵不僅是人之所以為人的特質,並為人的認識裡,時空等四個向度外的第五向度,而它所表現的也就是人的記憶與覺察。從這樣的角度看來,即可理解何以在當下波蘭強調族群性的民族主義裡,會有「沒有猶太人的反猶」(Pankowski & Kornak, 2013: 161),並也對那些以「幻想」來批評同性戀毀壞了波蘭道德的想法(Shibata, 2009),恐未能掌握位於「帝國交會之處」的波蘭,對國家內部團結與強大的渴望,及相應之威脅與脆弱的擔心。由自由主義所衍生的公民性民族主義,及在此一架構下對於「族群性 vs.公民性」民族主義的理意化,不僅對應著全球化的社會脈絡,還在於此際新自由主義對於外在威脅的忽略,並將更多聚焦於社會層面裡的暴力,並將這些暴力界定為極端的民粹主義。其實,別說在當下俄烏戰爭之際,俄國威脅再度浮上波蘭的政治議程,並使其接收大量烏克蘭難民且未引起明顯的社會反彈,後冷戰時期所謂的民粹暴力與先前的時代相比,實際上是小巫見大巫了。理意化的現象不僅是欠缺了對於波蘭社會環境,特別是帝國交會之處的掌握,也是過度關注當下,而欠缺歷史比較的結果(Elias, 1987)。

肆、結論

本文透過長時期的歷史比較,首先是指出了天主教在波蘭民族主義中所扮演的角色,並不是理所當然、自然而然的,也不是固定不變的。換句話說,被當作是原生性元素的天主教,也是社會建構的結果,它在 19 世紀末成為界定「波蘭性」之族群文化的硬核。其次,與過去的社會建構論不同的是,本文不僅提出了關係主義作為發展建構論在存有層次上的基礎,還具體地在「帝國交會」的關

係裡,說明在不同時期裡的天主教為什麼成為,並如何鑲入波蘭民族主義之中。此一帝國交會的處境,不僅使得波蘭在冷戰期間鑲在共產主義的華沙集團裡,從而促成了天主教與工人運動彼此嵌合,並透過自由民主的價值來強化民族自主,也在後冷戰時期裡令波蘭加入歐盟及西方陣營,進而鞏固了自由民主的價值,並對抗俄羅斯的威脅。再者,自由民主在波蘭社會裡雖不是線性地發展,但個體的元素確在波蘭的現代轉型裡進一步地制度化,並生成了以民族為對象的我群認同,與具有管制暴力之能力的現代國家。在一戰結束之後,波蘭建國不僅令民族主義的發展,進入了新的階段,也由於國家的出現而得以進一步管制暴力的使用。

最後,本文還想特別強調的是,透過對不同時期之波蘭民族主義的研究,本文指出了「族群 vs.公民」民族主義的對比固然存在,但不僅不能將其間的差異誇大、固化而有理意化的現象,還指出了它們都是參照著帝國交會的處境所生成的建構。換句話說,當代將「族群 vs.公民」兩種民族主義的理意化,不單單反映了實體主義之存有論與自由主義的世界觀,還相應全球化之新自由主義的價值,因而除了帶有厚重的道德判準而不符科學研究的要求,其反思性也不足。為此,本文除了發展一個強調反思性的關係主義建構論之外,也以帝國交會之處的波蘭作為研究對象,聚焦於被認為是原生性的天主教,不僅更有效地呈現了族群性民族主義的建構特質,也比較了不同時期之族群性民族主義的內涵,說明對波蘭民族主義一直敏於外部的威脅,並指出單純地關注於內在社會的論述,實則正表現了新自由主義下的框架。然而,別說忽略外部威脅未能掌握波蘭民族主義的主題,恐怕也誇大了所謂民粹主義的威脅性,因為在後冷戰時期裡所謂族群性民族主義的暴力,已因國家的管制而遠較先前的時期更加緩和了。

參考文獻

Anderson, Benedict. 1983. *Imagined Communities: Reflections on the Origin and Spread of Nationalism*. London: Verso.

Berger, Peter L., and Thomas Luckmann. 1966. *The Social Construction of Reality: A Treatise in the Sociology of Knowledge*. New York: Knopf Doubleday Publishing Group.

Bourdieu, Pierre. 2001. *Science de la science et réflexivité*. Paris. Raison d'agir.

Bunzl, Matti. 1999. *Symptoms of Modernity: Jews and Queers in Late-Twentieth Century Vienna*. Berkeley: University of California Press.

Czarnecki, Gregory. 2007. "Analogies of Pre-war Anti-Semitism and Present-day Homophobia in Poland," in Roman Kuhar, and Judit Takács, eds. *Beyond the Pink Curtain: Everyday Life of LGBT People in Eastern Europe*, pp. 327-44. Ljubljana, Slovenia: Peace Institute.

Deutsch, Karl Wolfgang. 1953. *Nationalism and Social Communication: An Inquiry into the Foundations of Nationality*. Cambridge, Mass.: MIT Press.

Eisenstadt, S. N. 1973. "Post-traditional Societies and the Continuity and Reconstruction of Tradition." *Daedalus*, Vol. 102, No. 1, pp. 1-27.

Eisenstadt, S. N. 2000. "The Contemporary Scene: Multiple Modernities," in Erwin K. Scheuch, and David D. Sciulli, eds. *Societies, Corporations and the Nation State*, pp. 97-108. Leiden: Brill.

Eisenstadt, S. N. 2002. "The Construction of Collective Identities and the Continual Reconstruction of Primordiality," in Sinisa Maleseviç, and Mark Haugaard, eds. *Making Sense of Collectivity: Ethnicity, Nationalism and Globalisation*, pp. 33-87. London: Pluto Press.

Elias, Norbert. 1972. "Processes of State Formation and Nation Building." in *Transactions of the Seventh World Congress of Sociology*, Vol. 3, pp. 274-84.

Elias, Norbert. 1987. "The Retreat of Sociologists into the Present," in Dieter Misgeld, Nico Stehr, and Volker Meja, eds. *Modern German Sociology*, pp. 150-72. New York: Columbia University Press.

Elias, Norbert. 1991. *The Symbol Theory*. London: Routledge Publishers.

Elias, Norbert（翟三江、陸興華譯），2003。《個體的社會》。中國上海：譯林出版社。

Elias, Norbert. 2008. "The Charismatic Ruler," in *Essays II: On Civilising Processes, State Formation and National Identity. Collected Works*, Vol. 15, pp. 164-69. Dublin: University College Dublin Press.

Elias, Norbert（鄭義愷譯），2008。《什麼是社會學？》。台北：群學出版社。

Elias, Norbert（王佩莉、袁志英譯），2009,《文明的進程：文明的社會起源和心理

起源的研究》。中國上海:上海譯文出版社。
Fukuyama, Francis(李永熾譯),1993。《歷史之終結與最後一人》。台北:時報出版社。
Geertz, Clifford. 1973. *The Interpretation of Cultures*. New York: Basic Books.
Gellner, Ernest. 1983. *Nations and Nationalism*. Ithaca: Cornell University Press.
Gergen, Kenneth J.(宋文里譯),2016。《關係的存有:超越自我‧超越社群》。台北:心靈工坊。
Gregg, Samuel. 2002. *Challenging the Modern World: Karol Wojtyla/John Paul II and the Development of Catholic Social Teaching*. Lanham, Md.: Lexington Books
Gunderson, Ryan. 2021. "Things Are the Way They Are: A Typology of Reification." *Sociological Perspectives,* Vol. 64, No.1, pp.127-50.
Hobsbawm, Eric, and Terence Ranger. 1983. *The Invention of Tradition*. Cambridge: Cambridge University Press
Huntington, Samuel P.(黃裕美譯),2020。《文明衝突與世界秩序的重建》。台北:聯經出版社。
Kamusella, Tomasz. 2017. "Civic and Ethnic Nationalism: A Dichotomy," in Zuzana Poláčková, ed. *Minority Policies in Central and Eastern Europe in Comparative Perspective*, pp. 15-33. Bratislava, Slovakia: VEDA.
Kania-Lundholm, Magdalena. 2012. "Re-branding a Nation Online: Discourses on Polish Nationalism and Patriotism," Ph.D. Dissertation, Uppsala Universitet.
Kohn, Hans. 1944. *The Idea of Nationalism: A Study in Its Origins and Background,* New York: Macmillan.
Kubicki, Paweł. 2008. "Polish Nationalism in Twenty-first Century: Between a 'Manor House' to a 'City,'" in Michal Vašečka, ed. *Nation Über Alles: Processes of Redefinition and Reconstruction of the Term Nation in Central Europe*, pp. 199-215. Bratislava, Slovakia: Centre for the Research of Ethnicity and Culture.
Kuhn, Thomas S. 1967. *The Structure of Scientific Revolutions*. Chicago: University of Chicago Press.
Landua-Czajka, Anna. 1989. "The Ubiquitous Enemy: The Jew in the Political Thought of Radical Right-Wing Nationalists of Poland, 192-39." *Polin Studies in Polish Jewry* No. 4. pp. 169-204.
Macpherson, Crawford Brough(張傳鑑譯),2018。《佔有性個人主義的政治理論:從霍布斯到洛克》。中國杭州:浙江大學出版社。
McCourt, David M. 2012. "The 'Problem of Generations' Revisited: Karl Mannheim and the Sociology of Knowledge in International Relations," in Brent J. Steele, and Jonathan M. Acuff, eds. *Theory and Application of the "Generation" in International Relations and Politics*, pp. 47-70. New York: Palgrave Macmillan.
McCourt, David M. 2016. "Practice Theory and Relationalism as the New Constructivism." *International Studies Quarterly,* Vol. 60, No. 3, pp. 475-85.

Mosse, George L. 1985. *Nationalism and Sexuality: Middle-Class Morality and Sexual Norms in Modern Europe.* Madison: University of Wisconsin Press.

Pankowski Rafał, and Kornak, Marcin. 2014. "Poland," in Ralf Melzer, and Sebastian Serafin, eds. *Right-wing Extremism in Europe*, pp. 157-68. Berlin: Friedrich-Ebert-Stiftung.

Polanyi, Karl（黃樹民譯），2020。《鉅變：當代政治、經濟的起源》。台北：春山出版社。

Resende, Madalena Meyer. 2014. *Catholicism and Nationalism: Changing Nature of Party Politics.* London: Routledge.

Roese, Neal J., and Kathleen D. Vohs. 2012. "Hindsight Bias." *Perspectives on Psychological Science,* Vol. 7, No. 5, pp. 411-26.

Sadkowski, Konrad. 2001. "Catholic Power and Catholicism as a Component of Modern Polish National Identity, 1863-918." *Donald W. Treadgold Papers*, No. 29 (https://digital.lib.washington.edu/server/api/core/bitstreams/56bc68f1-0e4f-4b64-a76e-80127283e6bd/content) (2024/12/2)

Shibata, Yasuko. 2009. "The Fantasmatic Stranger in Polish Nationalism: Critical Discourse Analysis of LPR's Homophobic Discourse." *Polish Sociological Review,* Vol. 166, No. 2, pp. 251-71.

Turner, Victor. 2018. *Dramas, Fields, and Metaphors: Symbolic Action in Human Society.* Ithaca: Cornell University Press.

Vandenberghe, Frédéric. 1999. "The Real Is Relational: An Epistemological Analysis of Pierre Bourdieu's Generative Structuralism." *Sociological Theory*, Vol. 17, No. 1, pp. 32-67.

Walicki, Andrzej. 1979. "Adam Gurowski: Polish Nationalism, Russian Panslavism and American Manifest Destiny." *Russian Review,* Vol. 38, No. 1, pp. 1-26

Wallerstein, Immanuel（彭淮棟譯），2001。《自由主義之後》。台北：聯經出版社。

從「歐洲解放者」到「歐洲最落後的民族」
——14 至 18 世紀波蘭國家及民族形象在全歐的轉變

杜子信

國立中正大學歷史學系副教授

壹、前言

　　從中古（Middle Ages）晚期一直到早期近代（Early Modern Ages）的末葉，即由 15 世紀前期至 1696 年為止，波蘭王國及後續的波蘭王政共和國誠可謂為歐陸強權之一，整整超過 250 年的時間中，這個國度主宰著廣大的中東歐至東歐大陸，在涉及歐陸，尤其是歐陸東半部的國際事務上，該國全然扮演著主導者的角色。在該國全盛時期的兩百餘年間，週遭國度如莫斯科公國及日後由其轉變而來的沙俄帝國、奧地利哈布斯堡王朝，以及鄂圖曼土耳其帝國，最初皆難以在中東歐至東歐大平原上與之相抗衡，更遑論直至 1660 年前仍隸屬於其下而作為其藩屬的普魯士。

　　自從 14 世紀前期開始，歷經了近 200 的大分裂亂局而終於再次獲得統一之後的波蘭王國「皮雅斯特王朝」（*Piastowie*, Piast Dynasty, 966-1370），大舉勵精圖治，革除弊端陳疴，並引入大批專業的德意志及西歐移民入境，進行大規模疆域開發之後，使得波蘭國勢逐步蒸蒸日上。這段在史書上被稱之為「皮雅斯特王朝的中興

紀元」之期，為波蘭王國國勢的崛興扮演了關鍵性的角色。其後基於攜手共抗強敵之故，波蘭王國乃於 14 世紀末期與立陶宛大公國進行王室聯姻，建立起新的王朝，是為「雅捷佛王朝」（*Jagiełlonowie*, Jagiellonian Dynasty, 1386-1572），兩國同時並締建政軍同盟，此即波蘭-立陶宛聯盟。兩大強權的聯姻締盟，逐步從 15 世紀前中期開始，先後重創了北方的德意志騎士團（條頓騎士團）國家、東方的莫斯科公國及南方的鄂圖曼土耳其帝國，造就了波蘭-立陶宛聯盟獨霸歐陸東半部及全盛時期。其後進入 16 世紀前期，隨著歐洲各地爆發「宗教改革」及隨之而來的血腥宗教戰爭之後，波蘭國度卻以採行宗教寬容之策而成為全歐受迫害的不同教徒的棲身之所，遂為其博得宗教迫害避難所的美名。藉由上述歷程中，亦逐步塑造起波蘭國度在全歐輿論界的崇高美名，波蘭王政共和國所享有的盛名甚且一直延續至 17 世紀後期而不減，當鄂圖曼土耳其帝國在其時發動其新一波的歐陸大攻勢，試圖一舉拿下中歐鎖鑰城市奧京維也納，進而欲將伊斯蘭大纛插在歐陸心臟地帶之際，亦正是倚賴波蘭盛世最後一位英主楊三世・索別斯基親率大軍，千里馳援，終而大破鄂圖曼土耳其大軍於維也納城下，盡解歐洲基督教文明的存續危機，從而為波蘭贏得了「歐洲解放者」的頌揚。

然而波蘭國度兩個多世紀以來所享有的盛世聲譽，卻僅僅歷經不到 20 餘年的時間即折損殆盡，由於波蘭貴族在楊三世・索別斯基過世後的不復可制、中央王權的虛化衰凌及波蘭天主教教會的步向宗教狂熱等因素，使得進入 18 世紀之後，在全歐輿論界中就出現了所謂「負面的波蘭觀」（*negatives Polenbild*）的印象，波蘭國家及民族至此逐步淪為全歐各界痛斥醜詆的對象，甚至被冠上「全歐最野蠻的國度」及「歐洲最落後的民族」之稱謂。此種發展使得波蘭王政共和國在 18 世紀末期的橫遭三度瓜分而淪亡的歷程中，無法

喚起任何國際同情的力量，終難挽回波蘭遭支解而亡國的悲劇。

究竟波蘭國度如何從一個長達兩百多年間享有高度威望的中東歐強權，竟幾乎在一夕之間，使其形象由正轉負而成為全歐各界詛咒痛斥的落後政權？其間此一國度各層面的運作究竟發生了何種的變化，致而使其形象發生急劇的轉變，本文將作深入分析。

貳、10 至 14 世紀初之間波蘭國度的建構、大分裂、再統一及東進

波蘭國度地處中歐，其語系則隸屬於廣大的斯拉夫語系（Slavic languages）的西支，因此波蘭人與週遭的捷克人及斯洛伐克人同屬於西斯拉夫語系（Western Slavic languages）族群，這 3 支西斯拉夫人的進入今日中歐之地，皆是在中古初期，即約在 6 至 7 世紀以後的事（Schreiber, 1984: 10），這是廣大斯拉夫語系族群分衍後所形成的結果。斯拉夫諸部族（Slavic tribes）最初的棲息地，原在歐陸東部的普里佩特沼澤區（Pripet Swamp）至喀爾巴阡山（Carpathian Mountains）東緣之地，隨著 4-5 世紀間，原居於今日中東歐及東歐大平原上的東日耳曼諸部族（Eastern Germanic tribes），諸如哥德人及汪達爾人等西遷南移之後，斯拉夫諸部族在後續兩個世紀間就陸續移入了此一空曠地帶，並自此之後因族群繁衍及地理區隔之故而逐步分衍成西、南、東 3 大支斯拉夫語族，而分佈範圍位於最西方的族群，日後就逐步分衍為西斯拉夫語系的 3 支民族。

一、波蘭大公國的統一、擴張及分裂內戰

朝西遷徙的西斯拉夫部族中位於最北端的各支部族，歷經 3 個世紀以上的混戰兼併後，時至 10 世紀中葉時，散居於奧德河（*Odra*, Oder）及維斯瓦河（*Wisła*, Vistula）之間的西斯拉夫諸部族，最大

的波蘭部族（Polanie）在首領米耶茲寇一世（Mieszko I., 960-992）的領導下，成功兼併諸部後逐步走向統一國度，隨即建都於格尼茲諾（Gniezno），並在966年正式皈依基督教後，締建波蘭史上的第一個王朝：波蘭大公國「皮雅斯特王朝」（Halecki, 1963: 20）。其後此一國度至其子「勇敢」波列斯瓦夫一世（Bolesław I the Brave, 992-1025）在位時，進入全盛時期。在其任內，大幅向外擴張波蘭疆域，至11世紀前期之時，已然將原先以奧德河流域的格尼茲諾及波茲南（Poznań）為中心的大波蘭（*Wielkopolska*, Greater Poland），大幅度地向南延伸至維斯瓦河上游以克拉科夫（Kraków）為中心的小波蘭（*Małopolska*, Lesser Poland），以及向東擴及維斯瓦河中游以普沃次克（Płock）及華沙（Warsaw）為中心的馬佐維亞（*Mazowsze*, Mazovia），其疆域約莫與今日波蘭國家的版圖相當。

然而進入12世紀前期之後，由於皮雅斯特家族不同世系分衍繁多，為爭奪波蘭大公之位，漸生爭端。終至1138年「歪嘴」波列斯瓦夫三世（Bolesław III Wrymouth, 1107-38）在任時，作出在對外維持一個完整的波蘭大公國的架構下，內部進行實質分割統治的政治安排，此舉將大公國一分為五，由「歪嘴」波列斯瓦夫與其4子分而治之，至於波蘭大公之位則改採兄終弟及的方式，預計待其過世後則由其諸子依序接任之。然則此種安排反使其諸子為盡速奪得大公之位，在其甫一過世未久旋即爆發軍事衝突，內戰於焉爆發。其後此一內戰綿延甚久，歷時幾達200年之久（1138-1320），史稱皮雅斯特王朝「大分裂」（*rozbicie dziednicowe*, Fragmentation of the Realm），波蘭大公國致而深陷中央衰頹及全境分崩離析的惡果（Augustynowicz, 2010: 35-37）。

二、中古高峰期的德意志人東向移民拓殖行動及波蘭西部的德意志化

此一歷時幾達 200 年的內戰,最重要的影響在於造成波蘭西部及北部版圖的大幅流失,係因西鄰德意志神聖羅馬帝國境內的東部封建領主強藩們,利用波蘭各分裂邦國仍持續不斷進行內部分割統治所造成的領域碎裂化之機,遂藉由政治聯姻而逐步影響甚至掌控了波蘭西部各小邦(Rogall, 1996: 50)。其後且因 13 世紀初蒙古西侵風暴後所導致大量丁口淪喪的背景下,大批德意志移民受波蘭各領地統治者之邀而入境實邊墾殖,此即「中古時期的德意志人東向移民拓殖運動」(*Niemieckie osadnictwo na Wschodzie*, Medieval German Eastern Migration and Colonization)(Higounet, 1986: 172)。誠然此類移民帶來各類先進的農商礦技能,促進了 13 世紀波蘭各地的大規模開發及經濟發展,但卻也因移入的德意志人數量過鉅,導致波蘭西部各地區的族群結構從量變而產生質變,遂使 13 世紀中期之後,波蘭西部的各領域,西利西亞(*Śląsk*, Silesia)、波美拉尼亞(*Pomorze*, Pommerania)等皆逐步進入了「德意志化」(*Germanizacja*, Germanization)的境地(Augustynowicz, 2010: 37)。此外,北方濱臨波羅的海地帶,亦因長期割據波蘭北部的馬佐維亞公國引入了德意志騎士團/條頓騎士團(*Zakon krzyżacki*, Teutonic Order of Knights)入境,作為助手而使其征服波羅的海異教徒古普魯士人(*Prusowie*, Old Prussians),未料此舉種下出乎預料之外的後果,最後導致此一「驅虎吞狼」之策,反造成「養虎貽患」之禍,德意志騎士團在全面征服古普魯士人之後,隨即據地稱雄並建立起一個武裝修會國度:「德意志騎士團國家」(*Pánstwo zakonu krzyżackiego*, State of Teutonic Order of Knights),

隨即號召大批德意志移民入境屯墾開發，造成該地同樣逐步進入「德意志化」的歷程（杜子信，2019: 140-44）。於是自此之後德意志騎士團國家逐步發展成為波羅的海地區的強權，為時近達200年之久，成為波蘭國度北方長期的邊防大患，直迄15世紀初始告終結（Boockmann, 1999: 92-94）。

總而言之，波列斯瓦夫三世將波蘭大公國1分為5的分割統治之舉，對於日後波蘭及中東歐地區歷史的影響甚大，首先它導致了波蘭西部領域的劇減，儘管日後皮雅斯特王朝在末代兩位英主上台後能夠達成波蘭全境的「再統一」，不過其西部故土再也無法收回，直迄20世紀中葉為止。因此自從14世紀中後期開始，再統一之後的波蘭皮雅斯特王朝就朝向歐陸東部發展，於是中古後期以後的波蘭國度逐步發展成為一個中東歐及東歐地區的強權，此一發展，當然與波列斯瓦夫三世對波蘭全境內所實施的分割統治之策息息相關。

三、波蘭的再統一及東進行動的開展

值得一提的是，儘管中古高峰期大批德意志人移入波蘭西部北疆，致而造成若干地區逐步因族群結構轉變而質變成為日後德意志世界的一部分，然而無可否認的是，德意志人的東向移民拓殖行動亦對波蘭大公國各地的政、經、社、文發展，帶來正向發展。皮雅斯特王朝自14世紀初完成「再統一」大業並正式晉升成為王國之後，全境各地頗得利於過去近200年以來德意志移民於波蘭各地所導入的先進農耕的運用、大批城市的建構、商業網絡的打造，以及貴重金屬的開採，使得各地皆普獲開發之利及促進大量丁口滋繁。甚至今日若干波蘭史家亦不吝讚揚這段時期，為波蘭歷史上的所謂「13世紀大躍進」（*Przełom XIII wieku*, Thirteenth Century

Breakthrough)之期,為爾後波蘭國勢的再起奠定了極為重要的基礎(Zientara, 1982: 34-35)。

於是1320年皮雅斯特王朝在「肘長」瓦迪斯瓦夫一世(Władysław I Łokietek, 1320-33)統治下,甫完成「再統一」大業之後,毫無疑問地立即運用上述所列之各類豐厚利基,逐步將之轉化為政治軍事的資本。尤其在其子(即皮雅斯特王朝中興英主亦是末代君主)卡齊米日三世(Kazimierz III Wielki, 1333-70)的統治之期,仍繼續召募包括猶太人在內的大批德意志移民入境開發屯墾,促使波蘭整體國力持續上揚(Rogall, 1996: 78-79),旋即累積對外擴張的大量資本。終卡齊米日大王統治之世,雖在西部的收復故土戰役未能有成,然而他旋將目光轉向東方,趁蒙古金帳汗國勢衰之際而於14世紀中葉吞併了加利西亞(*Galicja*, Galizia)及波多利亞(*Podole*, Podolia)[1],從此展開了波蘭人的「東進」紀元(Conze, 1992: 79-80)。不難看出,波蘭王國自中古晚期之後,國勢已然呈現欣欣向榮之態,此由東進政策為後續波蘭各王朝所遵奉並延續,可窺見端倪。

參、14世紀末至16世紀後期間從波蘭－立陶宛聯盟到波蘭王政共和國及其黃金時代的建立

1370年皮雅斯特王朝末代君主卡齊米日大王薨,因無男性子嗣,使得歷時超過4個世紀之久的皮雅斯特王朝正式告終。其後經過短暫的匈牙利「安茹王朝」(*Andegawenowie*, Anjou Dynasty, 1370-86)統治之後,至14世紀末期時,因雄據北方波羅的海地區普魯士的德意志騎士團國家,百餘年來持續不斷入侵波蘭王國及

---

[1] 兩地在今烏克蘭西部。

時尚屬異教徒領域的立陶宛大公國，為了消弭此一外患的長久威脅，立陶宛決意在皈依西方羅馬天主教的前題下，與波蘭進行策略性的聯手。波蘭王室在得到立陶宛人願以皈依為條件下的締盟之議，慨然應允之，遂有波蘭王國與立陶宛大公國的聯姻締盟之舉。

一、波蘭－立陶宛聯盟的建立及德意志騎士團國家的臣服

1385 年，波蘭與立陶宛正式締結盟約『克雷沃聯盟』（*Unia w Krewie, Union of Krewo*），依該聯盟協議，立陶宛大公雅捷佛與波蘭公主雅德維佳（Jadwiga Andegaweńska, 1373-99）進行聯姻，於此同時立陶宛大公國亦在雅捷佛的率領下，正式皈依基督教：西方羅馬天主教會，代表全歐最後一個異教徒多神教國度的結束。雅捷佛作為波蘭國王則稱為瓦迪斯瓦夫二世·雅捷佛（Władysław II Jagiełło, 1385-1434），此一新的王朝則依其名而喚為「雅捷佛王朝」（*Jagiełłonowie*, Jagiellonian Dynasty, 1386-1572），波立兩國藉由締盟合兵之勢，終有足夠實力對抗德意志騎士團國家百餘年對兩國的互久威脅。

其後未久，波－立聯盟旋即趁著德意志騎士團國家深陷內部矛盾難解[2]的千載難逢之機，於 1410 年的古恩瓦爾德／坦能貝格

---

[2] 從 14 世紀中期之後，德意志騎士團國家核心所在的普魯士境內，興起了兩股新興勢力，即兩大「等級」（Stand）：土地貴族（日後的容克階級，Junker）及城市市民階級（Bürgertum），隨其實力漸增，因而出現要求參與騎士團國家內部各項決策的訴求，以維繫自身的政經利益。然而其訴求卻遭到以騎士團大團長為首的統治階級所悍然摒拒，遂引發兩大等級的高度不滿。為了恒久排除兩大等級分享國家大權的可能性，騎士團國家統治階級甚至釋放大量地產，引誘原為土地貴族耕種的農民轉耕，使土地貴族農地上出現人力吃緊的態勢；與之同時，騎士團統治階級亦大力介入波羅的海貿易活動，透過與當時掌控波羅的海與北海的商貿霸主─德意志漢薩組織（*Deutsche Hanse*, German Hanse）建立密切合作關係，嚴重侵蝕境內

戰役（*Bitwa pod Grunwaldem*, Battle of Grunwald/Tannenberg）中，重創德意志騎士團大軍，迫其在翌年（1411）簽署『第一次托倫和約』（*pokój toruński*, First Peace of Thorn），償付鉅額賠款。波-立聯盟的軍事大捷，進一步惡化了騎士團國家內政危機，終令騎士團國家內部數十年後爆發了內戰，史稱十三年戰爭（*Wojna trzynastoletnia*, Thirteen Years War, 1454-66）。其間透過波-立聯盟許諾騎士團國家內部反對勢力：各城市市民階級及土地貴族大量特權的條件下，從而襄助其共同打擊騎士團國家統治階級，最後迫令騎士團大團長元氣盡喪，毫無再戰之力，終在1466年的『第二次托倫和約』（*Drugi pokój toruński*, Second Peace of Thorn）中，被迫向波蘭－立陶宛聯盟割土稱臣（Haffner, 1979: 15）。騎士團國家立國核心所在的普魯士旋遭到分割，維斯瓦河以西的西普魯士（*Prusy Polskie*, Western Prussia），以及維斯瓦河以東的埃爾姆蘭（*Warmia*, Ermland）與庫爾姆蘭（*Ziemia chełmińska*, Chełmno Land）直接併入波蘭王國疆域之中，稱之為「波蘭王家普魯士」（*Prusy Królewskie*, Polish Royal Prussia），至於殘餘的東普魯士（*Prusy Zakonn*, Eastern Prussia）雖仍保留予騎士團大團長持續領有，然必須尊奉波蘭國王為最高宗主而成為其藩屬，是為「普魯士瓜分」（Rogall, 1996: 92-93）。

　　擊潰了北方長期外患之後，波蘭－立陶宛聯盟不僅取得通往波羅的海的出海口，而且透過大量原騎士團國家西普魯士的各大要城商港的歸附，使得波羅的海興旺的商業網絡帶來的商業利基可進一

各大城市諸如但澤（*Gdańsk*, Danzig）、埃爾濱（*Elbląg*, Elbing）、布勞恩斯貝格（*Braniewo*, Braunsberg）、庫爾姆（*Chełmno*, Kulm）及托倫（*Toruń*, Thorn）等各城市市民階級的大量商業利潤。凡此種種，皆使騎士團國家的兩大等級對騎士團統治階級的不滿之心急遽升高。

步延伸至全國,這對日後一個世紀的波蘭－立陶宛聯盟國家財政收支,貢獻頗大,為爾後波蘭黃金時代的塑造,扮演了不可或缺的角色。

二、波－立聯盟的再強化及波蘭-立陶宛王政共和國的建立

然則北方強敵甫一消弭,波蘭-立陶宛聯盟的新一波外患威脅,逐漸由國境東部及東南部迫近而來,此係東部新興的莫斯科公國及東南方的鄂圖曼土耳其帝國崛興使然。從15世紀中後期擺脫了蒙古金帳汗國的威脅後,莫斯科公國逐步晉升成為歐亞草原上的新興強權,擴張矛頭逐漸朝西指向立陶宛大公國,遂與立陶宛之間爆發了數次的軍事衝突。惜因受制於波蘭-立陶宛聯盟在初始之際,尚屬鬆散聯盟而兩國間並未明訂彼此軍事支援義務的前題下,立陶宛因而在對抗莫斯科時漸漸落居下風,導致大批立陶宛大公國東疆及東北疆國土為之淪喪(Halecki, 1963: 88)。

與此同時,已成黑海及巴爾幹半島霸主的鄂圖曼土耳其帝國,在征服巴爾幹半島全域之後,亦逐步橫越多瑙河而逐步朝向波－立聯盟的東南半壁而擴張,波蘭王國雖在15世紀後期的一連串邊境戰事中,成功抵禦土耳其人及其附庸克里米亞韃靼人的犯邊行動。然而由於波蘭王國東南疆與立陶宛大公國東疆某些領域相毗鄰,為了達成更有效率的邊境攻防任務,波蘭頗思取得其時尚屬立陶宛東疆的若干領地,以利軍事布局。與之同時,波蘭各貴族亦思大舉東進至立陶宛大公國東疆,取得大批領土來建立其大莊園,進而大幅擴張自身貴族世家的威望及影響力。尤有甚者,在立陶宛人亟需得到波蘭援助以對抗莫斯科擴張的背景下,兩國內部逐漸出現締結更緊密同盟的呼聲。

於是波立兩國在高層及貴族的共識下,雙方先後透過了1413年的『霍洛德佛聯盟』(*Unia horodelska, Union of Horodło*),以

及 1505 年在拉東（Radom）所召開的國會（Sejm Radomski 1505）中頒佈的『無新法』（Nihil novi）[3]中，將立陶宛貴族大舉提升至與波蘭貴族相同的地位與權利，並在憲法中明文保障了貴族的各項特權，並使王權受到相當大程度的箝制。亦透過此一安排，逐步使立陶宛大公國增強進一步融入由波蘭王國所主導的國度意願，遂有數十年之後的「盧布林聯盟」的簽署，將波蘭王國及立陶宛大公國幾乎全面的合併為單一國度。

歷經長期的磋商之後，1569 年 7 月 1 日，波蘭王國與立陶宛大公國雙方終於正式簽署更緊密的聯盟條約『盧布林聯盟』（Unia lubelska, Union of Lublin），結成為「一個不可分割的軀體」，正式國名「波蘭-立陶宛王政共和國」（Rzeczpospolita Obojga Narodów, Royal Republic of Poland-Lithuania），此即為波蘭歷史上的「第一共和國」時期。這個王政共和國擁有幾項特點，首先國王雖名為國家最高領導者，但實權實掌控在「國會」（Sejm）之手，國會擁有立法權，且國會貴族議員皆享有「自由否決權」（liberum veto, free veto），意即法案必須要得到全體貴族議員的一致同意始能通過。此外並將立陶宛國會合併至波蘭國會，同時規定未來共和國的國王須透過國會選舉產生，兩國貴族必須在波蘭首都克拉科夫選王並進行加冕，此外雙方執行共同的對外政策，並擁有共同的貨幣體系，最後立陶宛並將其東疆的波德拉齊亞（Podlasie, Podlachia）、沃林尼亞（Wołyń, Volhynia）及基輔（Kijów, Kyiv）等 3 省，轉讓予波蘭（Rhode, 1980: 217）。

---

[3] 此係波蘭國會在 1505 年時所立法通過的法案，意謂「若無公眾同意就無新事務」，也就是新法案若沒有在國會中為貴族議員所一致同意，就不可能通過。該法大大限制了波蘭國王的立法權限，並開啓了所謂貴族民主制之始，即日後的貴族黃金自由。

盧布林聯盟簽署之後,儘管名義上,立陶宛仍保有少許內政自治權限,實則從上層階級及貴族以降,立陶宛全國幾乎全方位壟罩在波蘭政、教、經、社、文的影響之下,因而自此之後,除了最底層的農民階級外,立陶宛就逐步步向了一段「波蘭化」的紀元,終至全然失去了自身主體性,因此此一國度雖名為波蘭-立陶宛王政共和國,實則實質上的主導者為波蘭所有,立陶宛的角色在後續年代中逐步遭到虛化,乃至於淪落至無足輕重的地位,終隨著波蘭國勢自 16-18 世紀的起落而與之共榮共亡。此由整個 17-18 世紀的近兩百年左右,歐洲各國普遍以「波蘭王政共和國」來稱呼此一國度的情形,不難窺見波蘭才是真正主導者。

三、雅捷佛王朝的盛世及波蘭黃金時代的建構

　　透過數次聯盟而逐步將立陶宛大公國整併至「王政共和國」的歷程中,不難見證出波蘭國勢步向興盛的發展,致而使立陶宛心生藉波蘭之力而共抗外敵之思。事實上整個 16 世紀之期,波蘭已達到巔峰盛世,是為波蘭的「黃金時代」(*Złoty Wiek Polski*, Polish Golden Age),尤其在雅捷佛王朝的最後兩位君主:「長者」齊格蒙一世(Sigismund I the Old, 1506-48)及其子齊格蒙二世•奧古斯特(Sigismund II Augustus, 1548-72)統治期間,全然體現了這段波蘭史上的璀璨紀元。此一時期,不僅在政治軍事上力壓週遭群雄而獨霸於中東歐至東歐大陸,在經社文方面亦臻至光輝燦爛之境,成為歐陸東半部樂土。

　　16 世紀正是歐洲「文藝復興」(Renaissance)後期至「宗教改革」(Reformation)運動之期,處於其間的波蘭,亦受兩大浪潮的波及而使其全境呈現繽紛絢爛之姿。由於波蘭政經社在 15 世紀末至 17 世紀前期的穩定發展,使得波蘭首都克拉科夫的貴族及波羅

海地區的城市富商階級,為了展現其不凡身家,競相引入了其時盛行的文藝復興式的藝文風格,其後齊格蒙一世與米蘭大公之女波娜・斯佛薩(Bona Sforza, 1518-48)在1517年的締婚,則為波蘭全境進入文藝復興風扮演了關鍵推手。首先在王后的推動下,王城所在的克拉科夫王宮在義大利建築師經手後被改建為文藝復興式風格,加之在此一時期大批波蘭學子前往義北各大城邦學習文藝復興的各型風格技藝,歸國後則投入知識界各領域的發展,使得克拉科夫成為人文薈萃之所,王宮、貴族宮廷、學校及富商宅第紛紛出現藏書豐富的圖書館,從而造就出克拉科夫大學成為阿爾卑斯山以北的思想重鎮的地位,第一部以波蘭文寫成的文學作品即出現於此際,這為日後波蘭民族文學的發展,奠定了重要的基礎(Halecki, 1963: 99-100)。此外尚值得一提的是,出身於波蘭王家普魯士(西普魯士)的德裔波籍學者哥白尼(Nicolaus Copernicus, 1473-1543),亦是此一期間任教於克拉科夫大學,其後他在1543年所發表的《天體運行論》(*De revoltionibus orbium coelestium*),內容確認了古希臘學者阿里斯塔克斯(Aristarkhos, 310-230 B.C.)的「太陽為宇宙中心」(*Heliocentryzm/ Heliocentrism*)的觀點,正是呈現著文藝復興風潮在波蘭所產生的重大影響之一。

此外,宗教改革風潮亦在稍後年代中波及至波蘭全域,係因隨著1517年馬丁・路德(Martin Luther, 1483-1546)在德境的維騰貝格(Wittenberg)登高一呼,掀起了宗教改革運動之後,未幾旋在歐陸各地造成信仰分裂及新舊教衝突之局,隨著其後宗教戰爭的爆發,許多在中歐及德意志南部各地受到宗教迫害的新教徒,此際紛紛湧入波蘭。儘管波蘭王室官方的宗教信仰為舊教(天主教),然而齊格蒙一世秉持宗教寬容的原則,堅拒對新教徒及其他包括猶太教在內的不同宗教派系採行打壓行徑,使得此一時期的波蘭

遂成新教各派系及猶太教徒躲避宗教迫害的天堂，若再加上王政共和國的東疆，即原立陶宛大公國境內的大批東正教徒，此一時期的波蘭成為各種宗教信仰者薈集於一堂的國度，這在宗教改革時期的絕不見容於相異教義的時代中，可謂異類（Halecki, 1963: 105-106）。儘管至 16 世紀中葉齊格蒙二世上台以後，舊教（天主教）在革新運動有成且建立了戒律森嚴的耶穌會組織之後，在波蘭境內展開了反宗教改革（*Kontrreformacja*, Counter-Reformation）行動，透過國王意願及內部制度安排等有形無形的箝制之下，迫使許多先前皈依新教的波蘭貴族，再度回歸舊教的陣營，但過程中並未使用殘酷的迫害手段來對付宗教異議人士（Augustynowicz, 2010: 49）。此種對不同宗教信仰的包容，亦是成就 16 世紀波蘭黃金時代的關鍵要因之一。

四、雅捷佛王朝的結束及巴托利的中東歐暨東歐霸權地位的建立

1572 年，齊格蒙二世過世，因無男嗣，雅捷佛王朝遂告終結，依照先前『盧布林聯盟』的相關規定，王政共和國開始進行首度選王的程序。此際波蘭及立陶宛全境各地大小貴族作為國會議員的身份，擁有選舉國王的權利，已初步可看出對後世波蘭王政共和國中央王權的衰凌，扮演著關鍵性的角色，其因有二：首先各方人選在競逐過程中，為遂其心願，必然在事前大舉賄賂及事後賦予特權來攏絡貴族議員，使得王權更加虛弱。尤為嚴重者則是一旦有強大外患的出現，波蘭王位很有可能透過外力重金賄賂貴族議員的方式，落入外力所屬意的人選而使之淪為傀儡。在 16 世紀波蘭尚無嚴重外患之時，所面臨到的是為第一種情形，1573 年源自法蘭西瓦洛瓦王朝的亨利（Henry III of Poland, 1573-75），即透過豐厚的賄金收買了足夠的貴族議員票數後，成功地被選為波蘭國王。為了

酬謝大批國會貴族議員的支持，遂簽署『亨利條款』（*Articuli Henriciani*），給予貴族大量特權（Rhode, 1980: 248）。然瓦洛瓦的亨利在位不及一載，1574年隨著其王兄法王查理九世的邃逝，旋即拋棄波王之位而秘返回法國登基，是為瓦洛瓦王朝最後一任君主亨利三世（Henry III of France, 1574-89）。稍後經過兩年的無王紛爭之局後，被選為新任波王的外西凡尼亞大公巴托利（Stefan Batory, 1576-86），亦是透過攏絡貴族議員的模式而簽署『協議條款』（*Pacta Conventa*）。由『亨利條款』及『協議條款』的相關規定，可說將本已享有極大特權的貴族議員，再次為其大幅增擴各項特權，與此同時殘餘的王權則幾乎被削弱殆盡。兩協議重要內容大致如下：

1. 國王必須定期召開國會，並確保自由選王制的持續運作。
2. 法案提案及通過之權皆在國會。
3. 徵稅及王室專營事業需經國會同意始可為之。
4. 締約宣戰需經國會同意才能進行。
5. 國王締婚亦須先知會國會並得到許可後始能進行。
6. 國王不得有王家印璽，只能有以國家為名的印璽。
7. 國王必須維持全國境內各宗教派系的和平之局，避免衝突出現。
8. 國王若違反上述條款，則國會貴族議員有反對抵抗之權。

兩協議的正式通行適用，無異於宣告王政共和國的國王之名基本上僅剩象徵意涵，國政大權實質上盡行掌控在佔全國人口總數不到10%的各地貴族手中，亦因實權盡掌握於貴族之手，因此日後外界遂以「貴族黃金自由」的用語，來凸顯貴族在王政共和國

所享有的重要地位,甚至以「貴族共和國」(*Rzeczpospolita szlachecka*, Republic of Nobles)來形容此一共和國所具有的實質內涵(Rhode, 1980: 248-50)。

面對王權在各方面幾乎橫遭瓦解的情形,波蘭國政的運作及國勢的維續只能仰賴被選為國王者,擁有卓越長才並設法建立高度威望,更重要者是必須能與國會中貴族議員的意見領袖建立良好關係,方能約束驕縱貴族而使其通過國王心繫的法案,而1576年被選為波王的巴托利即是此類傑出君主之一。巴托利登基之後,決心以王室所擁有的僅存籌碼,並透過與國會貴族意見領袖楊‧薩摩伊斯基(Jan Zamoyski, 1542-1605)的密切合作,試圖對外建立其功名。於是他大力在王畿領地上推動一項軍隊改革,採用當世最新軍武裝備而成功建立起一支專屬王室的精銳之師,隨即將之投入對抗沙俄的戰役之中。前曾提及,從15世紀末期至16世紀初以來,莫斯科公國及由其轉變而來的沙俄帝國,逐步向西擴張,立陶宛即在漸感不支的狀態下而決定與波蘭締結為單一國度,因此波蘭隨之接手而成為抗俄主力。至15世紀中葉,沙俄皇帝伊凡四世(Ivan the Terrible, 1533-84)在位時,開始展開一連串西征行動、企圖攻佔德意志騎士團分支立夫尼亞騎士團在東北歐的最後領地立夫尼亞(*Inflanty*, Livonia),[4]俾取得波羅的海的出海口,此舉引發週遭列強聯手干預,遂引爆了立夫尼亞戰爭(*Wojny Inflanckie*, Livonian War, 1558-82)。波蘭王政共和國在巴托利的領軍之下數度大破沙俄大軍,波軍深入俄境各地,最後迫使伊凡四世在1582年簽署『楊‧薩波爾斯基和約』(*Rozejm w Jamie Zapolskim, Peace*

---

[4] 立夫尼亞或立夫蘭,為歐洲中古時期對東波羅的海地區的稱謂,其地即今日的拉脫維亞及愛沙尼亞之地。

of Jam Zapol'skij），放棄繼續向西擴張的野心（Seward, 1972: 131）。

巴托利透過軍事上的大捷，不僅將波蘭王政共和國的版圖向外擴張至立夫尼亞及俄境西部，收復過去立陶宛的大片失地，成就其疆域遼闊的中東歐暨東歐大陸的獨霸地位，同時亦藉由其對外所立下的卓越戰功，得以抑制國內桀驁不馴的各地貴族，成功地再次樹立起王室威信，亦使波蘭盛世紀元得以延續至 16 世紀後期而不輟。

肆、17 世紀王政共和國體制運作的惡化及波蘭的盛世餘暉

巴托利逝世之後，各大貴族透過自由選王制而選舉出瑞典王國瓦薩家族中人為王，開啟了波蘭的「瓦薩王朝」（*Wazowie*, Vasa Dynasty, 1587-1668）之始。在瓦薩王朝 90 年的統治期間，表象上波蘭仍持續呈現著歐陸東半部霸主之態，實則內部已然浮現諸多問題，卻因君主的偏執及波蘭國會的私心自用，終使內部問題未能及時獲得改善，長此以往，終而導致王政共和國弊端叢生。其後雖有波蘭盛世最後一位君主楊三世・索別斯基的重振國威，然卻只能延緩，終難力阻華廈於傾塌。

一、以天主教為尊的齊格蒙三世

1587 年波蘭國會正式選出瓦薩家族的齊格蒙三世（Sigismund III Vasa, 1587-1632）為王，新王源出瑞典，成長於基督新教路德宗的環境，然而齊格蒙三世因競選波王之故而改皈天主教，未料在其任內，出自對天主教的虔誠而所採行的各項作為，無形之中對波蘭王政共和國全境的內聚力造成難以挽回的傷害，終使波蘭國勢從 16 世紀末開始橫受極大衝擊。齊格蒙三世自從皈依天主教並當選波王之後，宗教立場上愈來愈獨尊天主教而無視於王政共和國原有

的宗教寬容原則,他重用大批的天主教耶穌會神職人員,出任國政顧問及掌控國家教會機構等要職,執行各類強化天主教政策,期能達到萬宗皆終歸於天主教一宗的境界。這不僅使得王政共和國境內的眾多其他教派信徒,諸如基督新教各派及東正教教徒為之慄慄不安,亦使其在與週遭其他非天主教為國教的國度互動中,爆發許多軍事衝突。在齊格蒙三世任內,先後爆發了波蘭-瑞典戰爭、波蘭-俄羅斯戰爭、及波蘭－土耳其戰爭,這3場戰爭表面上或有諸多錯綜成因於其間,實則宗教因素在3場戰爭中,皆扮演了核心的關鍵。

首先就天主教於王政共和國內部取得絕對優勢的發展來看,從1592年開始,齊格蒙三世公然違背了過去長期以來波蘭歷朝所採行的宗教寬容立場,縱容耶穌會會士在境內進行強力的反宗教改革行動,對基督新教各派系的教會機構及學校展開暴力的破壞及強迫改宗的行動,在王政共和國首席宮廷教士暨波蘭耶穌會會長史卡嘎(Piotr Skarga, 1536-1612)的主導下,基督新教各派系的信眾,即令貴族亦然,皆橫遭無情打壓,處境日益惡化,在國王蓄意漠視下,最後新教徒若非選擇改皈舊教,否則就只能逃離王政共和國,少數居留者僅能惶惶度日,波蘭境內的基督新教勢力為之大衰。

於此同時,王政共和國東疆人數眾多的東正教徒,亦遭官方耶穌會勢力愈趨強化的歧視及改宗的壓力,這當然亦與16世紀末沙俄的東正教會發展息息相關,係因在1589年,沙俄首都莫斯科的東正教會在君士坦丁堡希臘東正教牧首的允准下突然宣佈,莫斯科東正教會牧首係「莫斯科及全羅斯人」東正教信徒的教會領袖及精神信仰中心,此舉令波蘭王政共和國官方及耶穌會大為緊張,深恐其對境內東正教徒產生向心力,遂決心強化對王政共和國東部的東正教臣民與王室及官方天主教的緊密聯結。於是經過一系列折衝妥協之後,遂有1596年的『布列斯特聯合』(*Unia Brezska*,

Union of Brest）協議的簽署，致而產生了在保留東正教教儀及使用教會斯拉夫語的前提下，尊奉羅馬教宗為最高宗教領袖的「魯特尼亞聯合教會」（*Ruski Kośiół Unicki*, Ruthenian Uniate Church），或稱「東儀天主教會」（*Katolickie Kościoły wschodnie*, Eastern Catholic Church）。這很明顯地是王政共和國境內的若干東正教教會人士，面對王政共和國中央宗教政策的愈趨嚴峻之下，不得不做的妥協之舉（Halecki, 1967: 117-18）。然則聯合教會或東儀天主教會的創立，不僅遭受到來自包括君士坦丁堡及莫斯科等東正教教會的強烈批判，亦不為波蘭耶穌會所接受，使得王政共和國官方與其東儀天主教及東正教臣民間的緊張關係難以緩解，也種下了日後沙俄對王政共和國東部的東正教信徒介入操弄的因子。

二、齊格蒙三世對外政策上的失策

在對外政策方面，同樣亦可看出齊格蒙三世以天主教為尊所帶來的不利影響，首先就是波蘭與瑞典的關係。在齊格蒙三世當選波王甫滿五年後，其父瑞典國王約翰三世（John III of Sweden, 1568-92）駕崩，於是齊格蒙三世得以兼領瑞典國王，成為波瑞兩國的共同君主（1592-98）。然而齊格蒙三世不僅欲將原屬瑞典所有的愛沙尼亞併入波蘭的立夫尼亞之中，甚至頗有意將瑞典重新帶回舊教陣營，建構起波蘭－立陶宛－瑞典王政共和國。引發瑞典部分新教貴族強烈不滿，遂支持其叔父查理為首而罷黜齊格蒙三世的瑞典王位，致而引發後續一系列波蘭－瑞典戰爭（Polish-Swedish War, 1600-29）

於此同時，波蘭王政共和國亦趁此際沙俄深陷「混亂時代」而大舉介入沙俄政局，齊格蒙三世頗欲利用俄境中央無主的亂局，趁機擴大王政共和國版圖，甚至進一步吞併沙俄全境，強令東正教教徒全面皈依天主教，完成基督教的大一統大業。1610 年，齊格蒙

三世大軍攻陷莫斯科,然而齊格蒙三世的領土及宗教野心激起俄人強烈不滿,終而不斷起事反抗波蘭統治,最後迫使波軍撤出莫斯科。沙俄新王朝「羅曼諾夫王朝」隨之在1613年建立,繼續與波抗爭,直至齊格蒙三世過世之後,波俄終於在1635年簽約休戰,暫時終止了雙方長期的衝突。

王政共和國原與南方鄂圖曼土耳其帝國之間保持了數十年之久的寧靖之局,亦在17世紀前期遭到破壞,其因在於王政共和國南方立場激進的波蘭貴族從1612年開始,不斷干涉土耳其屬國摩爾多瓦公國的事務,甚至唆使聶伯河邊疆地帶的同盟軍隊哥薩克騎兵,不斷洗劫黑海沿岸的土耳其屬國克里米亞韃靼汗國,導致雙方關係急速惡化。最關鍵者在於1618年三十年戰爭(Thirty Years' War)爆發後,齊格蒙三世基於其虔誠的天主教信仰,而大力支持神聖羅馬帝國皇帝兼奧地利大公的哈布斯堡王朝腓迪南二世(Ferdinand II, 1619-37),甚至派軍參與攻擊外西凡尼亞的新教徒,然而斯時外西凡尼亞係屬土耳其人的勢力範圍,遂引爆波蘭與土耳其的軍事衝突。

波土戰爭雖僅歷時3年,然而被捲入歐陸三十年戰爭泥淖中的波蘭卻無脫身之機,係因瑞典新王古斯塔夫二世・阿道夫(Gustavus Adolphus, 1611-32),對心繫天主教的齊格蒙三世始終不願放棄瑞典王位而心存忌憚之外,且基於德境新教徒在哈布斯堡王朝天主教大軍的攻勢下,節節失利,因而決心介入三十年戰爭,襄助新教徒陣營。於是瑞軍迅速南下,連下德意志及波蘭中北部各要城,齊格蒙三世為了扭轉不利戰局,不得不向統治勃蘭登堡邊區伯國(Markgrafschaft Brandenburg)的霍恩索倫家族(Haus Hohenzollern)讓步,藉由同意其兼領普魯士公國(東普魯士)的公爵之位,接手先前同屬霍恩索倫家族另一分支但剛斷嗣的統治

權，藉此避免同屬新教陣營的勃蘭登堡邊區伯國加入瑞典王國而與波蘭為敵。儘管此際波蘭仍保有對普魯士公國（東普魯士）的宗主權，然而透過霍恩索倫家族同時掌控勃蘭登堡邊區及普魯士公國（東普魯士），無意間在波蘭北部打造另一股新興的德意志勢力勃蘭登堡-普魯士（*Brandenburgia-Prusy*, Brandenburg-Prussia），這個在日後數十年間轉變成普魯士王國的國家，未料對日後波蘭王政共和國的發展卻造成意想不到的威脅與衝擊。

三、瓦薩王朝的餘暉及大洪水時代的衝擊

1632年齊格蒙三世駕崩，其子瓦迪斯瓦夫四世（Władysław IV Vasa, 1632-48）被選為波王，瓦迪斯瓦夫四世試圖修正其父在宗教立場上的強硬態度所造成的王政共和國內外困局，首先他重回宗教寬容的立場並約束激進約穌會士對宗教異議者的打壓，使境內各宗教敵對態勢獲得一定程度的緩和。其次對取得瑞典王位的立場上，亦不採積極態度，雖未言明正式放棄之，但對其叔父瑞典國王古斯塔夫‧阿道夫則採謙遜恭敬之態，從而大幅緩和波瑞兩國的緊張關係。瓦迪斯瓦夫四世隨即將重心轉向東部的沙俄，在無後顧之憂的狀態下，取得一系列的邊界戰役的勝利，將俄軍逐出了波蘭邊界地帶，最後且迫令其與之聯手對抗鄂圖曼土耳其帝國。事實上，當王國北部及西部的情勢穩定下來之後，對瓦迪斯瓦夫四世而言，在其號召之下而籌組基督教聯盟，對鄂圖曼土耳其帝國發動一次大規模的十字軍行動，是他心懷建立起瓦薩王朝不朽功名的遠大夢想。然而方當歐洲三十年戰爭幾近尾聲，各基督新舊教國家都為之精疲力竭之際，此一計劃可謂無由實現之機。即令他後來將計劃作出修正，僅聚焦於徹底消除土耳其人對王政共和國東南半壁的威脅，藉由聯手哥薩克人（*Kozacy*, Cossacks）而將土耳其勢力

逐離黑海及多瑙河彼岸之外,卻也因其好大喜功,在未能取得國會的一致同意之前,即欲以國王的權威,而迫令國會通過其軍事法案的相關預算,致而導致國會貴族議員認定國王違反了各項協議條款,憤而駁回了瓦迪斯瓦夫四世的要求,此一發展,立即引發嚴重後果。

　　1648年瓦迪斯瓦夫四世過世後,王弟楊二世・卡齊米日(John II Casimir Vasa, 1648-68)繼位,王政共和國旋即陷入了一段大動盪時代,史稱「大洪水」(*Deluge*)時代,事因王政共和國東南方的哥薩克人叛變,隨後引發連鎖效應,導致週遭國度交相入侵王政共和國有以致之,此一亂局,使得波蘭內外皆深陷危機之中。哥薩克人常期作為王政共和國的盟友,屏障共和國的東南疆,原為一股穩定邊防的軍力,然而在齊格蒙三世在位期間,官方及耶穌會的天主教勢力對王政共和國東半部的東正教徒施壓改宗,導致信奉東正教的哥薩克人離心離德,出現騷動不安之勢,直至瓦迪斯瓦夫四世上台重拾宗教寬容之策後,雙方緊張關係才獲舒緩,哥薩克人才願再次與王政共和國合作。因此當先前瓦迪斯瓦夫四世欲將土耳其及其屬國克里米亞韃靼汗國的勢力逐離黑海之濱時,即欲與哥薩克人聯手展開攻擊。殊未料瓦迪斯瓦夫四世的遠征計劃橫遭波蘭國會所否決,且在哥薩克人中保有高度威望的瓦迪斯瓦夫四世突於此際遽逝,導致波軍未能按計劃赴約聯手,此舉令哥薩克人心生不滿,認定王政共和國毀約,遂憤而叛變,是為「赫梅利尼茨基起義」(*Powstanie Chmielnickiego*, Khmelnytsky Uprising)事件。哥薩克人甚至聯手土耳其人及韃靼人轉向攻擊王政共和國,歷經數年的混亂之後,王政共和國最後在1651年成功地弭平哥薩克人的反叛。

　　然而哥薩克人心有不甘,遂於1654年決定轉向與同屬東正教信仰的沙俄帝國結盟,於是沙俄遂在哥薩克人的協助之下大舉攻

入王政共和國的東疆地帶,連下王政共和國東北疆大片領地,並深入東波羅的海的立夫尼亞地區。然而此舉甚令瑞典為之不滿,係因該地為瑞典屬地。從三十年戰爭以來建立起一個環波羅的海的霸權國家的夢想,已然深植於瑞典歷朝國王心中,因而瑞典國王卡爾十世(Charles X Gustav, 1654-60)決定介入戰爭,欲先擊垮波蘭後、再壓制俄羅斯,是為第二次北方戰爭(Northern War of 1655-60),致而形成波、瑞、俄三方大混戰的波羅的海霸權之爭。戰端開啓之後,瑞軍分兵多路,迅即深入波蘭各地,先後襲陷華沙及克拉科夫,楊二世‧卡齊米日奔逃至南方避難,波蘭若干重要貴族甚至轉向支持瑞典國王入主王政共和國,波蘭看似崩潰在即。幸賴此際神聖羅馬帝國皇帝兼奧地利大公雷歐波德一世(Leopold I, 1658-1705),以同為忠實天主教君主立場,全力支持王政共和國,波蘭才現轉機,進而轉守為攻。此後數年幾經交鋒各方陣營互換及征戰攻伐,最後成功阻卻瑞典對波蘭的野心,波瑞雙方終在1660年簽署『歐立瓦和約』(Peace of Oliva),波蘭除了放棄對瑞典王位的要求之外,並將立夫尼亞轉讓予瑞典,另外,亦因酬謝勃蘭登堡－普魯士的大選侯腓特烈‧威廉(Friedrich Wilhelm, 1640-88)在戰時的轉向支持波蘭,波王遂放棄對普魯士公國(東普魯士)的主權,自此勃蘭登堡邊區伯爵兼選侯終於正式取得普魯士公國(東普魯士)的主權,為其崛起成為波羅的海及德意志地區新興強權,奠定重要基礎。其後第二次北方戰爭終止於波俄在1667年所簽署的『安德魯索沃和約』(Rozejm w Andruszowie, Truce of Andrusovo),王政共和國失去了第聶伯河(Dnieper)以東的大片領地,基輔亦為沙俄所奪,王政共和國的東疆自此愈受快速興起的沙俄帝國迫人而來的威脅。

四、琴斯托侯瓦之黑色聖母奇蹟的迷思及瓦薩王朝的結束

值得一提的是,在第二次北方戰爭期間所發生的一段所謂「奇蹟」事件,亦對波蘭王政共和國後續發展造成極為深遠的影響,無論就對王政共和國國勢的衝擊及波蘭全民天主教信仰的高度虔誠化皆然,此即1655年琴斯托侯瓦修道院(Częstochowa)的「黑色聖母」(*Czarna Madonna*, Black Madonna)奇蹟事件。在戰端初始之際,當瑞軍攻勢勢若排山倒海地席捲了王政共和國全境各地,並進而包圍波蘭南部的琴斯托侯瓦修道院時,此際修道院長高舉「黑色聖母」像,號召並鼓舞當地義勇軍為保家衛國而奮起力抗強敵,最後歷經四晝夜的激戰之後,竟成功地擊潰瑞軍而解圍。琴斯托侯瓦之役對整體戰局的走向其實並無實質影響,然而在時人的不斷傳播及口耳相傳的歌頌之下,波蘭人愈發深信是因黑色聖母庇佑其所忠愛的波蘭子民,方能將波蘭從崩潰敗亡的煉獄中拯救出來,於是琴斯托侯瓦之「黑色聖母」顯靈的奇蹟,自此就成為了波蘭全民堅信不疑的傳奇,這對波蘭全境天主教信仰的凝固化,扮演了十足關鍵性的影響。然而另一方面這當然也代表了已呈岌岌可危的波蘭宗教寬容政策,愈發難以維繫,其後果將在下一個世紀中顯現出來。

隨著1667年第二次北方戰爭的結束,翌年,楊二世・卡齊米日旋即過世,瓦薩王朝正式告終。王政共和國在歷經了重大危機的衝擊下,雖仍勉強能保住歐陸東半部大國之態,然自此亦不難看出,波蘭已處於危機四伏的環境之中,改革之舉迫在眉睫。事實上,在第二次北方戰爭期間,波蘭政壇上即出現應進行國會必要改革的呼聲,針對貴族議員所擁有的大量特權做適度的限縮,尤其是「自由否決權」(一票否決全部的設計)應予廢除,轉而將之修正為只要得到絕對多數票數,法案即通過即可。惟此際仍有部分波蘭

貴族議員囿於自身利益，誓死抵抗，甚至採取武力抗爭的方式，終使改革措施最後功虧一簣（Rhode, 1980: 284-85）。然而改革契機轉瞬即逝，隨著 17 世紀末期開始，波蘭國會貴族權力受到外力介入狀況的愈見增多，以及濫用自由否決權情形的頻繁出現，終使王政共和國的根基不斷受到侵蝕，逐步步向藥石罔效之境。

五、王政共和國在楊三世·索別斯基力挽狂瀾下的落日餘暉

在 1669 年的貴族選王大會之時，或許王政共和國各大貴族仍處於國家幾乎山河不保的震驚之中，因而摒拒所有外國人選，選出一位波蘭貴族為王，不過新王並無治國長才，最後在土耳其人的入侵中戰歿。最後成功在這場艱辛對抗土耳其人的戰爭獲勝、並穩固了王政共和國東南半壁者，係一位戰功彪炳的王國蓋特曼（Hetman）[5]，出身自波蘭貴族世家的楊·索別斯基。於是在其赫赫名聲的影響下，成功地在 1674 年的選王會議中以全票通過之姿而登上波蘭國王之位，此即楊三世·索別斯基（John III Sobieski, 1674-96）。

楊三世·索別斯基可謂是波蘭王政共和國步向日暮黃昏之途前的最後一位英主，在他勵精圖治之下，波蘭國勢一度振衰起弊，重現中興氣象。既為中興令主，他亟欲將波蘭再次打造成為從波羅的海到黑海的歐陸東半部的霸權地位，因此透過其后出身自法蘭西「波旁王朝」（Bourbon Dynasty）的姻親關係，希望與法王路易十四（Louis XIV, 1643-1715）締結緊密同盟，俾助其收復過去失土。不過路易十四以打垮哈布斯堡王朝而建立起其歐陸獨霸地位為首要政治目標，因而不惜拉攏鄂圖曼土耳其帝國，藉由兩方合作

---

[5] 蓋特曼是波蘭王國及立陶宛大公國的最高軍事總指揮，其地位相當於今日全國最高武裝總司令。

而由西東兩方同時夾擊哈布斯堡王朝。然而此種政策全然無法為楊三世‧索別斯基所接受，係因他向來自視王政共和國是捍衛歐洲基督教的堡壘，一個佇立於歐陸東部對抗異教伊斯蘭教及異端東正教的要塞之所在。基於此種想法，因而他遂放棄與法結盟，轉而與哈布斯堡王朝締訂攻守同盟，透過波奧的密切合作，並在羅馬教宗的支持下，試圖建構起一個抗土的基督教各國聯盟。未料波奧締盟甫一完成，其所想定的威脅隨即到來，即鄂圖曼土耳其帝國在內部改革有成之後，正式對歐陸發動第三波、也是最後一波大攻勢，劍指中歐的鎖鑰城市──哈布斯堡首都維也納而來，企圖拿下這座「金蘋果」城市後，以之作為征服全歐洲的跳板，於是乃爆發了1683年的「第二次維也納圍城戰」（Second Turkish Siege of Vienna 1683）。

當時維也納遭圍二個月之久，全城幾近彈盡糧絕，皇帝雷歐波德一世甚至早已先行逃離圍城，避難於奧境西疆的林茲（Linz），金蘋果城市看似大勢已去。值此近乎絕望之際，幸賴楊三世‧索別斯基親率大軍千里馳援，方盡解維也納之圍。是役中，楊三世‧索別斯基先行登頂緊依維也納之旁、山勢險要的禿頭山（Kahlenberg），遂據有利地勢。隨即居高臨下，先以密集火砲重擊土軍陣地，待其陣勢大亂之後，波軍精銳「翼騎兵」（*Husaria*, Polish Hussars）從上而下直搗鄂圖曼統帥大營，終而大破土軍，遂盡解維也納之圍。

贏得這場在後世被歸列為影響世界歷史的一百場關鍵戰役之一：第二次維也納圍城戰的勝利，對楊三世‧索別斯基及波蘭王政共和國在全歐的聲威，帶來極為熱烈的正評，紛紛賦予這位波蘭英主為「歐洲解放者」（*Befreier Europas*, Savior of Europe），以及「土耳其剋星」（*Bezwinger der Türken*, Conqueror of the Turks）等美名，大力表彰其對歐洲基督教文明的拯救功績。一時之間，波蘭

王政共和國再次重現昔日全盛時期的態勢，國威聲勢達到巔峰之境。然而從此刻起一直到楊三世‧索別斯基過世的十四年間所得到全歐各界的盛譽，卻也是王政共和國最後的盛世餘暉。

伍、波蘭負面觀的出現及波蘭王政共和國的瓦解

儘管 17 世紀末期王政共和國在楊三世‧索別斯基的掌政下，重現中興盛世之景，然而他對內部權勢喧囂的國會貴族議員，卻始終無法弱化之，終其任內只能仰賴其不世功名而令貴族作為不致公然挑戰其地位，再加上他晚年病痛纏身，無奈只能坐視貴族議員繼續擅權跋扈，最明顯之例即是，他甚至無力去影響貴族議員們選舉其子作為國王繼承人，於是當楊三世‧索別斯基甫一過世，波蘭王政共和國隨即步入風雨飄搖險境，並終至於土崩瓦解（Halecki, 1963: 144），從 1696 年楊三世‧索別斯基的駕崩，一直至 1795 年王政共和國的橫遭第三次瓜分而亡國為止，歷時凡 100 年整。

一、大北方戰爭期間外力影響下波蘭國會的癱瘓

1697 年，波蘭國會貴族議員選出來自德意志境內薩克森公國公爵兼選侯「強壯」奧古斯特一世（Augustus II the Strong, 1694-1733）為新王，是為波王奧古斯特二世（Augustus II the Strong, 1697-1706, 1709-33），開啟了歷時 67 年的波蘭「薩克森王朝」（*Unia polsko-saska*, Poland-Saxony, 1697-1706, 1709-63）時期。事實上奧古斯特二世的雀屏中選實為沙俄在背後運作使然，透過奧古斯特二世及俄皇彼得一世對若干貴族議員的重金收買兼恐嚇，遂使奧古斯特二世順利登基，從中亦不難看出，外力介入波蘭選王的情形已然非常明顯，然而若干波蘭貴族的囿於自身利益，甘受外人金錢

賄賂，致使王政共和國自此淪入萬劫不復的境地。

　　在波蘭王政共和國陷入貴族擅權而導致國政一再空轉的此際，整個外在國際局勢卻已發生鉅大轉變。進入 18 世紀以後，環繞在波蘭王政共和國四週的普、奧、俄三國皆已先後建立起所謂「絕對君主專制」（absolutism）的政體，此種盛行於其時的政治體制透過大有為的君主，建構起一套卓有效率的行政官僚體系，使得全國稅收得以源源不絕地進入王室中央，從而建立起一支強大的中央常備軍，與此同時，各地割據一方的殘餘封建勢力則遭到大幅削弱甚或消滅，使得君主得以集全國之力全力向外稱雄擴張。於是在對比之下，衰凌已極的王政共和國完全無法與三雄在國際衝突場域上相抗衡。

　　1700 至 1721 年間涉及於波羅的海霸權之爭的大北方戰爭（Great Northern War），即充分見證出王政共和國的傾頹欲墜之態，在這場沙俄皇帝彼德一世為了取得波羅的海出海口，與丹麥及薩克森聯手而對決瑞典的戰爭中，原本與波蘭並無太大關聯，卻因薩克森公爵兼選侯奧古斯特一世同時作為波蘭國王奧古斯特二世之故，使波蘭連帶被迫捲入這場戰爭之中。此際波蘭國會頓成為各方外力角逐爭鬥的場域，外國賄賂大舉流入波蘭各貴族之手，藉之左右王政共和國的立場，導致一再出現不同派系的貴族議員在投票中否決出兵法案，致令在為時長達 20 年的戰爭期間，波蘭全境幾乎淪為不設防之地而成為交戰各方的馳騁劫掠之所，王政共和國國政體制缺陷暴露無遺。當時全歐知名的時事評論《歐洲劇政》（Theatrum Europaeum）即已直言抨擊此一血肉俱無的空殼國度，根本難以立足於訴諸強權政治的國際環境（Zernack, 1991: 226-29）。從中已然可清楚看出，從楊三世・索別斯基過世後僅短短 20 餘年，波蘭在全歐的國際形象由正向而遽轉為負面，自此之後，

「負面波蘭觀」(Negatives Polenbild)更隨著後續王政共和國各類弊病的爆發,廣為全歐各國所詬病攻訐。

二、托倫血腥審判對波蘭國際形象的災難性衝擊

緊隨其後的宗教迫害事件——「托倫血腥審判」(Tumult toruński, Tumult of Toruń),更令波蘭王政共和國的負面形象迅速傳播並深植全歐輿論界之中。前曾提及,波蘭耶穌會從17世紀以來不斷進行強力的反宗教改革行動,打壓波蘭境內不同教會派系不遺餘力,後雖在瓦迪斯瓦夫四世在位期間受到些許約束,不過在第二次北方戰爭期間,受到琴斯托侯瓦黑色聖母奇蹟事件所造成全境天主教熾熱的鼓舞,使耶穌會聲勢及作為步向激進化,終而導致嚴重的宗教迫害事件,此即1724年的「托倫血腥審判」。

事端肇因於波蘭耶穌會會士在該年於「波蘭王家普魯士」(西普魯士)展開反新教活動,意圖強迫新教徒改宗舊教,致而在過程中引發了新舊教派之間的流血衝突,由於衝突中造成若干耶穌會會士負傷,天主教會所掌控的法庭遂採取嚴厲的報復措施,托倫市長及數名市政參事旋遭判梟首斬肢之酷刑。然而在其時歐洲各地普遍皆已進入「啟蒙運動」(Oświecenie, Enlightenment)時代,處在強調宗教寬容與人道主義的啟蒙運動背景中,此一蠻橫行徑旋即引爆全歐輿論的怒火,紛紛強烈批判波蘭王政共和國為一嗜血狂熱的「野蠻國度」。「托倫血腥審判」事件對波蘭在國際間的形象造成災難性打擊,全然可由日後法國啟蒙大師伏爾泰(Voltaire, 1694-1778)就波蘭瓜分事件所做的評論中看出,他認為波蘭被瓜分而亡國就是對過去「托倫血腥審判」中,一項血債血還的行動,亦是三強重新將文明帶給波蘭人的必要之舉(Wessel, 2002: 77)。此外「托倫血腥審判」亦在當時開啟週遭國度意圖瓜分波蘭的覬覦

之心，普王腓特烈‧威廉一世（Friedrich Wilhelm I, 1713-40）與俄皇葉卡捷林娜一世（Yekaterina I. Alekseyevna, 1725-27）在該事件不久之後，即曾祕密締盟，約定未來若波境內新教徒及東正教徒再受迫害，則雙方將同時以武力介入，這不啻發出了未來外力肢解王政共和國的訊號。諸如上述種種，皆不難看出「托倫血腥審判」事件，對波蘭王政共和國形象所造成的災難性後果。

三、波蘭瓜分紀元中負面波蘭觀凝固化及波蘭王政共和國的覆亡

隨著波蘭王政共和國國政的全然深陷癱瘓之中，使得進入 18 世紀後半葉之後，普、奧、俄 3 國終於展開行動，逐步著手肢解波蘭王政共和國，3 強之所以此際採行行動，亦因波蘭末代國王斯坦尼斯瓦夫二世‧波尼亞托夫斯基（Stanisław August Poniatowski, 1764-95）試圖振衰起弊，大幅改革波蘭國會貴族議員擅權亂政對王政共和國所造成的傷害，然此舉反導致普俄警覺，於是唆使波蘭若干貴族製造內亂而順勢介入波蘭政局，最後在 1772 年執行了首度的波蘭瓜分。然而第一次波蘭瓜分對若干波蘭貴族而言，仍渾然不察國家存亡已迫在眉睫，僅在乎其長久以來所享有的特權是否取回及繼續維續，也不啻預示了波蘭王政共和國的亡國僅是時間早晚的問題了。

同時，「負面波蘭觀」且隨著波蘭第一次瓜分而更深植於世人心中，尤其當普魯士官員接手新併領土行政事宜時，面對全境充斥著遭波蘭貴族凌虐的廣大農奴人口，不禁身感猶如置身奴隸國度般，當時普魯士國王腓特烈二世（大王）（Frederick the Great, 1740-86）據此而將波蘭人評為「全歐最落後的民族」、以及「每個層面皆低賤的民族」（Michalski, 1982: 39）。

此種對波蘭社會不假詞色的攻訐批判，甚至深入廣大的輿論

界之中，從而出現所謂「波蘭式經濟」(*polskie gospodarzenie*, *Polnische Wirtschaft*)的負面形容詞。此一極度醜詆波蘭人的標語，首度見之於1784年的德意志學者佛爾斯特（Georg Forster, 1754-94）予友人的書信之中，其後廣為流傳於中西歐社會，該詞句之意係指整個波蘭社會係呈現一種懶惰至極、雜亂無章、愚昧不堪、粗俗不文、麻木不仁，甚而堪比豬窩的現象（Forster, 1978: 225）。由「波蘭式經濟」標語的廣為流傳，說明了波蘭負面形象至18世紀末葉之時，已然深入時人的認知之中，益使王政共和國的步向亡國難以喚起歐洲各國及輿論界的同情，於是1793年及1795年的波蘭遭受第二次及第三次瓜分，不過是為早已病入膏肓且普遭撻伐嘲笑的王政共和國，完成最後的蓋棺措施罷了。

陸、結論

綜觀一部縱橫馳騁於中東歐至東歐大陸上達數百載之久的波蘭—立陶宛聯盟，以及後續的王政共和國的崛興、全盛、中衰，乃至於最後的覆亡歷程，實可歸結出如後幾項重點探討之。首先波蘭國勢從14世紀開始的逐步走向興旺，乃至於15-16世紀的達於巔峰之境，甚至17世紀的殘餘盛世餘暉，概括言之，皆與中央拉攏乃至於賦予地方頗大的自治權限息息相關，其後此類地方勢力逐步發展壯大，進而成為地區貴族，而隨著波蘭及立陶宛各地的貴族在兩國數次的締盟中被結合為單一國度，即王政共和國的過程中，各地貴族就成為國會的主角及王政共和國主導力量，從而被外界稱為貴族的「黃金自由」，甚至直接將波蘭王政共和國喚為「貴族共和國」。

許多專業評論者常以波蘭貴族權勢過大並凌駕王權之上，認

定貴族濫用「自由否決權」的一票否決全部的設計，從而導致此一國度最終步向覆亡之途，從而認定濫權亂政的貴族應為波蘭王政共和國最後的亡國，負起最大的責任。然而此說的成立，是建立在針對 17 世紀末期至 18 世紀的波蘭國度崩潰瓦解的觀察之上，卻全然無法解釋重要機構早已存在大量特權貴族的波蘭－立陶宛聯盟暨後續的王政共和國，何以反能使國勢在 15-16 世紀之期達到巔峰盛世？據此，實應更進一步深入觀察波蘭國度從 14-18 世紀間，貴族在其間所扮演的多樣化面貌。

　　事實上，誠如前面篇章所言，最初波蘭及立陶宛之所以會締結聯盟，主因在於為了共同對抗德意志騎士團國家，於是在此一過程之中，允諾騎士團國家內部土地貴族及城市市民階級許多特權，其後此一特權亦連帶賦予了與騎士團國家相毗鄰的境內各地貴族，藉此收編對手臣屬的依附及邊地貴族對中央王室的效忠之心，終能在 1466 年『第二次托倫和約』中，藉由各地勢力之助而迫令騎士團國家稱臣入貢。其後波蘭王國乃將同樣的作法，運用於對南部及東部的羅斯人諸國度的經略治理之上，甚至及於東南方的哥薩克人地區，遂使波蘭－立陶宛聯盟暨後續的王政共和國的版圖，能在 15-16 世紀之時持續地向外擴張膨脹。而波蘭往往在向外擴張之際，武力征服並非唯一手段，更常倚賴者就是收編敵對政權的邊陲勢力，此際「自由否決權」的設計即發揮了很大的作用，這個在後世被攻訐咒罵為導致波蘭亡國的罪魁禍首制度，事實上在早期因具有保護弱小貴族不受勢大權大的貴族欺凌而備受讚揚，許多原屬敵對政權的邊陲地區貴族，正因為這項具有保護自身權益的設計而自願加入波蘭王政共和國，波蘭國勢亦因此而能漸形壯大，並終而走向 15-16 世紀中東歐東歐的獨霸地位。

　　與此同時，波蘭 15-16 世紀之時的宗教寬容態度，亦在其國勢

擴張的過程扮演著不下於賦予貴族特權的角色。事實上，從 14 世紀後期波蘭－立陶宛聯盟建立開始，一直至 16 世紀兩者結合成為王政共和國之期，以賦予其許多特權來收編敵對邊疆小邦的過程中，聽任依附的各地小邦繼續維繫自身宗教信仰自由，亦是波蘭版圖能夠逐步擴張的重要因素之一，從 14 世紀大批猶太人被召募入境、14-15 世紀在國境東疆所納入大批東正教信徒，一直到 16 世紀宗教改革之後西部領域出現了許多新教徒，波蘭國度都能兼容並蓄地接納之，致而能使波蘭王政共和國在 16-17 世紀，全歐各地皆深陷宗教戰爭煉獄的時代中，成為小康安逸的一方樂土，並被讚許為「沒有火刑柱的國度」。

　　正是透過對各地貴族大量特權的賦予及自身宗教信仰的維繫之後，方能使波蘭從 14 世紀末至 16 世紀在逐步擴張的歷程中，連帶著形塑出正面形象並廣為傳佈。其後雖在 17 世紀的進程中，因上述兩項特點逐步僵化下而對波蘭外在形象帶來衝擊，但隨著波蘭盛世最後一任英主楊三世‧索別斯基對基督教歐洲所作出的鉅大貢獻，使得波蘭正面觀再次贏得了全歐輿論的焦點。

　　然而此種全歐高度正評的波蘭形象，卻在一進入 18 世紀之後短短 20 餘年間全面逆轉，貴族濫權下的國會失能及天主教走向狂熱下的宗教迫害，使得王政共和國無論內外方面，皆呈現癱瘓無能且偏執跋扈之態，遂使其國家形象在極短的時間內由正轉負，「負面波蘭觀」形象自此席捲全歐輿論界，再無扭轉之機，直迄其 1795 年的橫遭第 3 次瓜分而亡國為止。

　　綜上而論，不難看出波蘭全盛與衰亡，皆與中央其對地方政策及宗教政策密切相關，在早期因其兩項政策具有兼容並蓄的特色，因而能襄助波蘭國勢臻至巔峰盛世並博得正面形象，晚期卻也因兩項政策的失控，埋下波蘭慘遭瓜分亡國之禍及負面波蘭觀的泛

流。維繫波蘭國度運作的兩項重大事務,在不同的時空環境卻得到截然相反的結果,在在說明了國家體制及政策必須要與時俱進地做出必要的修正,否則一旦陷入僵化停滯,過去的榮光可能遽轉而成為日後的災難,波蘭人國家從 15-17 世紀前期的絕代風華,最後卻步向 18 世紀的衰凌覆亡,誠為絕佳案例。

參考文獻

杜子信,2019。〈近代德波敵對下德意志騎士團國家史的政治工具化〉《成大歷史學報》56 期,頁 133-99。
Boockmann, Hartmut. 1999. *Der deutsche Orden: Zwölf Kapitel aus seiner Geschichte*. München: Verlag C. H. Beck.
Broszat, Martin. 1963. *Zweihundert Jahre Deutsche Polenpolitik*. München: Ehrenwirth Verlag.
Conze, Werner. 2000. *Ostmitteleuropa: Von der Spätantike bis zum 18. Jahrhundert*. München: Verlag C. H. Beck.
Friedrich II. 1981. "*Die politischen Testamente der Hohenzollern*," in Richard Dietrich, ed. *Die politischen Testamente der Hohenzollern*, pp. 202-203. Köln: Böhlau Verlag. .
Haffner, Sebastian. 1979. *Preußen ohne Legende*. Hamburg: Wilhelm Goldmann Verlag.
Halecki, Oskar. 1963. *Geschichte Polens*. Frankfurt: Verlag Heinrich Scheffler.
Higounet, Charles. 1986. *Die deutsche Ostsiedlung im Mittelalter*. Berlin: Siedler Verlag.
Michalski, Jerzy. 1982. "*Polen und Preussen in der Epoche der Teilungen*," in Klaus Zernack, ed. *Polen und die Polnische Frage in der Geschichte der Hohenzollernmonachie 1701-1871*, pp. 26-55. Berlin: Collquium Verlag.
Rhode Gotthold. 1980. *Geschichte Polens: Ein Überblick*. Darmstadt: Wissenschaftliche Buchgesellschaft.
Rogall, Joachim. 1996. *Deutsche Geschichte im Osten Europas: Land der großen Ströme von Polen nach Litauen*. Berlin: Siedler Verlag.
Schreiber, Hermann. 1984. *Die Deutschen und der Osten*. München: Südwest Verlag.
Seward, Desmond. 1972. *The Monks of War: The Military Religious Orders*. London: Eyre Methuen.
Wessel, Martin Schulze. 2002. "*Religiöse Intoleranz, grenzüberschreitende Kommunikation und die politische Geographie Ostmitteleuropas im 18. Jahrhundert*," in Jörg Requate, und Martin Schulze Wessel, eds. *Europäische Öffentlichkeit Transnationale Kommunikation seit dem 18. Jahrhundert*, pp. 63-79. Frankfurt: Campus Verlag.
Zernack, Klaus. 1999. "*Negative Polenpolitik als Grundlage deutsch-russischer Diplomatie in der Mächtepolitik des 18. Jahrhunderts*," in Klaus Zernack, ed. *Preussen – Deutschland – Polen. Aufsätze zur Geschichte der deutsch- polnischen Beziehungen*, pp. 225-43. Berlin: Dunker & Humblot GmbH.
Zientara, Benedykt. 1982. "Melioratio terrae: The Thirteenth Century Breakthrough in Polish History," in J. K. Fedorowicz, Maria Bogucka, and Henryk Samsonowiczed, eds. *A Republic of Nobles: Studies in Polish History to 1864*, pp. 21-43. Cambridge: Cambridge University Press.

波蘭立陶宛聯邦時期的貴族共和體制

鄭欽模

淡江大學外交與國際關係學系副教授

壹、波立聯邦的貴族共和體制

波蘭立陶宛聯邦[1]（*Rzeczpospolita Obojga Narodów*, Polish-Lithuanian Commonwealth）是歐洲歷史上一個獨特的政治實體。波立聯邦於 1569 年通過『盧布林聯盟』（*Union of Lublin*）正式成立，並持續至 1795 年被俄羅斯、普魯士、奧地利三次瓜分而告終，波蘭從此消失在歐洲的地圖上。波立聯邦的貴族共和體制（noble republic）是其最顯著的特色之一，它採用了一種獨特的貴族民主制[2]（*Złota Wolność*），亦即由貴族選舉國王，而非傳統的世襲制。波立聯邦在當時的歐洲是一種稀有且非常特別的政治體制，提供了一種比當時絕大部分君主制國家更為民主的政治模式。

一般認為波立聯邦的獨特的政治體制，直接導致聯邦的盛衰。波立聯邦的黃金時代是在 16 世紀至 17 世紀初，這段時期內，聯邦在政治、經濟和文化上都達到了頂峰。但隨著時間的推移，聯邦的政治制度開始顯露出弱點，特別是 1569 年以後的貴族共和時期，

---

[1] 正式名稱為波蘭王國與立陶宛大公國的聯合體，波蘭立陶宛聯邦是 16 世紀中葉到 18 世紀末波蘭與立陶宛結合的一種政體，多數學者仍以波蘭稱呼這個國家，波立聯邦與當今聯邦體制的定義不盡相符，兩國的結盟更像是一國協（commonwealth）的形式。

[2] 或稱王政共和制（royal republic）或半共和體制（semi-republic system）。

由於選王制度造成貴族對國家事務的過度控制，以及自由否決權（*liberum veto*）[3]的氾濫，導致了政府效率的低落和決策的僵化，使得聯邦難以應對內對外的挑戰。17世紀中葉開始，聯邦遭遇了所謂的大洪水時代（*Potop*, Deluge）[4]，一連串的戰爭和災難，對聯邦造成了嚴重的破壞。此後，聯邦的力量逐漸衰退，最終在18世紀末被強鄰瓜分。波立聯邦的終結，標誌著一個曾經強大的歐洲國家的消亡，但其獨特的政治制度和宗教容忍的傳統，至今仍被許多歷史學家和政治學家所研究和討論。本文擬探討波蘭貴族共和體制的背景，以及造成聯邦衰落的內、外部因素，以闡明貴族共和體制與聯邦的衰亡的關聯。

關於波蘭的貴族共和體制，歷史學者畢斯庫柏斯基（Biskupski, 2018: 13）曾有這樣的描述：

> 1572年之後，波蘭重新將自己定位為一個選舉君主制（elective monarchy）國家，亦即一個王權共和國（royal republic），隨後的國王由眾多的貴族投票選舉產生。被選上的國王會被要求籤署一份合同，即『修道院條約』[5]，提前限制他的統治特權並保護貴族的特權。

---

[3] 這是一種任何貴族都可以對國家決策行使否決權的制度。

[4] 大洪水時代是波蘭立陶宛聯邦17世紀中葉的一個歷史時期。廣義上這個時期以1648年的赫梅利尼茨基起義（*Powstanie Chmielnickiego*）為始，以1667年的『安德魯索沃停戰協定』（*Rozejm w Andruszowie*）為終。狹義上的大洪水時代，指的是瑞典對波立聯邦的入侵與占領，因此只包括第二次北方戰爭中的聯邦階段（1655-60），因此也被稱為「瑞典大洪水時代」。

[5] *pacta conventa* 是一項契約協議，起源於更早的對專制王權多所限制的「亨利國王條款」（Henry Ⅷ clause）。從1573年到1764年，「波蘭民族」與新當選的國王在「自由選舉」王位時簽訂。它宣布了國王將立即頒布的政策 該文件由選舉國王的眾議院起草。公約確認了當選國王尊重英聯邦法律的承諾，並明確了在外交政策、國家財政、武裝部隊、公共工程和其

洪茂雄（2010：37-39）將 1569-1795 的波蘭稱為「王政共和時代」，主要的特色在於國王由選舉產生、西姆（Sejm 議會）的自由否決權、及同盟（confederation）。其中「同盟」是一套古老的波蘭制度，其目的在顯示公民的基本權利，任何一群人均可共誓組成，以保護本身的權益，例如 1573 年全體西姆議員均加入「華沙同盟」（Warsaw Conferation）以維護宗教容忍原則。盧科夫斯基（Jerzy Lukowski）與扎瓦茲基（Hubert Zawadzki）將波立聯邦描述為「一個繁瑣的聯邦，而不是一個統一的國家」（a cumbersome federation than a unified state），而且他們對法律執行運動的改革似乎模稜兩可，凸顯了內部整合的困難（Wandycz, 2014: 236）。

歷史學家萬迪奇（Wandycz, 2014: 236-38）對於波立聯邦貴族共和體制的描述是：

> 貴族民主的實驗結束了，徹底失敗了。持續存在的是一個貴族國家的怨恨，儘管這個國家四分五裂，但他們仍然感到自己是一個連貫的整體，並且在其最後的歲月裡，經歷了文化和政治復興的新自豪感。

卡明斯基（Andrzej S. Kaminski）則認為，「共和國的瓜分不僅給國家帶來了死亡，而且還摧毀了僅次於英國發展最好的公民社會。」美國歷史學家羅伯特‧洛德（Robert Lord）認為波立聯邦是「自羅馬人時代以來世界上最大、最雄心勃勃的實驗」（Wandycz, 2014: 236-38）。另一名歷史學者札莫斯基（Zamoyski, 1994: 98-103）在 *The Polish Way* 一書中強調「聯邦的議會制度是歐洲最早的之一，僅次於冰島，並在法律中體現了個人自由。」不過，他也指出「儘

他領域中要制訂的政策。

管貴族民主制帶來了一些進步，但也存在許多局限性，最終導致了聯邦的衰落和滅亡。」

戴維斯（Davies, 2001: 260-68）認為，波蘭立陶宛聯邦的貴族民主制是一個雄心勃勃的實驗，試圖在一個多民族、多宗教的國家中實現貴族的自由和平等。這種制度雖然在理論上具有吸引力，但在實踐中存在許多缺陷，特別是貴族之間的內部分裂和外部勢力的干涉，導致聯邦的政治體系變得脆弱；他強調，儘管貴族民主制最終失敗，但它對波蘭和立陶宛的歷史發展產生了深遠影響，並且在某種程度上塑造了現代波蘭的政治文化。畢斯庫柏斯基（Biskupski, 2018: 13）也指出，波蘭貴族共和體制的主要設計者是扎莫伊斯基（Andrzej Zamoyski），其主要的靈感來自羅馬共和國的模式，也融合了許多波蘭長期發展出來的政治體制傳統，並保留了波蘭 16 世紀末發展起來的分權制度。

對於波蘭的半共和體制是否是導致波蘭逐漸衰弱、並為 18 世紀末被三次瓜分的主因，外界經常有不同的看法。盧科夫斯基和扎瓦茲基指出，面對充滿戰爭和國內動盪的 17 世紀時，半共和體制「在面對侵略和叛亂時表現出了爆發能量和韌性的能力」（Wandycz, 2014: 236）。波立聯邦曾締造了波蘭歷史上最強盛的時期，歷史學者范迪奇（Wandycz, 2014: 35）就曾指出，隨著雅捷隆王朝對波蘭、立陶宛、波希米亞和匈牙利的統治，歐洲出現了「有史以來最偉大的王朝領土組合」。洪茂雄（2010：51-53）在《波蘭史：譜寫悲壯樂章的民族》一書中認為，波蘭三次被瓜分，除了貴族共和體制，尤其是選王制度及自由否決權，確實導致了政府效能的低落，影響國家運作，甚至諸侯貴族地方割據，波蘭地處強權之間卻無險可守，民族宗教混雜未能妥善整合等，都是重要原因。

波蘭－立陶宛的聯邦概念（*Rzeczpospolita*），是基於古希臘和

羅馬的共和國模式。16、17世紀的政治作家經常引用或解釋亞里斯多德的「政治」(Politica)和西塞羅 (Cicero)的「共和」(De Re Publica)中的共和定義。波蘭立陶宛貴族認為混合君主制 (monarchia mixta)是一種理想的政府形式，它將君主制、貴族制和民主元素結合在一個政體中 (Koyama, 2007: 143)。因此，波立聯邦是一個以貴族為主體的共和政體(Respublica)，這樣的概念對貴族政治思想有重要意義，因此在波立聯邦，共和國被視為公民（貴族）的共同體，而非傳統意義上的國家機構。波立聯邦的貴族共和體制是一種以君主、貴族和民主三種成分混合的政體，而聯邦中的國王、參議院和下議院分別代表這三個要素，雖然對君主權力有所警惕，但仍認為君主是必要的組成部分（Grześkowiak-Krwawicz, 2011: 37-41）。紮莫斯基 (Zamoyski, 1994: 92-93)強調，貴族共和主義強調自由和權力的平衡，貴族們認為這種平衡是維持國家穩定和自由的關鍵。

波立聯邦也確立了貴族階層擁有主權的觀念，強調「沒有我們的同意就不能決定關於我們的事」的原則，貴族可以選擇國王，顯示國家屬於貴族階層。自由被視為共和國的基礎和最寶貴的特質，強調法治下的自由,但法律須由貴族自己制定，自由與自我決定權緊密相連，因而發展出貴族的「自由否決權」。卡明斯基 (Andrzej Sulima Kamiński) 則讚揚波蘭創建「公民國家」(państwo obywatelskie)的嘗試，城鎮在過程中發揮了不可忽視的作用；他認為「公民」(obywatel)一詞比「貴族」(szlachcic)一詞更恰當，甚至提醒人們，1832年之前，波立聯邦有投票權的人比英格蘭多 (Wandycz, 2014: 235)。波立聯邦的貴族共和體制，形成了一個獨特的政治文化傳統，對波立聯邦的政治制度產生深遠影響，在歐洲共和主義思想史上具有特殊地位，這個貴族共和主義模式展現了

波立聯邦獨特的政治思想傳統，雖然限於貴族階層，但在主權理論和政治制度上有其創新之處（Grześkowiak- Krwawicz, 2011: 41-45）。

貳、波蘭貴族共和體制的背景與演變

波蘭王國和立陶宛大公國在中世紀末期面臨地緣政治與共同的外部威脅，促使兩國尋求更緊密的合作。兩國在 14 世紀至 15 世紀之間面對來自北方條頓騎士團（Teutonic Knight）的侵略。條頓騎士團的目標是征服波羅的海沿岸地區並擴大其影響力。這對波蘭和立陶宛構成了重大安全挑戰。在 1410 年，波立兩國聯軍在格倫瓦德戰役（Battle of Grunewald）中打敗了條頓騎士團，顯示了雙方軍事合作的潛力。除了條頓騎士團，立陶宛大公國在東部也面臨來自莫斯科公國的壓力。隨著莫斯科勢力在 15 世紀逐漸崛起，立陶宛的東部領土頻繁遭受攻擊，這使立陶宛更需要來自波蘭的支援。而在兩國南部，鄂圖曼帝國和克里米亞韃靼人的侵擾也是波蘭和立陶宛共同面對的挑戰，這進一步促進了兩國的軍事合作。

在共同安全需求的條件下，波蘭與立陶宛的王室聯姻進一步促成兩國的結盟，尤其是 1385 年 8 月 14 日兩國簽署的『克雷沃聯盟』（Krewo Union）。克雷沃聯盟是波蘭和立陶宛之間第一次正式的結盟，波蘭王國的女王雅德薇佳（Święta Jadwiga）與立陶宛大公雅蓋沃（Jagiełło）結婚，促成了兩國王室的聯合。根據協議，立陶宛大公雅蓋沃改皈依天主教並成為波蘭國王，是為瓦迪斯瓦夫二世（Władysław II Jagiełło），聯盟的要旨在加強兩國的合作，抵禦條頓騎士團的威脅。克雷沃聯盟使波蘭和立陶宛之間的關係更加密切，兩國的軍事和政治合作日益加深。雖然波蘭和立陶宛有共同的國王，但在各自內政上仍保留相對的獨立性（Bubczyk, 2002: 23-24）。

波立聯邦是一個聯邦制國家，由波蘭王國和立陶宛大公國組成。這在當時是一個相當特殊的政治結構，它由兩個分別擁有自己的政府、貨幣、軍隊和法律系統的國家組成。這兩個政治實體在理論上是平等的夥伴，但實際上波蘭在聯邦中擁有較大的影響力。聯邦實行相對寬容的宗教政策，允許多種宗教在其領土上自由實踐，這在當時的歐洲也是相當罕見的。這種宗教自由吸引了許多不同信仰的人，包括大量的猶太人，使得聯邦成為當時歐洲最大的猶太人居住地之一。到了1572年，促成波立聯邦成立的國王西吉蒙德·奧古斯特（Zygmunt II August）逝世，雅捷隆王朝絕嗣，由於統治整個聯邦的正朔─雅蓋沃家族不復存在，因此沒有人擁有王位的合法繼承資格，於是貴族們便決定以選舉形式推舉出國王，這是波立聯邦選王制的開始，其形成的政治制度即是「貴族共和體制」（Davis, 1997: 260-61）。

波蘭貴族地位的迅速提升起源甚早，卡什米日大帝（Kazimierz the Great）死後無嗣，由他的外甥，來自匈牙利安茹王朝的路易斯（Louis of Anjou），波蘭人稱其為路德維克（Ludwik Węgierski）；路易斯於1370年11月17日在克拉科夫（Kraków）加冕為波蘭國王，之後就鮮少踏跡波蘭領土，政務全交給他的波蘭母親伊莉莎白（Władysław Elezabeth），而伊莉莎白就在波蘭貴族的襄助下治理國家，於是貴族在波蘭的國家治理中，扮演越來越重要的角色（Banaszak, et al., 1998: 30）。波蘭和立陶宛的貴族階層在聯邦形成過程中扮演了重要角色。兩國的貴族都有自身的政治利益和訴求，而這些利益在很大程度上促成了聯邦的建立。波蘭的貴族希望透過與立陶宛的結盟來確保更多的商業機會和安全保障。而立陶宛的大貴族則希望通過聯盟來鞏固自身的地位，並抵禦來自東方莫斯科的威脅。波立聯邦建立後，兩國的貴族推舉共同的國王，但各

自保留自己的法律制度、軍隊和貨幣，確保貴族階層的利益不會因聯邦的成立而被削弱（Wikipedia, 2024: Szlachta）。

共同的經濟利益也是促成波蘭與立陶宛聯合的關鍵因素。兩國在經濟上互補，形成了自然的合作需求。波蘭是歐洲重要的糧食生產國，尤其是在 16 世紀，穀物貿易成為波蘭的重要經濟支柱。波蘭貴族希望能夠藉由結盟控制立陶宛公國的貿易路線，尤其是波羅的海和黑海的貿易通道，來提升經濟利益。立陶宛擁有廣闊的森林和豐富的自然資源，並且其東部領土是通往莫斯科和東方貿易的要道。結盟有助於兩國更有效地控制這些資源並共同開拓市場。波立兩國乃於 1569 年簽署了『盧布林聯盟』，從此波蘭和立陶宛正式建立了波立聯邦，雙方從克雷沃聯盟時期的「王室聯合」提升為更緊密的「聯邦體制」。根據『盧布林聯盟』，波蘭和立陶宛仍然保留各自的軍隊、法律制度和行政機構，但兩國共推一位國王，並且擁有共同的外交政策和國會（Wikipedia, 2024: Union of Lublin）。這種體制既保留了兩國的獨立性，又實現了政治上的結合。而在此一背景下，立陶宛不得不割讓部分土地給波蘭[6]，雖然引發了一些立陶宛貴族的不滿，卻也為聯邦的統一提供了更加穩定的地理基礎。

參、內部整合失利，難以構建國族認同

波立聯邦成立之後，國境之內各種民族匯聚，成了包含波蘭人、魯塞尼亞人（今天的烏克蘭人）、白俄羅斯人、立陶宛人、日耳曼人、猶太人、亞美尼亞人、韃靼人等人的大社區，其中波蘭人

---

[6] 例如沃里尼亞（Volhynia）、波多里亞（Podole）、及烏克蘭的一些地區。

可能只占微弱的多數。而聯邦內部存在多種語言和宗教，包括波蘭語、立陶宛語、拉丁語、德語、希伯來語等，以及天主教、東正教、新教和猶太教等宗教。這種多元文化和宗教自由在當時的歐洲是相對罕見的。波立聯邦成為一個從多樣性逐漸整合而統一的巨大實驗，透過這種實驗，讓各種異質元素與波立聯邦的民族文化進行融合。然而可以肯定的是，這種民族文化僅限於精英階層，它滲透到社會意識的程度，恐怕還不到總數的十分之一，因而難以建構一種涵蓋大部分人口的民族文化共同體（Biskupski, 2018: 14）。

波立聯邦貴族共和這種體制創新，因涉及的宗教寬容問題而變得更加複雜。1572 年皇家共和國成立時，新教改革已在聯邦吸引了許多信徒，特別是貴族階層。1573 年在華沙簽署的聯盟協議，被認為是「在歐洲歷史上首次將宗教寬容原則寫入國家法律」。因此，貴族的宗教異質性至少在某種程度上導致了他們努力在法律上建立一個權力下放和宗教寬容的國家。與西歐國家不同，波立聯邦長期以來一直是一個教派多元化的國家，擁有大量的東正教人口以及不斷增長的猶太人口。而新教在功能上對波立聯邦的挑戰則不如對西歐國家的挑戰。震撼歐洲數十年的宗教戰爭從未在波立聯邦出現。這也解釋了為什麼當時的波立聯邦的愛國主義與現代的族群式民族主義（ethnic nationalism）有著根本的差異。只要國家安全允許維持寬宏的國內秩序，聯邦的宗教寬容就會持續下去（Biskupski, 2018: 15）。儘管在當今的眼光看來，這種社會上僅有少數人容忍不同基督信仰的做法，還談不上真正的寬容，但放眼當時的歐洲，華沙聯盟協議所提倡的宗教寬容已經是無與倫比了（史奈德，2023：75）。此乃波立聯邦前期興盛的主要原因。然而從瓦薩家族入主波蘭之後，其堅定的天主教會擁護者立場，使天主教會逐漸佔據主導地位，加上連年戰事失利，使波立聯邦社會逐漸

失序,因而宗教上的分歧經常引發衝突,特別是在宗教改革和反宗教改革時期,天主教與新教之間的矛盾尤為突出。

波立聯邦的經濟以農業為主,特別是大莊園制(folwark)在16世紀後期成為主導的經濟模式,主要依賴出口穀物至西歐國家,這種過度依賴單一市場的情況,在歐洲30年戰爭(1618-48)期間,歐洲市場高度動盪,因而造成聯邦穀物出口受阻,經濟受到重創。由於上述農業經濟居主導地位,導致工業發展緩慢,加上缺乏資金和技術支援,工業化在波蘭始終未能蓬勃發展。此外由於貴族不需納稅,稅收制度紊亂低效,造成農民和城鎮居民的稅收負擔沉重,國庫收入嚴重不足。許多貴族甚至透過私人擁有的港口來壟斷貿易,削弱了城市作為經濟中心的地位,導致城鎮經濟萎縮。再加上16-17世紀,聯邦經歷了多場戰爭,軍事支出壓力不斷加重,加劇了聯邦的財政負擔。聯邦內部的經濟壓力和社會不平等也加劇了民族衝突,農奴制度嚴重阻礙了經濟的發展和現代化,農民和城市居民經常受到貴族的剝削,這種社會不平等引發了多次農民起義和城市暴動。

社會經濟與宗教的不平等導致1654-67年的哥薩克起義,也稱為赫梅利尼茨基起義,是波立聯邦與烏克蘭哥薩克人之間的一場重要衝突,也是波立聯邦歷史上最嚴重的危機之一。哥薩克是波立聯邦南部邊疆(今烏克蘭地區)的自由戰士和農民,原本負責防禦邊疆並對抗鄂圖曼帝國和克里米亞汗國(Crimean Khanate)的襲擊。衝突的起因是波立聯邦政府試圖削弱哥薩克的自主權,將其軍事地位限縮,並推動將自由哥薩克重新編入農奴制度;天主教化政策引發當地東正教哥薩克和農民的不滿,特別是波蘭貴族對東正教的歧視態度加劇了緊張局勢。赫梅爾尼茨基(Bohdan Khmelnytsky)與克里米亞汗國結盟,對波蘭南部的貴族領地和軍

隊造成重創（Banaszak, et al., 1998: 48-49）。

哥薩克起義期間，波立聯邦內部出現了嚴重的政治動盪和貴族的權力鬥爭，削弱了中央政府的統治能力。衝突導致了大規模的破壞和經濟損失，農業生產和貿易也受到嚴重影響。戰爭和隨之而來的飢荒和疾病導致大量人口死亡，又進一步削弱了經濟。哥薩克起義也加劇了天主教和東正教之間的宗教衝突，導致社會更加分裂。事件之後哥薩克人獲得了一定程度的自治權，這改變了波立聯邦內部的權力結構。俄羅斯在這場衝突中獲得了大量領土，並逐漸崛起為東歐的主要強國，對波立聯邦構成了更大的威脅。反觀波立聯邦則在國際上的地位和影響力持續下降，逐漸失去了對東歐地區的控制。這些影響共同作用，使得波立聯邦在之後的幾十年內逐漸走向衰落。

肆、對外征戰連連，國力進一步削弱

在 17 世紀初，波立聯對瑞典和俄羅斯的軍事勝利，使該國在東方佔據了霸主地位，國際地位從未如此強大，但在歐洲的地緣政治處於一個相當矛盾的地位：1610 年，聯邦軍隊在庫申戰役（Battle of Kłuszyn）中擊敗俄國人，甚至佔領了克里姆林宮，儘管俄羅斯人和瑞典人屢次被擊敗，但兩國都沒有被擊垮，兩國的軍事實力反而在不斷上升中，聯邦的安全環境並非一勞永逸；此外，迅速擴張的奧圖曼土耳其帝國（Ottoman Empire），也將黑海沿岸地區視為未來擴張的地區（Biskupski, 2018: 15）。當時國王巴托利甚至曾有個「大計畫」（Grand Design）構想，擬以波立聯邦為核心，將信奉東正教的俄國征服，再將土耳其逐出巴爾幹，使整個東南歐均納入天主教世界，建立一個包含波蘭、立陶宛、匈牙利、和俄羅

斯的邦聯（洪茂雄，2010：40）。

波立聯邦與莫斯科公國的衝突主要圍繞東歐地區的領土控制和影響力擴張，包括烏克蘭、白俄羅斯和波羅的海地區。俄國沙皇伊凡四世為了控制波羅的海出海口，開啟俄國的貿易通道，乃於1558年發動立沃尼亞戰爭（Livonian War），聯邦雖在巴托利（Stefan Batory）國王的領導下擊退俄軍，仍讓俄羅斯保有部分出海口。來自瑞典瓦薩（Waza）王朝的西吉蒙德三世（Zygmunt III）被推選為聯邦國王之後，試圖利用俄羅斯「動亂時期」（Time of Troubles）的內部混亂發起的一系列軍事和政治干預，試圖將天主教擴展到東正教居主導地位的俄羅斯地區，並擴大在東歐的影響力及奪取莫斯科的控制權。1610年波立聯邦軍隊大敗俄羅斯和瑞典聯軍，隨後波軍隊進入莫斯科，西吉蒙德三世試圖讓兒子弗瓦迪斯瓦夫（Władysław）加冕為俄國沙皇；然而，波立聯邦的佔領卻也引發俄國民族主義情緒高漲，俄國民兵在1612年於庫茲馬·米寧（Kuzma Minin）和德米特里·波扎爾斯基（Dmitry Pozharsky）的領導下反攻，聯邦軍隊被逐出莫斯科。

波立聯邦與瑞典的戰爭，主要是圍繞波羅的海地區的控制權和王位繼承問題。尤其是1599年因為親天主教政策與專制傾向引發瑞典貴族的不滿，而被瑞典議會廢黜的西吉蒙德三世（Zygmunt III），一心想要奪回瑞典王位，並建立環波羅的海霸權，導致兩國長期對抗（Banaszak, et al., 1998: 46）。瑞典國王卡爾9世（Karl IX）於1600年，率軍進攻波立聯邦控制的立沃尼亞（今拉脫維亞和愛沙尼亞南部），瑞典軍隊迅速佔領多地，掌握了戰爭的主動權。1605年，波軍霍德凱維奇（Jan Karol Chodkiewicz）在基爾霍爾姆戰役（Battle of Kircholm）擊敗瑞典軍隊，削弱了瑞典在立沃尼亞的軍事優勢。然而，聯邦因內部政治問題（如貴族之間的分歧及自由否

決權的濫用）和對俄國的軍事干預（1605-18 年俄波戰爭），無法全力對付瑞典。戰爭導致了聯邦失去了對立沃尼亞北部和里加（Riga）的控制，削弱了其在波羅的海地區的影響力，也對波立聯邦的經濟造成了沉重負擔，尤其是波羅的海貿易的損失進一步削弱了國家的財政基礎。尤其波蘭無法有效動員貴族支援持久戰爭，暴露出聯邦內部貴族共和體制的弱點。

17 世紀初的連年戰爭，使聯邦的經濟和軍事力量大幅削弱，尤其是1648年爆發的赫梅爾尼茨基哥薩克起義和隨後的波俄戰爭（1654-67），聯邦的東部領土飽受摧殘，國家防禦能力嚴重不足。波立聯邦軍隊自 1648 年起在多次戰役中屢屢失利，導致中央政府面臨分裂與無力應對的困境，而瑞典的介入，更使得聯邦陷入多線作戰的困境，無法全力對抗俄國和哥薩克聯軍。波蘭於 1667 年與俄國簽訂『安德魯索沃條約』（*Andrusovo Treaty*），才結束了歷時 13 年戰爭。哥薩克起義與波俄戰爭使聯邦失去了重要的東部領土，標誌著聯邦在東歐影響力的下降；這場起義和俄國的入侵導致聯邦人口銳減、經濟崩潰，內部矛盾激化，國力持續衰退。

奧圖曼帝國自 16 世紀開始向東歐擴張，通過控制附屬的克里米亞汗國，加強了對黑海北岸的壓力，其中也包括波立聯邦領土。奧圖曼帝國希望進一步擴充其勢力範圍，削弱波立聯邦對南部邊疆的控制。在這樣的情況下，克里米亞汗國頻繁入侵聯邦的南部邊界，並進行大規模掠奪，甚至將聯邦的農村人口作為奴隸販售到奧圖曼帝國。這些襲擊造成聯邦邊疆地區的經濟和人口重大損失。1672 年，奧圖曼帝國攻佔波多里亞（Podole）地區，並迫使波立聯邦簽訂屈辱的『布查奇條約』（*Treaty of Buchach*），聯邦割讓大片領土並支付巨額貢金。隨後波立聯邦在索別斯基（Jan Sobieski）的領導下，於 1673 年的霍廷戰役（Battle of Khotyn）中大勝奧圖曼，

最終波立聯邦仍被迫承認奧圖曼對波多里亞的控制（Banaszak, et al., 1998: 50）。

霍廷戰役之後，奧圖曼帝國更進一步向中歐擴張，1683年兵臨維也納城下，威脅神聖羅馬帝國。當時已獲選為聯邦國王的索別斯基應哈布斯堡皇帝的請求，率領聯邦軍隊馳援維也納。波立聯邦、神聖羅馬帝國和威尼斯聯軍，在維也納之役中重創奧圖曼軍隊，成功解除了奧圖曼帝國對維也納的包圍（Banaszak, et al.,, 1998: 51）。儘管如此，頻繁的南部戰爭進一步削弱了聯邦的財政和軍事實力，尤其在17世紀末，波蘭已經無法與奧圖曼帝國和克里米亞汗國抗衡。戰爭也加劇了聯邦內部的宗教和民族矛盾，特別是在烏克蘭地區，聯邦對哥薩克的控制更加困難。波立聯邦在17世紀與奧斯曼帝國和克里米亞汗國的戰爭中，雖然多次成功抵禦南方的威脅，但付出了沉重的代價，導致聯邦內部進一步的分裂。

伍、貴族共和體制對波立聯邦政治發展的影響

波立聯邦貴族共和體制的核心是貴族對國家的廣泛控制。這種制度的優點在於它提供了一種民主形式，所有貴族都有權參與國王的選舉，並在各級議會中決定國家政策，這在當時的歐洲是相當進步而罕見的。貴族選舉國王的權力確保了國王的權力受到制衡，並且通過自由否決權，一個貴族就能否決整個議會的決定，這在理論上確保所有貴族的意見都被考慮到。然而，沒有任何政治制度可以單獨而完美的存在，波立聯邦的貴族民主制在當時的極為不利的內外環境中，展現出其致命的缺點。

在波立聯邦的貴族共和體制中，雖然貴族的影響力為聯邦的穩定提供了一定的基礎，尤其是在內部衝突的時候，貴族階層的合

作有助於維持國家的統一及政策的推動。然而貴族的專權也使得平民百姓,尤其是農民,長期處於社會底層,更難以參與公共事務。貴族與農民之間的矛盾、土地剝削問題以及貴族的貪婪行為加劇了社會分裂。波立聯邦時期的政治社會整合是一個充滿矛盾和挑戰的過程。儘管波蘭和立陶宛兩國在形式上實現了政治聯合,並且在貴族階層中保持了一定的共識,但由於貴族間的權力鬥爭、宗教衝突、經濟不平衡以及外部威脅的影響,聯邦的整合始終未能完全實現(Zamoyski, 1994: 102-103)。

貴族權力過度膨脹對聯邦的內政和外交產生了深遠的影響。首先在內政上導致了權力的高度分散,貴族對地方事務擁有極大的自主權,促進了地方自治和貴族階層的利益,但也削弱了中央政府的權威和效率。而在外交上,貴族選舉國王的制度使得外國勢力能夠通過支持某個候選人來影響波蘭政治,雖然有助於促進聯邦與外國的合作及結盟,但也使聯邦容易受到外國干涉和分裂。波立聯邦貴族內部就曾因不滿執政的國王揚二世・卡齊米日(Jan II Kazimierz)的政策,部分貴族甚至在瑞典入侵期間轉向支援瑞典,導致國內防禦力量進一步削弱(Banaszak, et al., 1998: 46-47)。由於貴族對國王的控制,波立聯邦的國王往往缺乏執行外交政策的自主性,處處受制於頂層貴族,因而限制了聯邦在國際舞台上的行動能力。

波立聯邦貴族共和體制中的貴族自由否決權允許任何一位出席議會的貴族對議會決議進行否決的權力。自由否決權的存在使得任何政治改革都難以實施,因為只需要一個反對者就能使整個議會的努力付諸東流。這種制度在短期內可能有助於保護貴族階級的利益,但從長遠來看,它削弱了國家的統一和發展,最終連貴族的特權都無法保障。被認為波立聯邦第一個使用自由否決權的

貴族西琴斯基（Władysław Siciński），就曾在 1669 年的議會中使用了自由否決權來阻止重要的軍事改革法案，該次事件不僅阻止了該法案的通過，還導致了議會的解散，從而暴露該制度的弱點（Wikipedia, 2024: Władysław Siciński）。這種權力的濫用導致了政府的無效率，使得聯邦在面對外部威脅時無法形成統一的應對策略，最終對波立聯邦的國際地位和主權造成了負面影響。

波立聯邦的國王選舉制也是當時一種特殊的政治設計，國王選舉制允許貴族階級通過自由選舉選出國王，而不是通過當時歐洲國家一般採用的世襲繼承。選王制的優點在於它提供了一種民主的元素，因為所有貴族都有權參與選舉過程，這在當時的歐洲是相當進步。選王制主要是為了防止了權力的過度集中，因為選舉出來的國王的權力受到了限制，因此需要貴族的支持才能執行政策。由於每位貴族都有否決權，這使得政府的決策過程變得非常緩慢和低效，除此之外，這種制度也容易導致外國勢力的干預，因為外國王室成員經常被選為波蘭國王，因而使聯邦經常捲入國際政治的爭端中。西吉蒙德三世與瑞典的王位爭奪戰，就是個明顯的例子。波蘭的國王選舉制也可能導致內部分裂，因為不同的貴族派系可能支持不同的候選人（Bubczyk, 2002: 30）。1668 年瓦薩王朝結束後，一直到 1772 年波立聯邦首次被瓜分為止，100 多年間王位更動了 7 次，在這些國王當中，除了索別斯基之外，其餘皆是強權國家的附庸（洪茂雄，2010：46）。

波立聯邦國王的選舉過程通常在全國貴族大會上進行，這是一個由所有貴族參加的開放場合。在選舉中，貴族們會集合在一個指定的地點，通常是在華沙的皇家城堡（Royal Castle）或其他重要城市的公共場域（Banaszak, et al., 1998: 44）。選舉國王期間，貴族們會討論和評估各個候選人，然後進行投票。國王候選人不必是

波蘭人，這使得許多外國王室成員也有機會被選為波蘭國王，這樣做既可以與候選人的原籍國建立聯盟，也可以保持國內貴族間的權力平衡。一旦選出新國王，他必須遵守一系列限制王權的所謂『修道院條約』，這些條約規定了國王的權力範圍，並保證了貴族的特權和自由。國王的權力相對有限，他在統治期間必須與貴族合作，並受到他們的監督。

波立聯邦選王制的影響極其深遠。它促進了政治參與和代議制的概念，這些概念後來在其他歐洲國家和美國的政治制度中得到了發展。然而，它也顯示了民主制度在缺乏有效的決策機制和權力平衡時可能面臨的問題。最終，這種制度未能防止波立聯邦的衰落和最終的被瓜分。在許多方面，波立聯邦的選王制可以被視為是一個實驗，它試圖在君主制和共和制之間找到一種平衡，雖然最終未能持續，但它對後來的政治思想和制度設計產生了影響。波立聯邦選王制是研究歐洲政治發展不可或缺的一部分，它也深具警世效果，即使是最具創新性的政治制度也需要整個大環境的配合，並且需要經過不斷的評估和改進，以應對不斷變化的政治和社會需求。

陸、波立聯邦貴族共和體制的政治危機

波立聯邦的貴族雖然擁有高度的自治權，但他們之間的利益和權力爭奪導致頻繁的內部分裂。由於國王選舉過程經常被金錢和外國勢力操控，貴族往往成為外國代理人，投票給受外國支援的候選人。這使得國王無法獨立施政，國家政策常常被外國勢力左右。貴族的鬥爭不僅限於政治議會，還常常演變成軍事衝突。內戰進一步削弱了國家的整體力量，加上國王經常是強權的傀儡，使波立聯邦難以對抗外部侵略。各貴族派系不斷爭奪對國王、議會和地

方權力的控制,他們經常互相發動武裝衝突,導致內戰和社會動盪。而貴族在地方擁有廣泛的自主權,也使中央政府無力統一調動資源。在這樣的情況下,波立聯邦實際上成為一個權力分散、缺乏有效中央控制的鬆散邦聯,進一步加劇了聯邦內部政治的不穩定性。

　　18 世紀波立聯邦的貴族共和體制使得貴族壟斷國家的經濟體系,因此對國家經濟產生了深遠的影響。貴族大量擁有土地,卻拒絕進行任何形式的土地改革或徵收更多的稅收。他們擁有的廣大莊園是經濟的核心,但缺乏有效的現代化管理。這導致經濟增長停滯,財政危機加劇。由於貴族掌握大部分財富和土地,他們對土地的管理往往追求短期利益,忽視了長期的土地改良和農業生產力的提升,導致波蘭社會出現嚴重的貧富差距,農民無法獲得土地或政治權利,更導致社會動盪。同時,農奴制的存在使得農民缺乏改善生產條件和提高生產效率的動力,這進一步加劇了農業生產的低效率。基於貴族的自由否決權,政府很難實施迫切的經濟改革,因而導致了經濟發展的停滯(Orvis, 1916: 168-71)。

　　在工業和商業方面,貴族共和體制也未能有效支持這些領域的發展。貴族的特權阻礙了商業法規和貿易政策的制定,貴族對貿易的控制和保護主義政策限制了市場的開放和競爭,更阻礙了商業創新和經濟多元化。由於政治權力的分散和缺乏中央集權的政策支持,波蘭未能建立起強大的國家支持的工業基礎。在國際貿易方面,波蘭的地理位置使其成為東西貿易的樞紐,但政治體制的弱點限制了其在國際貿易中的角色。波蘭貴族對外貿的控制和對內的經濟政策不確定性,使得國際商人對於與波蘭進行長期貿易投資持謹慎態度。這不僅影響了波蘭的出口潛力,也限制了其從國際貿易中獲得更多利益的能力。

　　貴族民主制度還影響了法律制度的發展。由於貴族階級控制

了立法機關,法律往往反映了貴族的利益,而非廣大人民的需求。這種情況在司法實踐中也有所體現,貴族可以根據自己的意願和利益來解釋和應用法律,這對法律的公正性和一致性造成嚴重的影響。由於貴族更關注於保護自己的特權而非國家的整體利益,聯邦的軍事力量也因為貴族的私人軍隊而分散,缺乏中央集權的指揮系統。這種分裂的政治環境使得聯邦無法有效抵抗外來的侵略,如17世紀中期的洪禍和俄羅斯的侵略(Lukowski, 1985: 561-62)。波蘭的宗教寬容也受到了挑戰,因為天主教會試圖鞏固其在波蘭的影響力,這導致了對新教徒和東正教徒的迫害(洪茂雄,2010:44-45)。這種宗教上的壓迫加劇了社會的不滿和分裂,特別是在東部邊境地區,這些地區的居民多為東正教徒,他們對聯邦政府的波蘭化政策感到不滿(Wikipedia, 2004: Royal elections in Poland)。

波蘭的貴族民主制度還導致了對外關係的不穩定性。由於貴族們各自為政,他們往往根據個人利益而非國家利益來決定外交政策,這種分散的權力結構使得聯邦無法有效地與其他國家進行長期穩定的外交合作。波立聯邦的外交政策多變且不連貫,這在很大程度上削弱了波蘭與其他歐洲大國的關係,並限制了其在國際事務中的影響力(Banaszak, et al., 1998: 58-59)。17世紀末至18世紀,聯邦的內部矛盾加劇,外部列強的壓力也在增加。波蘭遭到強鄰干涉內政的原因很多,涉及歷史、地緣政治、經濟利益和國際法律等複雜因素。從歷史角度來看,波蘭地處歐洲中心,與多個大國接壤,其政治穩定性對周邊國家有重要影響。此外聯邦的經濟資源和戰略位置也吸引了其他國家的關注,這些國家試圖通過干涉波蘭內政來擴大自己的影響力。地緣政治上,波蘭與俄羅斯、普魯士和奧地利等國家的關係複雜,這些國家為了自身的安全和擴張需要,經常試圖控制或分割波蘭(Orvis, 1916: 187-89)。

18世紀中葉以後，凱薩琳女皇（Tsarina Katherine）治下的俄羅斯在與奧圖曼帝國的戰爭中逐漸擴大勢力，使得奧地利和普魯士等歐洲其他國家對俄羅斯的擴張感到擔憂，波立聯邦遂成為他們調整權力平衡的地區。奧地利和普魯士這兩個日耳曼強權也在東歐爭奪影響力。波立聯邦脆弱的局勢為他們提供了介入的機會。18世紀的啟蒙思想鼓勵政治改革和中央集權，貴族共和體制的波立聯邦猶如一盤散沙，在歐洲強國的中央集權趨勢中顯得愈發落伍，鄰國甚至認為瓜分波蘭是一種「文明的解決方式」（Bubczyk, 2002: 40-41）。波立聯邦在索別斯基之後的國王選任，基本上已經完全受制於俄、法、普、奧等諸強權的意志，當時大多數的貴族仍然傲慢自大且保守貪腐，堅決抗拒改革。1717年聯邦的西姆議會在俄軍的包圍下，宣示通過議案，對本國的財政軍事自我設限，全盤接受俄國的宰制。在這種情況之下，等在波蘭前方的，就只剩下被瓜分的命運了。

柒、結論

　　波蘭立陶宛聯邦的半共和體制是一個在當時的歐洲極為罕見的政體，將共和與君主制相結合，貴族擁有相當大的權力和影響力。形成這種獨特政治體制的背景，主要是因為波蘭與立陶宛的貴族，為了當時兩國的國家安全與經濟發展，所進行的一種政治聯盟。波蘭貴族的擴權由來已久，遠早於波立聯邦的成立，且波蘭在西元966年就已經進入西方文明體系，因此兩國結盟後，主要是波蘭的政治體制、經濟模式、社會生活、與宗教文化等大量進入立陶宛，由於當時立陶宛仍是異教徒國家，境內也有眾多的東正教徒，導致兩國在各種面相上的整合上都非常困難，於是波立聯邦的

貴族共和體制，在越來越分裂的政治社會中，貴族越來越以私立為重，置國家的利益於度外，波蘭也因此逐步走向貴族之間的殘酷鬥爭，並有越來越多的貴族與外國勢力勾結。18 世紀分崩離析的波蘭，正好成了歐洲逐漸崛起的強權俄羅斯、普魯士及奧地利等三國眼中的肥肉。

至於 18 世紀波立聯邦被三次瓜分，其背後的原因相當錯綜複雜，貴族共和體制雖扮演了重要的角色，然若謂貴族共和體制直接導致了波蘭三次被瓜分仍非公允。波立聯邦的民族構成相當多元，宗教派別林立，社會結構複雜，凡此種種都導致波蘭內部整合的困難，使其無法發展出一個高度認同的社會。再加上對外征戰連連，國力不斷耗損。波立聯邦成立的背景主要是為了應付強鄰環伺的環境，聯盟成立之後，這樣的國際環境並未改變，甚至長期陷入與瑞典、俄羅斯、及奧圖曼帝國的軍事衝突。貴族共和時期因貴族爭權奪利導致的內耗，影響了波蘭的發展與改革，對照俄羅斯、普魯士、奧地利國力的不斷提升，聯邦極為重要的地緣戰地位，反而成了列強滲透及侵略的主要原因。

波立聯邦的貴族共和體制以貴族對國家的廣泛控製為核心，這種制度在當時提供了一定的民主元素，特別是在選舉國王和貴族享有自由否決權方面。然而，這一體制在實施過程中也暴露出多種缺陷，尤其是在內外不利環境的挑戰下。貴族之間的權力鬥爭、宗教衝突、經濟不平衡以及外部威脅使聯邦的政治社會整合困難，雖然形式上實現了波蘭和立陶宛的聯合，但始終未能完全實現穩定與發展。聯邦的選王制原本意在防止權力過度集中，然而，外國勢力的介入和貴族內部分裂使得這一制度無法有效運作。最終，這種制度的缺陷在聯邦面對外部威脅時未能有效凝聚國家力量，並導致聯邦的衰落。波立聯邦的貴族共和體制雖然在某些方面具有

創新性，促進了政治參與，但在內外環境艱困的情況系，這套體制缺乏有效的決策機制和權力平衡的弱點一覽無遺，雖在聯邦被完全瓜分前曾嗅到一絲改革的契機，但為時已晚。

參考文獻

史奈德，提摩希（盧靜、廖珮杏、劉維人譯），2023。《民族重建：東歐國家克服歷史考驗的旅程》。新北：衛城出版。

洪茂雄，2020。《波蘭史：譜寫悲壯樂章的民族》。台北：三民書局。

Banaszak, Dariusz, Tomasz Biber, Maciej Leszczyński, and Richard Brzezinski. 1998. *An Illustrated History of Poland*. Poznan: Wydawnictwo Podsiedlik-Raniowski & Co.

Biskupski, Mieczysław B. 2018. *The History of Poland*. Westport, Conn.: Greenwood.

Bubczyk, Robert. 2002. *A History of Poland in Outline*. Lublin: Maria Curie-Sklodowska University Press.

Davies, Norman. 2001. *Heart of Europe: The Past in Poland's Present*. New York: Oxford University Press.

Grześkowiak-Krwawicz, Anna. 2011. "Noble Republicanism in the Polish-Lithuanian Commonwealth: An Attempt at Description." *Acta Poloniae Historica*, Vol. 103, pp. 31-65.

Koyama, Satoshi. 2007. "The Polish-Lithuanian Commonwealth as a Political Space: Its Unity and Complexity," in Tadayuki Hayashi, and Fukuda Hiroshi, eds. *Regions in Central and Eastern Europe: Past and Present,* pp. 137-53. Sapporo: Hokkaido University, Slavic Research Center.

Lukowski, Jerzy T. 1985. "Towards Partition: Polish Magnates and Russian Intervention in Poland during the Early Reign of Stanislaw August Poniatowski." *Historical Journal,* Vol. 28, No. 3. pp. 557-74.

Orvis, Julia Swift. 1916. *A Brief History of Poland*. Boston: Houghton Mifflin Co.

Wandycz, Piotr. 2014. "Reviews of Short History of Poland." *Acta Poloniae Historica*, Vol. 109, pp. 233-48.

Wikipedia. 2024. "Władysław Siciński." (https://en.wikipedia.org/wiki/Władysław_Siciński) (2024/9/8)

Wikipedia. 2024. "Szlachta." (https://en.wikipedia.org/wiki/Szlachta) (2024/9/9)

Wikipedia. 2024. "Union of Lublin." (https://en.wikipedia.org/wiki/Union_of_Lublin) (2024/9/9)

Wikipedia. 2024. "Royal Elections in Poland." (https://en.wikipedia.org/wiki/Royal_elections_in_Poland) (2024/9/12)

Zamoyski, Adam. 1994. *The Polish Way: A Thousand-year History of the Poles and Their Culture*. New York: Hippocrene Books.

波蘭的國族打造

謝國斌
國立雲林科技大學通識教育中心兼任教授

壹、當代波蘭的族群組成

根據美國中央情報局資料（CIA, 2024a），2024年波蘭總人口約3,874萬人。其中波蘭族（Polish[1]）高達96.9%，最大少數族群為分布在波蘭南部的西利西亞人（Silesian），佔總人口約1.1%，另外有德裔（German）（0.2%）、烏克蘭裔（Ukrainian[2]）（0.1%），以及合計約1.7%的其他族群。在語言方面，98.2%的人以波蘭語為母語，而宗教方面也有高達84.6%的人為天主教徒。從族群、語言、

---

[1] Polish 一詞有名詞與形容詞兩種詞性，可以翻譯成「波蘭語」或「波蘭的」，若是名詞通常是指涉國籍上的波蘭人。然而此處引文翻譯成「波蘭族」的原因是，在 CIA 詞條裡放在「族群」（ethnic groups）類別，並標示「Polish 96.9%」。因此，據此情境將之翻譯成「波蘭族」。其實，本文也在後續內容裡使用另一個詞 Poles，可以翻譯成「波蘭人」或「波蘭族」，在 CIA 的詞條裡將之置於「國籍」（nationality）類別，然而在其他文獻裡 Poles 則多指涉民族類別，排除具備波蘭籍的非波蘭公民，並包含不具波蘭國籍的波蘭族人（例如 Dabrowski, 2014）。綜言之，本文會把 Polish 視為國籍上的波蘭人，而 Poles 則指涉族群/民族上的波蘭族，然而若涉及文獻上的翻譯，則依據情境作適當之調整。

[2] 根據 CIA 詞條，在「族群」（ethnic groups）類別使用 German 與 Ukrainian，其意義顯然是指族群上而非國籍上的德國人或烏克蘭人。為了避免混淆，此處將之翻譯成「德國裔」或「烏克蘭裔」。然而，當行文較無疑義時，本文還是會視情境交互使用「族」、「裔」、「人」等詞彙來指涉不同族群的人。

宗教等方面來檢視，波蘭毫無疑問就是一個以波蘭族為主體，講波蘭語並信奉天主教的國家。與其他歐洲國家相較，波蘭堪稱是族群同質性最高的國家[3]，也幾乎可視為理論上的單一族群國家[4]。

從波蘭的高度族群同質性來看，當代波蘭並沒有明顯的族群政治議題。不過，即使如此，波蘭仍於『1997年憲法』(Constitution of The Republic of Poland, 1997)明白宣示對少數族群的保護，第35條規定：

---

[3] 政治學者李帕特（Lijphart, 1993）於1980年代曾經做過21個持久性民主國家的比較研究，除了美國、加拿大、澳洲、紐西蘭、以色列、日本之外，其餘皆屬歐洲國家。李帕特依照社會同質性高的高低來將國家進行分類，認為同質性高的國家比較適合採行多數決民主（majoritarian model），而社會異質性較高的國家則適合採行共識民主（consensus model）。其中瑞士、比利時、荷蘭被歸為多元分歧的國家，芬蘭、法國、德國等則被歸類為準多元分歧的國家，而丹麥、冰島、挪威、瑞典、愛爾蘭、英國等國則被歸類為非多元分歧的國家。非分歧國家意味著在宗教、語言上有很高的同質性。為了比較各國情形，作者檢索了美國中央情報局 The World Factbook 網站資料，在李帕特所分類的非多元分歧國家裡，各國主要族群比例（見括號內容）分別是：丹麥（Danish 84.5%）、冰島（Icelandic 78.7%）、挪威（Norwegian 81.5%）、瑞典（Swedish 79.6%）、愛爾蘭（Irish 76.6%）、英國（white 87.2%）。至於波蘭的鄰國主要族群組成情形分別是：德國（German 85.4%）、立陶宛（Lithuanian 84.6%）、白俄羅斯（Belarusian 83.7%）、烏克蘭（Ukrainian 77.8%）、斯洛伐克（Slovak 83.8%）、捷克（Czech 57.3%）。除了波蘭之外，葡萄牙也是歐洲族群同質性頗高的國家，葡萄牙族人（Portuguese）數高達95%，但仍低於波蘭的比例（CIA, 2024b）。

[4] 在人口流動頻繁的全球化時代，多數國家的人口組成都具備多族群型態。然而，每個國家的族群人口組成狀況迥異，從優勢與少數族群的觀點來看，有些國家的多數族群佔有壓倒性的多數，堪稱理論上的單一族群國家，例如日本大和民族占比達98.5%，即使有少數族群的存在，也被普遍視為單一族群國家（Lie, 2006: 117）。同理可證，波蘭的波蘭族高達96.9%，甚至以母語使用者來分類更高達98.2%（CIA, 2024a），幾乎等同於單一族群國家。

波蘭共和國保證少數民族或少數族群[5]的波蘭公民享有保持和發展其自身語言、保持風俗和傳統以及發展其自身文化的自由。」「少數民族及少數族群有權建立教育機關、文化機關和旨在保護宗教認同的機構,並有權參與解決關係其文化認同的事務。

此外,波蘭於 2004 年成為歐盟成員國,並於 2009 年批准歐盟的『歐洲區域或少數族群語言憲章』(*European Charter for Regional or Minority Languages, 1992*)[6]。根據此憲章第 3 條第 1 款聲明,

---

[5] 在『波蘭憲法』裡,其英文版原文為:「The Republic of Poland shall ensure Polish citizens belonging to national or ethnic minorities the freedom to maintain and develop their own language, to maintain customs and traditions, and to develop their own culture」。波蘭憲法特別區分「少數民族」(national minorities)與「少數族群」(ethnic minorities)的差異。在學術上,族群(ethnicity)、民族(nation)、種族(race)皆屬不同的概念,但也都存有相似之處。基本上,種族指涉外顯的生理特徵,例如膚色或五官特徵等;而族群則指涉文化特徵,例如語言或宗教差異等。至於民族則具有政治與情感意涵,與國家的建構有關,成分可包含種族與族群類別(謝國斌,2013)。在歐洲的情境裡,族群是一個比較大的概念,可以指涉種族、民族上的差異,而民族則是一個較狹隘的概念。一國境內的「少數族群」泛指在文化上與主流族群不一樣的群體,到了他國可能還是少數族群,因為他們並沒有自己的國家,例如吉普賽人。然而,一國之內的少數族群若有境外的母國,也就是說該族群在一國境內是少數族群,但換到他國情境則變成他國的主流族群,此時則成為歐洲情境裡的「少數民族」。例如,波蘭境內的烏克蘭裔為波蘭的少數族群/民族,然而在烏克蘭則是烏克蘭的主流族群。因此,在波蘭的『憲法』裡以及往後所提及的『歐洲區域或少數族群語言憲章』,「少數民族」與「少數族群」乃依此定義來做區分。除了這兩個法律上的用詞之外,本文行文將以少數族群或族群來通稱。

[6] 『歐洲區域或少數族群語言憲章』(歐洲條約系列第 148 號)是一份旨在保護和促進歐洲區域或少數族群族語言的國際條約,由歐洲理事會會員國於 1992 年 11 月 5 日在斯特拉斯堡(Strasbourg)簽署。該憲章包含三大部分:第一部分概述了憲章的目標和原則,強調了區域或少數族群語言作為文化財富的價值,並認可個人在私人和公共生活中使用這些語言的權利。第二部分詳細說明了各締約國對區域或少數族群語言的承諾,涵蓋教育、

在憲章的意義內，波蘭羅列出 15 種受憲章保護的少數族群語言（minorities languages），包括：白俄羅斯語、捷克語、希伯來語、意第緒語、卡拉伊姆語（Karaim）、卡舒比語（Kashub）、立陶宛語、萊姆科語（Lemko）、德語、亞美尼亞語、羅姆語（Romani）、俄語、斯洛伐克語、韃靼語（Tatar）和烏克蘭語。在這些受保護的少數語言裡，根據憲章定義[7]，又可分類為四類。（1）區域語言（regional languages）：有卡舒比語，分布在波蘭北部。（2）少數民族語言（national minorities languages）：包括白俄羅斯語、捷克語、希伯來語、意第緒語、立陶宛語、德語、亞美尼亞語、俄語、斯洛伐克語和烏克蘭語。（3）少數族群語言（ethnic minorities languages）：包括卡拉伊姆語、萊姆科語、羅姆語和韃靼語。（4）非地域性語言（non-territorial languages）：包括希伯來語、意第緒語、卡拉伊姆語、亞美尼亞語和羅姆語（Treaty Office, n.d.）。

---

[7] 司法、行政、媒體、文化和經濟社會生活等方面。第三部分規定了憲章的執行方式，包括定期報告、專家委員會的審查和申訴程序等。憲章旨在透過協調各國的努力，建立一個尊重語言多樣性和文化多元的歐洲社會。『歐洲區域或少數族群語言憲章』第 1 條明白定義：a.「區域或少數族群語言指的是：i. 傳統上由該國國民在該國特定領土內使用，這些國民形成的群體在數量上少於該國其他人口；並且 ii. 與該國的官方語言不同；它不包括該國官方語言的方言或移民的語言。」b.「『使用區域或少數族群語言的地區』是指該語言作為一定數量的人表達方式的地理區域，這些人數量足以證明採取本憲章所規定的各種保護和促進措施的合理性；」c.「『非地域性語言』是指由該國國民使用的語言，這些語言與該國其他人口使用的語言不同，但雖然傳統上在該國領土內使用，但非在特定區域內。」而前述分布在波蘭南部的西利西亞語並不在列表內，近來雖然波蘭國會已經認定其為地方語言，但被總統否決（Tilles, 2024），因此截至目前該語言仍被視為波蘭語的方言，因此不被納入列表。

貳、波蘭的族群歷史：誰是波蘭人？

當代波蘭的高度族群同質性是二次大戰期間種族清洗以及戰後國界重劃之後的結果。從歷史觀之，舊時的波蘭無論在領土分布與人口組成都與今日波蘭大異其趣，甚至在整個 19 世紀世界上並無波蘭這個國家，波蘭直接消失在世界地圖上。因此，「波蘭是一個甚麼樣的國家」（What Poland?）、「波蘭人是誰」（What Poles?）不但是歷史學家眼中之謎，更是當代波蘭國族打造[8]辯論的重點（Dabrowski, 2014）。

波蘭從西元 10 世紀開始出現在歐洲歷史的舞台，由皮雅斯特王朝（Piast Dynasty, 960-1385）建立第一個政體，也成為歐洲的一員。之後的波蘭領土往東、往南拓展，乃至於後來與立陶宛結盟，形成蓋隆雅王朝（Jagellonian Dynasty, 1386-1572）[9]。波蘭—立陶宛間的結盟[10]從原先的人治聯姻（personal union），後來於 1569 年

---

[8] 「國族打造」翻譯自英文的 nation-building 一詞，也可以翻譯成「民族打造」、「民族塑造」。國族打造與民族主義（nationalism）有相似之處，都是在塑造一國人民之共同情感，以尋求國家/民族的凝聚團結。雖然「國族」與「民族」有高度相似之處，英文也都以 nation 為之。然而英文的 nation 在中文除了是「民族」之外，也可以翻譯成「國家」，因此在語言的轉換之際，吾人認為「國族」與「民族」仍有區別之必要。「國族」具備略大的格局，目的在形塑國家認同與團結，具備跨族群/民族的概念；而「民族」與「民族主義」則略為偏狹，常侷限在特定民族。然而，此等細微之差異恐不易三言兩語道盡，讀者若仍覺得有疑問不妨將之視為非常接近的同義詞來理解，不必太拘泥於細節。就作者行文而言，仍會視最佳情境使用較適合的詞彙。

[9] 此王朝於 1364 年創立於克拉科夫的蓋隆雅大學（Jagellonian University），是波蘭第一 所大學，創立時間比日耳曼人第一所大學維也納大學（創立於 1365 年）還早一年，成為西斯拉夫民族的驕傲，而著名天文學家哥白尼即是出身於這所大學（洪茂雄，2022: 38）。

[10] 立陶宛與波蘭的結盟有其歷史因素，主要與東羅馬帝國衰亡後政治和宗教

透過『盧布林條約』(Treaty of Lublin)的簽訂，兩者正式結合成立波蘭－立陶宛聯邦（Poland-Lithuania Commonwealth, 1569-1795，以下簡稱波立聯邦），國勢強盛一度躍升為歐洲強權，甚至因地緣政治而成為歐洲的核心（Dabrowski, 2014）。

然而，波立聯邦逐漸衰弱，終究於 1795 年慘遭普魯士、奧地利、俄羅斯等三國瓜分，消失在歐洲的地圖上超過一百年，直到一次大戰結束後於 1918 年復國，建立了波蘭第二共和（1918-1939）。但旋即又在二次大戰期間遭逢希特勒與史達林的瓜分而再度短暫亡國（1939-45），到了二次大戰結束之後才再次復國，在戰勝國與戰敗國之間的討價還價，波蘭喪失東部大片領土與人口，失土成為戰勝國蘇聯的一部分（領土分布在今日立陶宛、白俄羅斯、烏克蘭境內），並從戰敗的德國中獲得部分土地與人口的補償，型塑出當代波蘭的樣貌。冷戰時期的波蘭成為蘇聯共黨陣營的一員，最後於 1989 年趁著民主化的浪潮與蘇聯的衰弱，轉型為民主國家，建立波蘭第三共和，並重新定位與蘇聯（後來的俄羅斯）與歐洲之間的關係（Fedorowicz, 2008; Snyder, 2023）。

從歷史來看，歷史上的波蘭無論在領土與人口組成上都處於變動的狀態，歷史學家 Dabrowski（2014: preface）直言：「波蘭沒有任何一塊領土自古以來就一直是該國的一部分，而誰是波蘭人

權力由俄羅斯接手有關。15 世紀的立陶宛統治範圍涵蓋大量東正教徒和舊基輔羅斯領域，立陶宛甚至被視為「羅斯人的王國」。不過，隨著 1453 年君士坦丁堡的陷落，東羅馬帝國滅亡，莫斯科大公國乘勢接收了東羅馬帝國的權力真空，包含政治與宗教層面，儼然成為東正教新中心和第三羅馬，並且宣稱自己才是基輔羅斯的繼承者。此舉與立陶宛的統治合法性產生衝突，迫使立陶宛必須更緊密地與波蘭結盟，以便能和崛起的俄羅斯抗衡，即使許多立陶宛貴族在血緣、政治立場和宗教信仰雖與波蘭貴族不同（Snyder, 2023: 24）。

也不是一成不變的概念。」(Not only—amazingly—is there no single piece of territory that has been part of a Polish state through-out the country's entire history. The very definition of who is a Pole has not been constant either.) 換言之，今日波蘭的領土與人口樣貌與過去差異甚大。如前所述，當代波蘭人口有 96.9%的波蘭族，98.2%的人以波蘭語為母語，84.6%的人為天主教徒（CIA, 2024a），然而在 1493 年的波蘭—立陶宛聯盟時期，當時估計總人口約 750 萬人，其中有波蘭人（Poles）有 325 萬人（佔總人口 43.3%），盧塞尼亞人[11]（Ruthenians）有 375 萬人，以及 50 萬的立陶宛人（Lithuanians）（Pogonowski, 1987）。在波立聯邦時期，當時的族群組成除了波蘭人之外，也包含了立陶宛人、日耳曼人、烏克蘭人、白俄羅斯人、猶太人、韃靼人等，在宗教上更兼融了天主教、東正教、猶太教等（Dabrowski, 2014; Snyder, 2023）。

若論及民族屬性之波蘭性（Polishness），波蘭的國族建構在不同時期有不同的定義（Zubrzycki, 2002: 289），今日人們會以語言、宗教、文化等層面來定義，然而在波立聯邦時期「貴族地位」更是界定是否具備波蘭公民身分的指標，到了 18 世紀整個波蘭民族基本上由貴族建構，至於廣大的農民則被排除在波蘭性之外（Dabrowski, 2014; Zubrzycki, 2002; Gospodarczyk, 2024）。傳統的波蘭歷史敘事主要圍繞著貴族和知識分子，而農民則在文化和政治權力等方面都被邊緣化，被視為缺乏文化和政治意識。整體而言，波蘭歷史上的農民是被遺忘的，原因包括語言上的貶抑、貴族中心主義的歷史觀，以及貴族在文化和政治上的主導地位等

---

[11] 泛指今日的東斯拉夫民族，包含白俄羅斯人、烏克蘭人、盧森尼亞人（Rusyns）等。

（Gospodarczyk, 2024）。

　　1795 年波蘭亡國之後的一百多年，世界上不存在國籍上的波蘭人，僅剩族群上的波蘭人。這一百多年的亡國恨，讓當時的波蘭民族運動領袖與知識分子重新定義誰是波蘭人，波蘭民族逐漸沿著文化與宗教的類別建構，慢慢族群化，血緣、語言和宗教取代貴族身分，成為界定波蘭人的最重要指標（Zubrzycki, 2002）。例如，波蘭人引以為傲的民族英雄蕭邦（Fryderyk Franciszek Chopin, 1810-49）與居禮夫人（Maria Skłodowska-Curie, 1867-1934），他們雖然都在波蘭故土出生，但是當時的波蘭已經亡國，兩者的故鄉都屬俄羅斯的統治範圍，之後兩者也都離開故鄉移民法國（Tapon, 2022）。另外，率領波蘭於 1918 年復國並建立第二共和的畢蘇斯基（Józef Klemens Piłsudski, 1867-1935），他被尊稱為現代波蘭的國父，然而他的出生地卻在今日立陶宛的扎拉瓦斯（Zalavas），雖然此地曾屬波立聯邦領土，但畢蘇斯基出生之時當地已經淪為俄羅斯的統治區域，而 1918 年復國時也未能將此處納入版圖，為當時立陶宛國的領土，而今日持續為立陶宛的一部分（Zimmerman, 2023）。

　　如前所述，今日波蘭高度族群同質性是二次大戰期間與之後的產物。在波蘭第二共和時期，波蘭領土面積達 389,720 平方公里，比今日波蘭的 312,696 平方公里多出 77,024 平方公里，足足超過兩個台灣面積的大小。在人口組成方面，1931 年的波蘭總人口已超過 3 千萬，其中波蘭人僅有 68.9%，其餘三分之一人口為少數族群，包含：烏克蘭人（占 13.9%），猶太人（占 8.7%），白俄羅斯人（占 3.1%），日耳曼人（占 2.3%），另外還有立陶宛人、俄羅斯人、捷克人等（Kershaw, 2023）。二次大戰德國納粹入侵期間，殘酷的種族清洗劇烈地改變了波蘭的人口結構，納粹除了屠殺大量的猶太人之外（此舉導致後來波蘭的猶太人銳減），對於波蘭人

與羅姆人（吉普賽人）以及其他斯拉夫民族也痛下殺手，據統計德軍至少謀殺 1,500 萬人（Keegan, 2006）。二戰結束之後，重生的波蘭領土被大幅重劃，東邊喪失了大量的領土歸給蘇聯，其中包含大量的烏克蘭人、白俄羅斯人與立陶宛人，在當時成為蘇聯的國民，而今日則各自成為各獨立國家的人。領土與人口大幅縮水的波蘭從戰敗國德國獲得部分領土的補償，而擔心遭受波蘭報復的德國人不得不逃回德國，時至今日德裔人口僅剩下 0.2%（Dabrowski, 2014; Tapon, 2022; Snyder, 2023）。

參、波蘭的國族打造：恢復歷史光榮還是維持現狀？

國族打造是國家的自我定位，告訴國人也告訴他者「我們是誰」或者「我們不是誰」。宗教和語言是民族國家發展史上最重要的兩個指標，透過語言和宗教的差異來凝聚內部以及區辨「他者」。若是後殖民國家或是曾經淪為強權附庸者，透過「解殖」（decolonize）也可區辨「我是誰」或「我不是誰」。此外，對於具備悠久歷史的國家而言，若能從文化與遠古歷史汲取養分，其成效會更顯著，可以建構「我們是誰的繼承人」（謝國斌，2024）。

波蘭有悠久的歷史，有輝煌的時刻，也有慘澹的一頁，學者喻之為「譜寫悲壯樂章的民族」（洪茂雄，2022）。在歷史光榮面上，波立聯邦時期的波蘭曾經是當時歐洲的強權國家之一，領土廣袤、人口眾多，在地理位置上有成為歐洲中原地區的雄心壯志（Dabrowski, 2014）。然而，成也地理位置敗也地理位置，廣闊的平原，左鄰德國右通俄羅斯，逐漸衰弱之後的波蘭遭受左右強鄰的夾擊，數度遭到瓜分，甚至面臨亡國的命運。1918 年一次大戰之後有幸復國，但二戰期間再度淪亡。二戰後雖然再度復國，但領土

大小僅剩戰前的八成左右，而政治上又淪為蘇聯的附庸，失去主權國家的自主性。

觀諸歷史，多數國家都曾經歷過領土的變化，無論是擴張或是縮減，都可以成為動員民族主義的精神力量。緬懷光榮的歷史或記取歷史的卑屈有助於凝聚內部團結，也可以提升民族自信心，對於小國而言其實無傷大雅，例如當代的柬埔寨無論在國旗或國歌都有緬懷高棉帝國的情結（謝國斌，2023）。然而，若是當代大國，例如俄羅斯、中國等，則會令周邊國家感到不安，尤其宣稱某地自古以來即是自己國家不可分割的一部分時，可說是令人毛骨悚然。例如，俄羅斯宣稱烏克蘭是小俄羅斯（謝國斌，2015），是俄羅斯自古以來不可分割的領土（壹蘋新聞網，2024/2/2）；而中國則宣稱台灣是中國自古以來不可分割的領土，並且試圖以共同祖先血緣論形塑命定的概念。

回到波蘭，歷史上的波蘭有光榮也有悲痛。一次大戰期間波蘭準備復國之時，波蘭的民族主義其實分成兩派，分別由畢蘇斯基和德莫夫斯基（Roman Stanisław Dmowski, 1864-1939）兩人領導。畢蘇斯基醉心於恢復波立聯邦的版圖，甚至夢想建立介於波羅的海、黑海、以及亞得里亞海之間的海間聯盟（Intermarium），重建多元族群的波蘭。波蘭於1918年復國，建立第二共和，當時的波蘭族群組成與今日大不同，其中有三分之一人口並非波蘭人，而是包含猶太人、烏克蘭人、白俄羅斯人、立陶宛人等其他民族成員，因此基於務實考量，畢蘇斯基放棄民族同化政策（national assimilation），而採取國家化政策（state assimilation），並且採取公民民族主義（civic nationalism），在文化上尊重其他族群的存在，只求在政治上效忠波蘭即可（Zimmerman, 2004: 166），畢竟這也是舊時波立聯邦的族群樣態。

畢蘇斯基在外交方面著力頗深，周旋於英、法、美、俄羅斯、德國、奧匈之間。前三者非波蘭故土的當事者，但基於國際局勢的權力平衡，自然無法苟同此方案。至於後三者則屬瓜分波蘭故土的當事者，一次大戰期間俄羅斯與德奧又屬敵對陣營，畢蘇斯基在不同時期押寶於不同陣營（洪茂雄，2022；Zimmerman, 2023）。1918年波蘭復國，從戰敗國德國與奧匈取回大部分失土，但與戰勝國俄羅斯（其後蘇聯）則持續有領土爭議，歷經戰爭後才確定領土。整體而言，在畢蘇斯基眼中，俄羅斯為波蘭的主要敵人，一方面因為他的家鄉曾淪為俄羅斯領土，自己親身體驗過俄國的殖民統治，也因為反對運動曾經被捕入獄。此外，站在民族大業上，俄羅斯從波蘭瓜分走最多的土地（Zimmerman, 2023）。

然而，德莫夫斯基則主張較為偏狹的波蘭民族主義，可視為族群民族主義（ethnic nationalism），反對多元族群的波蘭，也有反猶太傾向（Zubrzycki, 2002: 290; Modras, 2004）。他認為波立聯邦的衰亡與非單一波蘭族群文化與認同有關，因此主張復國後理想國家是單一民族的波蘭，而少數族群則需要波蘭化，或者離開波蘭；至於立陶宛、烏克蘭等地因波蘭族群較少，也無須重新納入波蘭領土（Modras, 2004）。

其實，第二共和時期的波蘭，雖然畢蘇斯基與德莫夫斯基對國家定位有所不同，但是當時的波蘭人其實有著共同的民族主義基調：一方面因復國而充滿了民族復興之情，另一方面則對於非波蘭族的「他者」有所怨懟，藉由與敵人的對抗來凝聚內部團結，而此情緒可見諸當時的波蘭文學。例如，Wierzejska（2021）以波蘭文學中對利沃夫保衛戰（Defense of Lviv, 1918）的描述為例，探討了國族打造與建國之間的相互交織。她指出，在兩次世界大戰期間，利沃夫保衛戰被波蘭文化塑造成一個具有重要意義的事件，並被

用來強化波蘭的民族認同和國家認同。具體作法有二:(1)建構共同敵人:波蘭文學將參與保衛戰的波蘭人描繪成團結一致的群體,同時將烏克蘭人、猶太人、奧地利人和德國人塑造成波蘭的敵人和外來者。這種對「我們」與「他們」的二元劃分,有助於凝聚波蘭的民族認同,強化「波蘭性」。(2)英雄化和犧牲:波蘭文學將利沃夫保衛戰中的波蘭戰士塑造成為國犧牲的英雄。這些英雄事蹟被用來灌輸愛國主義,並強化波蘭人對國家和領土的忠誠。(3)團結與統一:波蘭文學強調所有波蘭人,不分年齡、性別、社會地位或政治立場,都團結一致地參與了利沃夫保衛戰。這種對團結的強調,有助於克服波蘭社會內部的分歧,並強化對一個統一的波蘭國家的認同。不過,此等民族主義基調也帶來負面的影響:其一是加劇族群間的緊張關係,將其他族群塑造成敵人,惡化了波蘭族與烏克蘭人、猶太人之間的緊張關係,並為日後發生的衝突埋下伏筆。其二是掩蓋歷史真相:為了強化民族建構和國家建構的論述,一些歷史事件,例如波蘭族對猶太人的暴力行為,被刻意掩蓋或淡化(Wierzejska, 2021)。

當代波蘭的領土建基於 1945 年二次大戰結束之後,無論在人口、宗教、語言、領土等層面都與歷史上的波蘭迥異。基於列強的角力,波蘭東部大片領土落入蘇聯之手,並從德國獲得部分領土的補償,整體而言與戰前第二共和時期縮水約兩成。冷戰時期的波蘭屬共黨國家,為蘇聯的附庸,在兩極體系下幾無民族主義論述的空間。然而 1989 年民主化之後的波蘭,除了必須在蘇聯(俄羅斯)/歐洲、西方/東方、天主教/世俗、波蘭民族/多元族群做抉擇之外(Zubrzycki, 2002),更需在歷史波蘭/現狀波蘭等做出明確的宣示。在領土方面,波蘭務實地接受了現狀。以西部疆界而言,統一的德國率先接受了現狀,主動放棄向波蘭索討二戰後的失土,

波蘭沒有理由不接受。至於東部疆界，扮演友善鄰居的波蘭自然不能激起鄰國的恐懼，而在與俄羅斯的戰略角力下，維持東部的疆界現況，讓烏克蘭、白俄羅斯、立陶宛成為友善的鄰國，然後成為與強鄰俄羅斯之間的緩衝也是自明之理，因此理性抉擇下的波蘭也選擇了接受現狀（Fedorowicz, 2008; Snyder, 2023）。

其實，1970年代的波蘭已經預測到未來蘇聯可能解體。當時的波蘭政治菁英早已考慮蘇聯解體後波蘭該如何打造自己的國家，又該如何與周邊的國家互動，在恢復歷史光榮與維持現狀的天秤上，當時的政治精英已經決定維持現狀，並積極與周邊的立陶宛、白俄羅斯、烏克蘭和解，避免激發起波蘭民族主義，因為波蘭民族主義在這些周邊鄰國眼中即是帝國主義。而且維持住這些周邊鄰國友好之關係，使其成長茁壯，不但有道德制高點，也可以使其成為俄羅斯的緩衝國，不必直接面臨俄羅斯的威脅（Snyder, 2023: 357）。因此，波蘭必須把周邊鄰國視為平等民族，而波立聯邦的光榮歷史反而是波蘭要戒慎恐懼的（Snyder, 2023: 358）。

蘇聯解體之後，波蘭有迫切的三大目標（Snyder, 2023: 406）：首先是加入歐盟與北約，成為歐洲國家。波蘭分別於1999年加入北約，並於2004年成為歐盟會員國，被視為「重返歐洲」（Return to Europe）（Dabrowski, 2014）。其次，與東邊國家交好，努力放下過去的歷史恩怨，守護立陶宛、白俄羅斯、烏克蘭等國的存續，作為與俄羅斯之間的緩衝國。因此2022年至今的烏俄戰爭期間，波蘭站在力挺烏克蘭的立場，並收容了大量的烏克蘭難民。其三，戮力保護他國境內波蘭裔，同時也採取「歐洲標準」承諾保護境內少數族群，畢竟這是成為歐盟成員國的必備條件。

總的來說，當代的波蘭選擇了接受現狀，並且把曾經亡國之痛列為必須記取的教訓，以「波蘭永不滅亡」（Poland Is Not Yet Lost,

Dąbrowski's Mazurka）為國歌[12]。波蘭 1997 年憲法第 28 條明文規定：「波蘭共和國的國歌為波蘭永不滅亡」（"Dąbrowski's Mazurka" shall be the national anthem of the Republic of Poland）。曾經亡國是波蘭人的至痛，因此「永不滅亡」[13]是國族打造的基本目標。然而，永不滅亡之外，「歷史光榮」何嘗不是人類喜歡的東西。今日波蘭基於敦親睦鄰，必須謹慎看待波立聯邦的光榮歷史，甚至必須忘記第二共和時期版圖，就如同當代的日本、德國等也不宜緬懷過去榮光一般，否則會成為令鄰人畏懼的中國與俄羅斯。即使如此，從畢蘇斯基的歷史地位來看，他被波蘭人尊稱為國父、民族英雄，許多道路也都以他來命名，畢蘇斯基最大的功勞在於它讓波蘭復國，但他最大的理念卻在於恢復波蘭的歷史光榮，甚至建立海間聯邦。

肆、當代波蘭國族打造議題：西方與東方的拉扯

今日波蘭是一個族群同質性極高的國家，波蘭人在維持領土現狀上也有高度的共識。然而，波蘭是一個甚麼樣的國家？波蘭人是誰？除了前述的「重返歷史光榮 vs.接受現狀」之外，波蘭在國族打造上還面臨了「西方 vs.東方」拉扯的議題，具體呈現在文化精神層面與外交政策上。

西方／東方的分野有全球的格局，不但被視為全球文明衝突

---

[12] 「波蘭永不滅亡」原名為「駐義大利波蘭軍團頌歌」（Anthem of the Polish Legions in Italy），原創於 1797 年，也就是波蘭亡國之後的兩年。作者是維比茨基（Józef Rufin Wybicki, 1747-1822），靈感來自當時於義大利的波蘭軍團，在東布羅夫斯基（Jan Henryk Dąbrowski, 1755-1818）的領導下，回國解放波蘭的歷史事件。此曲於 1926 年被選定為波蘭國歌，並定名為「波蘭永不滅亡」，用意在記取亡國之痛（Wikipedia, 2024）。

[13] 「波蘭永不滅亡」的概念可與「中華民國萬萬歲」相比擬。

的裂隙（Huntington, 1993），該分歧也存在歐洲內部。在歐洲人的觀點裡，西方與東方之分除了地理位置不同之外，也代表了文化的差異，甚至隱含了文明與野蠻、進步與落後的分野。西方被認為進步、科學、理性，而東方則常被視為落後、野蠻、神秘、不理性（Zubrzycki, 2002）。甚至在 19 世紀科學主義、民族主義、社會達爾文主義、帝國主義崛起的年代，由進步的西方統治落後的東方被視為理所當然，更是物競天擇的基本原理（Wagner, 2023: 197），此等論述後來甚至被希特勒拿來做為種族清洗的藉口[14]。美國歷史學家 Hans Kohn（1891-1971）把歐洲民族主義分成西方/東方兩類型，認為西方的是理性、進步、好的、同化主義，而東方則是情感的、不理性的，且是災難性的（Zubrzycki, 2002）。

基督教與羅馬帝國為歐洲文明兩大基石，前者主宰了精神生活，而後者則曾經主導了歐洲的政治生活。基督教文明的傳播從南歐、西歐，一路傳到北歐與東歐，而羅馬帝國從西羅馬（第一羅馬），到東羅馬（第二羅馬），之後更有所謂的神聖羅馬或第三羅馬。也就是說，羅馬帝國衰亡後，後起之秀紛紛以羅馬繼承人自居，並且以接受基督教洗禮來象徵從野蠻走向文明。從宗教與政治勢力來看，波蘭剛好成為分野西歐與東歐的邊界地帶，擺盪在西歐與東歐之間。

歷史的波蘭未曾受羅馬帝國統治，但緊鄰神聖羅馬帝國，也與自稱第三羅馬的俄羅斯互動密切。由於波立聯邦的強盛過往，波蘭人不須以羅馬繼承者自居，但卻於 966 年基督教化，接受了羅馬天主教以及拉丁字母。而這種西/東、好/壞/、文明/野蠻之分野也

---

[14] 達爾文主義的「適者生存」概念被一些人應用於人類社會，導致了社會達爾文主義的興起。 這種思想認為，社會進步是通過競爭和自然選擇來實現的，並被用來為殖民主義、帝國主義和種族主義辯護（Wagner, 2023: 197）。

存在波蘭內部，波蘭人不認為自己位於東方，因此當然不屬東歐，他們認為真正的「東方」是從波蘭東部邊界起算，波蘭以東的烏克蘭[15]、俄羅斯才是野蠻的，而波蘭則屬文明之地（Zubrzycki, 2002: 282）。簡言之，從波蘭的歷史來看，波立聯邦的強盛時期讓波蘭可以周旋於西邊的神聖羅馬帝國與東邊的俄羅斯之間，當時的波蘭儼然成為歐洲的中原。

歷史上的波蘭與周邊國家互動密切，全盛時期與立陶宛共組聯邦，版圖擴及今日的白俄羅斯與烏克蘭，並與俄羅斯形成競爭的態勢，成為當時的歐洲強權。然而，18 世紀之後逐漸衰弱，在與普魯士、奧匈、俄羅斯的競爭過程當中落居下風，甚至面臨瓜分亡國的命運，從此以後擺脫不了東西兩強的勢力。即使 1918 年復國建立第二共和，但旋即於二次大戰又遭德俄兩國瓜分滅國，二戰之後雖然再度復國，但成為蘇聯附庸喪失自主性。

民主化的波蘭非常小心謹慎處理涉外關係，從 1989 一直到 2004 年加入歐盟期間，其在西方與東方的天平裡採取的是「雙軌外交政策」（two-track policy），試圖在複雜的國際環境中尋求平衡（Fedorowicz, 2008）。對東政策上，努力擺脫蘇聯（俄羅斯）控制，但也避免得罪東邊大國；對於立陶宛、白俄羅斯、烏克蘭等鄰國，重點則在對於歷史恩怨之和解與放下。對西政策方面，第一要務是與德國和解，再來則是加入北約與歐盟，並「重返歐洲」（Fedorowicz, 2008; Snyder, 2023）。

---

[15] 甚至有人認為烏克蘭才是歐洲文明的邊境之地，因為烏克蘭一詞的字面意義是「在邊緣」（on the edge）的意思（Birch, 2000: 1018），長久以來它就是歐洲與俄羅斯之間的邊境之地（謝國斌，2015）。至於更遙遠的俄羅斯則在基督教化之後也被納入所謂歐洲文明之列，後來甚至自稱第三羅馬，自許為羅馬帝國的繼承者，在 1453 年東羅馬帝國滅亡之後，更以東正教守護者自居。

值得注意的是，重返歐洲不代表就是全面倒向西歐，更像是在精神上宣告重返文明，畢竟在西方與東方的天秤裡，歷史上的波蘭曾經是歐洲強權，以歐洲中原自居。只是後來不幸被左右/西東兩大強權所瓜分，二戰之後更長期被東邊強權所宰制。因此，脫離蘇聯/俄羅斯控制後之重返歐洲可視為短期的戰術策略，目的在宣示「波蘭不是蘇聯/俄羅斯的附庸」，並藉由加入北約與歐盟來達成目標。然而，加入北約與歐盟並不意味著波蘭自視為西歐國家，更非在外交政策上全面倒向西歐。

　　今日波蘭比較確定的外交方針是與周邊國家維持邊界現狀，與左右鄰居和解、放下歷史恩怨，與俄羅斯保持友善警戒的關係。比較有爭議的是與歐洲的關係，即使現狀是北約與歐盟成員，但是波蘭內部也出現疑歐派（Euroscepticism）與親歐派（Pro-Europeanism）的對立（Riishøj, 2010）。由於歷史上被東西兩強瓜分侵略，波蘭人普遍不喜歡俄羅斯與德國，尤其年紀大的長者。若要挑一個最討厭的國家，俄羅斯可能占首位，畢竟蘇聯/俄羅斯侵占波蘭的歷史記憶更近更鮮明，而所侵占的領土也更多。以世代而言，今日波蘭的年輕人對於德國與歐盟有較大的好感，畢竟他們並未切身遭遇德國入侵之痛，而在實務上也享受到德國在經濟發展上對波蘭帶來的利益，使得他們相信今日德國與納粹德國並不相同（Tapon, 2022）。然而，對於老一輩的波蘭人而言，對西鄰德國的仇恨與恐懼仍是內心揮之不去的陰影，這也是波蘭內部疑歐論的根源，擔心波蘭因歐盟而喪失自主性。換言之，波蘭要脫離俄羅斯就必須走向歐洲，要走向歐洲則必先經過德國，但波蘭人對德國的仇恨與恐懼強化了波蘭的疑歐論，也促使疑歐派者寧可與歐盟保持適度的距離，但透過北約來與更遙遠的美國交好，尋求美國的支持來抗俄（Riishøj, 2010）。

當今波蘭是多黨制國家，但由兩大黨主導波蘭政局走向，分別是法律與正義黨（Law and Justice/*Prawo i Sprawiedliwość*，簡稱 PiS）與公民綱領黨（Civic Platform/*Platforma Obywatelska*，簡稱 PO）。PiS 黨對歐盟的態度為保守主義與疑歐主義[16]，對歐盟與歐洲一體化有所批評，尋求保有波蘭的主體性，傾向族群性民族主義。而 PO 黨則有較堅定的親歐盟立場，主張波蘭為歐洲的成員，傾向公民民族主義。

PiS 於 2015 年贏得政權，反對當年的歐盟難民安置計畫，將歐洲視為干預波蘭內政的「他者」，此等民族主義與疑歐立場，不僅影響了波蘭的移民政策，也影響了波蘭與歐盟的關係（Caballero-Vélez, 2023）。此外，PiS 政府也於 2015 年推動「保守身份認同計畫」（Conservative Identity Project），強調波蘭的傳統價值觀和族群民族主義，認為歐洲認同是外來的、不屬於波蘭的，「歐洲性」（European-ness）與波蘭民族性是相互衝突的概念，將西歐定位為「他者」，認為波蘭應該擺脫西歐的「支配」，重新恢復波蘭的自主權。這種重新詮釋波蘭歷史的企圖，不僅在波蘭國內引發了深刻的衝突和辯論，也影響了波蘭與其他國家，特別是德國的關係。波蘭保守派政府的政策加劇波蘭與歐盟和德國之間的緊張關係，也被認為可能將波蘭推向孤立和民族主義的道路（O'Neal, 2017）。

PiS 雖然於 2023 年失去政府組閣的機會，但至今仍是波蘭最大政黨。其完整的族群民族主義立場如下（Caballero-Vélez, 2023: 78）：（1）天主教信仰：將天主教視為波蘭民族的核心價值觀，並認為真正的波蘭人必須是天主教徒。（2）傳統家庭價值：強調

---

[16] 不過 PiS 的所謂疑歐也被視為僅是軟性的，立場上只是反對歐盟部分機構和政策，原則上他們還是支持留在歐盟，惟希望歐盟能有所改革，也希望波蘭能有更多主體性（Riishøj, 2010; Caballero-Vélez, 2023）。

傳統家庭價值觀，並將其視為波蘭民族認同的基石。（3）斯拉夫根源：強調波蘭的斯拉夫根源，並將其與其他斯拉夫國家，特別是烏克蘭，建立聯繫。（4）反對歐盟：將歐盟視為對波蘭主權的威脅，並認為歐盟試圖將其價值觀強加於波蘭（O'Neal, 2017）。

伍、結語：波蘭國族打造的現況與挑戰

歷史學家史奈德（Timothy Snyder, 2023）曾言：「現代各個民族的概念，誕生於與過往敵人的密切互動」。當代波蘭的國族打造與民族主義也可以驗證這句話，並具體呈現在 1997 年的波蘭憲法裡。首先，波蘭是一個民主的民族國家，因此憲法第 27 條規定：「波蘭語是波蘭共和國的官方語言。該規定不得損害源自批准的國際協議中的少數民族的權利。」其次，波蘭有悠久的歷史與斯拉夫傳統，也曾經遭遇亡國之痛，因此於憲法 28 條闡明：「波蘭共和國的國徽為紅色盾面上繪有一隻戴皇冠的白鷹的圖像[17]……波蘭共和國的國歌為波蘭永不滅亡」。

其三，納粹德國與共黨蘇聯對波蘭所造成的傷害，讓波蘭於憲法第 13 條明文規定：

> 政黨和其他組織以集權方式和以納粹主義、法西斯主義和共產主義活動模式作為其綱領基礎的，政黨和其他組織的綱領或者活動以煽動種族或民族仇恨為目標，運用

---

[17] 波蘭的國徽的白鷹圖像源自於波蘭的歷史傳說，傳說古時候有 Lech, Czech, Rus 三兄弟，Czech 往南發展成為捷克人的祖先，Rus 往東發展成為烏克蘭、白俄羅斯、俄羅斯等東斯拉夫民族的祖先，而 Lech 則被一隻白鷹引導往被移動，北鄰海洋、東有肥沃土地、往西有濃密的森林，南有山脈，Lech 視為理想居住之地，後來成了波蘭人的祖先。（Dabrowsk, 2014）

暴力獲取權力或影響國家政策的，政黨和其他組織的結構和成員資格對外保密的，將予以禁止。

而二次大戰期間殘酷的族群衝突，也讓波蘭於憲法裡特別保障少數民族的權利，憲法第 35 條規定：「波蘭共和國保證少數民族或少數族群的波蘭公民享有保持和發展其自身語言，保持風俗和傳統，以及發展其自身文化的自由。」

其四、波蘭是一個事實上的天主教國家，相關精神可見諸憲法條文與最大政黨黨綱。除了歷史、語言、文化、民族之外，宗教在國族打造上也扮演著很重要的角色（謝國斌，2024）。波蘭從西元 10 世紀基督教化以來，一直都以天主教為主要信仰[18]。在 19 世紀波蘭遭受瓜分亡國之際，天主教更扮演波蘭認同的核心角色，對東對抗信仰東正教的俄羅斯，對西則對抗以基督新教為主體的德國，天主教信仰成為當時團結波蘭人民的重要力量。此外，面對外來勢力的壓迫，天主教會也成為了波蘭人民抵抗的中心；教會在維護波蘭文化和語言方面發揮了重要作用，並為波蘭人民提供了精神上的支持[19]（Wagner, 2023）。

在世俗化普遍的今日歐洲，仍有超過八成的波蘭人信奉天主教。而波蘭的主要政黨公平與正義黨也把天主教信仰納入黨綱，堅定認為波蘭應該是一個天主教國家。即使基於宗教信仰自由，波蘭憲法第 53 條揭示：「人人均享有信仰自由和宗教自由」，然而憲法第 18 條針對婚姻的定義，與天主教教義一致，規定：「婚姻是

---

[18] 波立聯邦時期由於民族的多樣性，因此也有不少東正教徒和猶太人。
[19] 不過，在 19 世紀的歐洲，隨著達爾文主義的興起，波蘭社會也出現了挑戰宗教信仰勢力。雖然天主教在波蘭民族認同中扮演著重要角色，但它與世俗民族主義之間也存在著緊張關係，一些世俗民族主義者認為教會過於保守，站在貴族的立場，阻礙了波蘭社會的進步（Wagner, 2023）。

男性和女性的結合,婚姻與家庭、母親身分和父母身分均受波蘭共和國的保護和照顧。」換言之,同婚在波蘭是不合憲的。另外,1978年來自波蘭的若望保祿二世獲選為天主教教宗,成為第一位入主梵蒂岡的波蘭教宗,這不僅鼓舞了波蘭人的民族自信心,也為後來團結工聯的崛起注入力量(洪茂雄,2022),教宗成為波蘭人的民族驕傲,更有助於強化了波蘭人對天主教的信仰(Tapon, 2022: 229)。

最後,「誰是波蘭人?」大概是今日波蘭也必須面臨的議題。民族上的波蘭人(Poles)不等同於國籍上的波蘭人(Polish),這也是族群民族主義與公民民族主義爭辯的重點。在歐洲,此二分法源自於法國的民族主義與德國的浪漫主義。法國的民族主義強調的是社會契約與自由選擇,當人們接受了國家的法規制度即可成為國家的公民,認為民族的概念是建構出來的,此即為公民民族主義。換言之,公民民族主義是一種情境論/建構論/屬地主義,如同法國學者雷南(Ernest Renan, 1823-92)的論點,民族是日常的公民投票,人們合則形成同一民族,不合則一拍兩散,無須受血緣或文化因素羈絆。在歷史上,由於拿破崙與法國帝國主義的關係,使得當時的法國必須採取此論述來統合不同的族群(Zubrzycki, 2002),而波蘭的畢蘇斯基顯然也採取此派論點,以統合第二共和時期的不同族群。

相對而言,德國的浪漫主義即是一種族群民族主義,強調原生血緣與文化的形塑,認為民族的概念是天生的,是血緣的群體,不是可以自由選擇的,因此歸化成德國公民的人也不一定能順利成為德國民族。換言之,族群民族主義是一種原生論/血緣論/血統主義,德國在尚未統一之前日耳曼民族分散各邦,因此藉由文化血緣論的力量來統合日耳曼民族(Zubrzycki, 2002)。在波蘭歷史上,

德莫夫斯基主張的即是族群民族主義，將波蘭民族定義在文化與血緣上偏狹的波蘭人，而排除其他族群的人。其實，不管是公民民族主義或族群民族主義，都是被拿來當成知識權力的工具，用以定位國家與凝聚內部團結，波蘭人該如何抉擇與取捨，或許只能交由歷史發展。

　　曾經光榮與卑屈交織的波蘭，一方面不適合過度緬懷政治上的歷史光榮，尤其波立聯邦時期的強盛，因為必須顧及周邊鄰居的情感。然而，面對被列強瓜分甚至亡國的卑屈，除了紀念與吟唱「波蘭永不滅亡」的國歌來宣洩之外，似乎也需要有其他精神支柱來支撐。當代波蘭的民間社會流傳著五大 C 英雄人物，他們或許是波蘭人真正的驕傲，包含：基督（Christ）、哥白尼（Copernicus）、蕭邦（Chopin）、居里夫人（Curie）和樞機主教（Cardinal）（Tapon, 2022: 229）。基督不是波蘭人，但多數波蘭人都是虔誠的天主教徒。教宗若望保祿二世是第一位入主梵蒂岡的波蘭教宗。哥白尼、居禮夫人都是知名科學家，而蕭邦則是知名音樂家。持平而論，這五 C 都與波蘭有關，或者有波蘭淵源，但是否能成為百分百的「波蘭之光」仍有可議之處。

參考文獻

洪茂雄，2022。《波蘭史：譜寫悲壯樂章的民族》。台北市：三民書局。
壹蘋新聞網，2024/2/23。〈你要跟我講「自古以來」？這個國家幫普丁上歷史課 一次嗆爆俄羅斯、中國〉（https://today.line.me/tw/v2/article/vXBw03Q）（2024/9/1）。
謝國斌，2013。《族群關係與多元文化政治》。台北：台灣國際研究學會。
謝國斌，2015。〈烏克蘭的族群政治〉《台灣國際研究季刊》11 卷 3 期，頁 129-53。
謝國斌，2023。〈柬埔寨的族群政治〉《台灣國際研究季刊》19 卷 2 期，頁 63-92。
謝國斌，2024。〈多族群國家的國族打造──以東南亞國家為例〉《台灣國際研究季刊》20 卷 2 期，頁 1-43。
Birch, Sarah. 2000. "Interpreting the Regional Effect in Ukraine Politics." *Europe-Asia Studies*, Vol. 52, No. 6, pp. 1017-41.
Caballero-Vélez, Diego. 2023. "Poland: Nation-building, Populism, and Ethnicity," in *Contesting Migration Crises in Central Eastern Europe*, pp.73-89. Cham, Switzerland: Palgrave Macmillan.
CIA. 2024a. "Poland." *World Factbook*. (https://www.cia.gov/the-world-factbook/countries/poland/) (2024/9/10)
CIA. 2024b. "Countries." *World Factbook*. (https://www.cia.gov/the-world-factbook/countries/) (2024/9/12)
Constitution of The Republic of Poland, 1997 (https://www.sejm.gov.pl/prawo/konst/angielski/kon1.htm) (2024/10/12)
Dabrowski, Patrice. 2014. *Poland: The First Thousand Years*. DeKalb: Northern Illinois University Press.
European Charter for Regional or Minority Languages, 1992 (https://rm.coe.int/1680695175) (2024/9/12)
Fedorowicz, Krzysztof. 2008. "National Identity and National Interest in Polish Eastern Policy, 1989-2004," in Kanet E. Roger, ed. *Identities, Nations and Politics after Communism*, pp. 131-45. New York: Routledge.
Gospodarczyk, Marta. 2024. "Polish Peasant in Poland: Peasants in the Narratives of Polish Nation-Building," in Marta Bucholc, ed. *Established-Outsiders Relations in Poland*, pp. 83-108. Cham, Switzerland: Palgrave Macmillan.
Huntington, Samuel P. 1993. "The Clash of Civilizations?" *Foreign Affairs*, Vol. 72, No. 3, pp. 22-49.
Keegan, John, ed. 2006. *Collins Atlas of World War II*. New York: Harper Perennial.
Kershaw, Ian（林華譯），2023。《地獄之行：二十世紀歐洲百年史（卷一）1914-1949》（*To Hell and Back: Europe*, 1914-1949）。新北市：八旗文化。
Lie, John. 2006. "The Politics of Recognition in Contemporary Japan," in Susan J.

Henders, ed. *Democratization and Identity: Regimes and Ethnicity in East and Southeast Asia*, pp. 117-32 Lanham: Lexington Books.

Lijphart, Arend（陳坤森譯），1993。《當代民主類型與政治：二十一個國家多數模型與共識模型政府》（*Democracies: Patterns of Majoritarian and Consensus Government in Twenty-One Countries*）。台北：桂冠圖書。

Modras, Ronald. 2004. *The Catholic Church and Antisemitism Poland, 1933-1939*. New York: Routledge.

O'Neal, Molly. 2017. "The European 'Other' in Poland's Conservative Identity Project." *International Spectator*, Vol. 52, No.1, pp. 28-45.

Pogonowski, Iwo. 1987. *Poland: A Historical Atlas*. New York: Hippocrene Books.

Riishøj, Søren. 2010. "Europeanization and Euroscepticism: Experiences from Poland and the Czech Republic." *Political Science Publications*, No. 25, pp. 1-60.

Snyder, Timothy（盧靜、廖珮杏、劉維人譯），2023。《民族重建》（*The Reconstruction of Nations: Poland, Ukraine, Lithuania, Belarus, 1569-1999*）。新北市：衛城出版。

Tapon, Francis（賴堯暉譯），2022。《野生的東歐（上）》（*The Hidden Europe: What Eastern European Can Teach Us*）。新北市：八旗文化。

Tilles, Daniel. 2024. "Law to Recognise Silesian as Regional Language in Poland Approved by Parliament." *Note From Poland*, April 26 (https://notesfrompoland.com/2024/04/26/law-to-recognise-silesian-as-regional-language-in-poland-approved-by-parliament/) (2024/9/19)

Treaty Office. n.d. "Reservations and Declarations for Treaty No.148 - European Charter for Regional or Minority Languages (ETS No. 148)." (https://www.coe.int/en/web/conventions/full-list?module=declarations-by-treaty&numSte=148&codenature=10&codePays=POL) (2024/9/12)

Wagner, Michał J. 2023. "Between Darwin and Religion: Nation-building and the Future of Poland," in Jaume Navarro and Kostas Tampakis, eds. *Science, Religion and Nationalism: Local Perceptions and Global Historiographies*, pp. 186-206. New York: Routledge.

Wierzejska, Jagoda. 2021. "State-Building and Nation-Building: Dimensions of the Myth of the Defense of Lviv in the Polish Literary Canon, 1918-1939," in Aistė Kučinskienė, Viktorija Šeina, and Brigita Speičytė, eds. *Literary Canon Formation as Nation-Building in Central Europe and the Baltics: 19th to Early 20th Century*, pp. 118-34. Leiden: Brill.

Wikipedia. 2024. "Poland Is Not Yet Lost." (https://en.wikipedia.org/wiki/Poland_Is_Not_Yet_Lost) (2024/10/19)

Zimmerman, Joshua D. 2004. *Poles, Jews, and the Politics of Nationality: The Bund and the Polish Socialist Party in Late Tsarist Russia, 1892-1914*. Madison: University of Wisconsin Press.

Zimmerman, Joshua D.（羅亞琪譯），2023。《波蘭國父畢蘇斯基》（*Jozef Pilsudski: Founding Father of Modern Poland*）。新北市：八旗文化。

Zubrzycki, Genevieve. 2002. "The Classical Opposition Between Civic and Ethnic Nationalism." *Polish Sociological Review*, Vol. 3, pp. 275-95.

美國羅斯福總統對
波蘭與蘇聯邊界問題之研究

鄧育承

台灣國際研究學會理事

壹、緒論

　　在第二次世界大戰期間，美國總統富蘭克林・羅斯福[1]（Franklin D. Roosevelt, 1933-45）扮演著舉足輕重的角色，他除了推出「新政」（New Deal）挽救國內經濟頹勢之外，更體現美國從孤立主義（isolationism）邁向世界主義（internationalism）的轉變。面對歐洲納粹德國的侵略以及亞洲日本偷襲珍珠港事件，小羅斯福總統意識到，僅依靠孤立主義是無法維護美國的利益與安全。小羅斯福的世界主義觀對美國外交政策產生了深遠影響，推動美國從一個僅關心自身利益的國家，轉變為積極參與全球事務的領導力量，並建立戰後國際體系（Cole, 1957: 595-98）。

　　在探究小羅斯福總統的外交政策時，當代學界傾向關注小羅斯福總統的領導風格，聚焦其不同時期的政策，進行不同視角的探究，做出綜合性的評估。Burns（1970）表示，小羅斯福總統的外交領導風格具有矛盾性；一方面，小羅斯福是一位具有信仰及原則

---

[1] 學界普遍將狄奧多・羅斯福（Theodore Roosevelt, 1901-1909）稱為老羅斯福總統，而富蘭克林・羅斯福總統稱小羅斯福總統。

的總統，追求遠大的願景；另一方面，他又是一個務實的領袖，關注短期可控的目標，維持其總統職位的影響力。由於小羅斯福總統時常在理想主義和現實政治之間搖擺不定，導致於其在國際事務上，喪失主導權，錯失良機。其將小羅斯福總統描述為下列不同角色，包括：思想家（thinker）、組織者（organizer）、操縱者（manipulator）、戰略家（strategist）以及理想主義者（idealist），涵蓋小羅斯福一生不同角色的轉變。

小羅斯福總統在波蘭臨時政府上的立場，與第二次世界大戰的歷史背景密不可分。1939 年，德國與蘇聯軍隊相繼佔領波蘭，將波蘭瓜分後，波蘭組建了「家鄉軍」（Home Army），繼續展開游擊戰；另一支勢力則前往英國組成波蘭流亡政府、並加入西方陣營繼續與軸心國（Axis powers, 1936-45）作戰。波蘭冀望英國與美國能夠支持恢復波蘭的戰前邊界和主權；然而，到了 1941 年，並非所有盟國都支持這一目標。隨後，蘇聯成為對抗德國的盟友，並提出對波蘭東部領土的主權要求，波蘭東部的領土最終被瓜分。隨著戰爭的推進，波蘭流亡政府的影響逐漸減弱，而蘇聯支持的「盧布林委員會」（Lublin Committee）的勢力日益增強，逐漸邊緣化倫敦的流亡政府（McGilvray, 2010）。

有鑑於此，本論文透過官僚行為模式（bureaucratic model）作為研究途徑，欲檢視：（1）小羅斯福總統之領導風格；（2）波蘭流亡政府與蘇聯之邊界爭端。本論主張，二戰後的世界格局中，小羅斯福總統為追求美國的領導地位，傾向與蘇聯展開合作。因此，在波蘇邊界問題上採取消極的態度。其重要決策官僚、駐蘇聯大使威廉‧哈里曼（W. Averell Harriman, 1943-46）作為與蘇聯領導人史達林（Joseph Stalin, 1922-52）溝通的橋樑，顯示出觀望到逐漸認同的過程，避免因波蘭與蘇聯的「寇松線」（Curzon Line）邊界問

題,破壞未來合作的可能性。

貳、小羅斯福總統領導風格

　　二次大戰後,有關小羅斯福總統的研究如雨後春筍般湧現,小羅斯福「修正主義」(Roosevelt Revisionist)[2]或「宮廷派」(court)[3]認為小羅斯福總統是戰後共產勢力的締造者,或是打敗法西斯主義的現實主義者。後來的研究逐漸轉向,更加關注美國外交的整體範疇,將小羅斯福描述為國際事件中的客體,而非主導者。1950年代和1960年代所出版的一些專注於中立政策、租借法案(Lend-Lease)、及雅爾達會議(Yalta Conference)的書籍,進一步淡化了小羅斯福在外交與內政中的角色(Dallek, 1971: 1054)。

　　然而,Divine(1969)表示,過去的文獻資料都忽視小羅斯福總統在美國外交政策上的貢獻,其對「小羅斯福在戰爭爆發前夕及戰時外交中的角色」進行了簡要探討;他主張,小羅斯福的外交促使希特勒(Adolf Hitler, 1933-45)垮台,這點足以讓他在歷史上名留千古;話又說回來,他對小羅斯福的表現給予了負面評價,認為小羅斯福的聲譽都來自於他內政上的表現,他外交上的表現根本無法與他在引領國家渡過經濟大蕭條和戰爭危機的能力媲美。

　　Divine(1969)進一步解釋,小羅斯福作為世界政治家「失敗」的原因,認為這是由於其誤導性的信念所造成的。例如小羅斯福在1930年代中期,信守對孤立主義的承諾,這鼓勵了美國的和平主義,卻無法在防止侵略中發揮作用。他厭惡戰爭,使其外交政策在

---

[2] 小羅斯福「修正主義」代表學者,詳見 Beard(1948)、Chamberlin(1950)、及 Tansill(1952)。
[3] 小羅斯福「宮廷派」代表學者,詳見 Sherwood(1948)、及 Rauch(1950)。

1939 年至 1941 年間喪失主導權，讓希特勒佔上風。此外，小羅斯福堅信大國應該要分攤維護世界和平的責任，促成了一個由大國控制的聯合國（United Nations）。在與蘇聯打交道時，小羅斯福的務實主義（pragmatism），在決策過程中非常消極，不利於戰後蘇美協議的發展。

Barber（2009）研究美國總統性格，其將小羅斯福歸納為主動－積極型（active-positive category），強調小羅斯福在治理方式中的二元性（duality），既是一位有原則和理想主義的人，同時也是一位務實且專注於短期、可控目標的領導者。這種雙重特質，經常導致小羅斯福的長期願景與他當下的政治策略之間出現緊張關係。例如：儘管羅斯福承諾支持英國對抗納粹德國，但他在 1940 年代初期對抗美國國內孤立主義者的猶豫反映了他在處理國內政治考量時的謹慎。這種猶豫阻止了羅斯福充分運用其政治影響力，也導致他無法更早採取果斷行動。Neustadt（1990）認為總統是通過展示政治技巧和獲得公眾支持，方能贏得其他政策制定者支持的能力。總統在談判與協商的過程中，其中最顯著的權力莫過於說服力（power to persuade）。

Greenstein（2009）認為，在新政、第二次世界大戰的時空背景下，小羅斯福的職能範圍和影響力大幅擴展，重建了美國人對政治體系的信任。此外，他透過六大關鍵向度來進行探究（表 1）；Greenstein（2009）總結，小羅斯福總統在溝通、政治技巧和願景領導方面，表現出眾，儘管他在行政管理上存在一些缺陷，其獨特的務實主義、情緒智力和政治敏銳性，足已使其成為美國政治中的變革性人物。

表1：小羅斯福總統領導風格質性描述

向度	質性描述
公共溝通 (public communicator)	小羅斯福總統透過「爐邊談話」(Fireside Chats)與美國大眾建立緊密的聯繫，這對於維持公眾支持與政策落實非常有助益。
組織能力 (organizational capacity)	小羅斯福總統擅長管理大型的官僚機構，鼓勵下屬之間互相競爭，可能會導致其政府內部的混亂和低效率。然而，此種風格能帶來更大的彈性和靈活性。
政治技巧 (political operator)	小羅斯福總統經常等待最佳時機來推出新政，這需要同時贏得公眾和國會的支持。即便在黨派嚴重分裂的時期，他能夠根據需要調整策略。
願景 (vision)	小羅斯福總統在塑造現代福利國家的過程中發揮了變革性的作用，他致力於他在國際舞台上也扮演了重要角色，幫助塑造了二戰後的全球秩序，並推動聯合國的努力。
認知風格 (cognitive style)	小羅斯福總統願意接受新觀點，並非忠於特定意識形態，願意嘗試多種方法來應對大蕭條和二戰的挑戰，儘管這種務實主義有時使他的政策顯得不一致。
情緒智力 (emotional intelligence)	小羅斯福總統罹患小兒麻痺症，但依然能夠保持冷靜、樂觀和自信，進而激勵整個國家。他對普通美國人的同情心和情感連結，成為他獲得公眾支持的關鍵因素。

來源：Greenstein（2009）。

　　從上述文獻，吾人對小羅斯福總統風格已有初步的了解，若僅單一強調總統在決策中的影響力，而忽略其他涉入決策過程的關鍵性官僚的作用，恐有見樹不見林之憾。筆者建議，透過官僚行為

模式，揉合總統領導風格有助於還原決策過程之全貌，釐清決策官僚立場之異同。Allison 與 Zelikow（1999）的官僚行為途徑，將外交決策的產出視為決策官僚議價（bargaining game）後的結果。在官僚行為中，一個國家允許另一個國家直接參與其國內決策過程，這是有可能發生的，尤其是在盟國之間的關係。上述概念上的歸納，皆與波蘭流亡政府後的國際現勢吻合；亦即是波蘭未來政府形式的安排掌握在美國、英國以及蘇聯手中，其決策談判內容有助於釐清波蘭流亡政府與蘇聯立場。接下來，筆者再依循官僚行為作為研究途徑，試圖找出決策官僚對於邊界劃分之立場差異，強化論文說服力。

參、蘇聯與波蘭流亡政府之邊界爭端

在 1939 年 8 月 31 日，希特勒與史達林簽屬的『德蘇互不侵犯條約』（*Molotov-Ribbentrop Pact*）正式生效。翌日，希特勒向波蘭發動閃電攻擊，拉開第二次世界大戰的序幕。隨後，蘇聯亦加入戰局，並於 9 月 17 日將波蘭東半部全部占領。蘇聯於 2 個月後，重新劃分邊界，分別併入烏克蘭、及白俄羅斯。另一方面，德軍佔領波蘭西部後，將其劃分為兩個部分：西部的波森地區、北部的但澤、及波蘭走廊被正式併入德國領土，而中南部（包括華沙、克拉科夫和盧布林等地）則設立一個總政府。此後，波蘭政府在倫敦成立流亡政府，領導境外波蘭人的抗戰活動（洪茂雄，2020）。

其實，史達林曾經向波蘭流亡政府第一任總理西科爾斯基（Władysław Sikorski, 1939-43）保證，蘇聯希望看到波蘭恢復為一個獨立且強大的國家。西科爾斯基對此表示感謝，並表示一個強大的波蘭恢復後，可以與俄羅斯、西方列強、及美國進行健康的合

作。史達林也曾經在西科爾斯基面前提及戰後波蘭-俄羅斯邊界問題的解決方案，敦促西科爾斯基達成共識。不過，西科爾斯基回答，他目前無法解決此問題，並表示若他試圖解決這一問題，自己將成為「全世界的笑柄」（FRUS, 1942a: 100）。筆者認為，戰後波蘭－俄羅斯邊界問題係，雙邊遲早要解決的問題，只因為西科爾斯基還沒取得英國與美國的承諾，他不敢貿然上談判桌，所以暫時擱置。

波蘭流亡政府外交部長愛德華・伯納德・拉琴斯基（Edward Bernard Raczyński, 1941-43）曾經託美國國務院次卿薩姆納・威爾斯（Sumner Welles, 1937-43）傳電報給小羅斯福總統，他指出，如果英國現在同意在和平達成後向蘇聯保證恢復其 1941 年的邊界，難保蘇聯日後不會要求更多。不過，威爾斯對上述聲明未作任何回應，他建議小羅斯福總統，在當下的美蘇關係，不要承認任何在軍事佔領、或武力壓力下所獲致的既定事實（not to recognize any accomplished facts created under military occupation or armed pressure），因為這是不明智的，他說，「我們的總體政策已在『大西洋憲章』（Atlantic Charter, 1941）中明確規定，我不認為我們在這個階段需要再說更多的話」（FRUS, 1942b: 104）。筆者認為，從電報的內文看來，波蘭流亡政府希望美國與英國在邊界的議題上能夠給蘇聯施加壓力，然而，美國的態度是非常被動的，可以說是處於觀望的狀態。

英國外相艾登（Anthony Eden, 1935-38, 1940-45, 1951-55）提議維持 1939 年 9 月 1 日之前既有的邊界，並獲得波蘭流亡政府的支持，因為即便史達林接受，這也不符合波蘭或英國的利益。然而，這樣的提議，基本上違背了波蘭與蘇聯在 1941 年 7 月 30 日所簽訂的『西科爾斯基-麥斯基協定』（Sikorski-Mayski Agreement），因為該協議廢除了過去德蘇關於波蘭分割的條款、及 1939 年 10

月4日德蘇界線，而這條線卻被俄羅斯視為蘇聯對波蘭東部控制的分界，且極有可能會在1942年5月簽署的『英蘇協議[4]』(*Anglo-Soviet Agreement, 1942*) 草案中獲英國默許（FRUS, 1942c: 126）。其實，英國打算透過承認蘇聯對波羅的海國家的主張，將蘇聯納為戰略夥伴。對於大國而言，波羅的海國家問題也不過大國權力競爭下的產物罷了。

1942年12月，西科爾斯基在一份備忘錄裡，抨擊蘇聯帝國主義，並督促蘇聯共同合作解決雙方邊界問題並履行兩國間的條約。西科爾斯基強調，波蘭在1921年『里加和約』(*Treaty of Riga*) 中放棄了其原有領土約55%的主張，對蘇聯沒有任何領土要求。同時應記住，『里加和約』是基於政治、經濟和戰略考量的妥協結果，直到1939年『德蘇互不侵犯條約』締結之前，該條約從未受到任何締約國的質疑。條約簽訂生效後，蘇聯政府對波蘭東部邊界以及對立陶宛的意圖日益明顯，暴露蘇聯布爾什維克帝國主義（Bolshevik Imperialism）的動機。顯然，蘇聯在1939年根據『德蘇互不侵犯條約』所佔領的領土，以及基於蘇德合作而持有兩年的領土，對蘇聯絲毫沒有價值（FRUS, 1943d: 179）。筆者認為，波蘭一開始就是二次世界大戰的受害者，在國家領土的重建的道路上，需要美國與英國明確表態支持，盟邦對蘇聯談判採取積極的態度，才能夠解決邊界問題。

---

[4] 1942年的『英蘇協議』是英國與蘇聯簽署的一項重要條約，目的是深化英蘇的在戰爭時，兩國之間的軍事與戰略合作關係。事實上，史達林總書記有意將兼併波羅的海國家（Baltic states）的邊界問題與英國談判，希望英國予以承認；然而，1942年5月26日該條約在倫敦簽署時，邊界問題卻被擱置。英國試圖遵循1939年9月1日前波蘭東部邊界的合法性做為籌碼，尋求與蘇聯建立有利的戰略夥伴關係，英國希望透過這樣的聯盟關係與美國競爭，詳見 Laurinavičius（2022）。

肆、波蘭邁向臨時團結政府之重建

1943年11月28日至12月1日,小羅斯福總統、邱吉爾首相（Winston Churchill）與史達林總書記召開德黑蘭會議（Tehran Conference），主要討論開設第二戰場對抗日本及德國、承認伊朗獨立、成立聯合國以及波蘭邊界問題。本次會議是第一次由同盟國（Allies, 1939-45）決策官僚齊聚一堂，對第二次世界大戰後的秩序建立有深遠的影響。

Mastny（1975: 501）以德黑蘭會議為素材，透過解密資料的爬梳，對決策官僚的互動做進一步的描述。在1943年12月1日，小羅斯福總統與史達林就波蘭的邊界問題做出討論時，提出相當令人困惑的聲明：「我同意史達林總書記恢復波蘭國家的立場，但是希望看到東部邊界要向西移動，西部邊界甚至移到奧得河（Oder）」。後來，小羅斯福總統表示，在蘇聯與波蘭邊界議題上，無法參與任何決定，因為他擔心波蘭裔的美國選票，所以在邊界上的議題沒有積極的表現。另外，史達林總書記在蘇聯與波蘭邊界議題上，希望以「寇松線」為原則（圖1）。

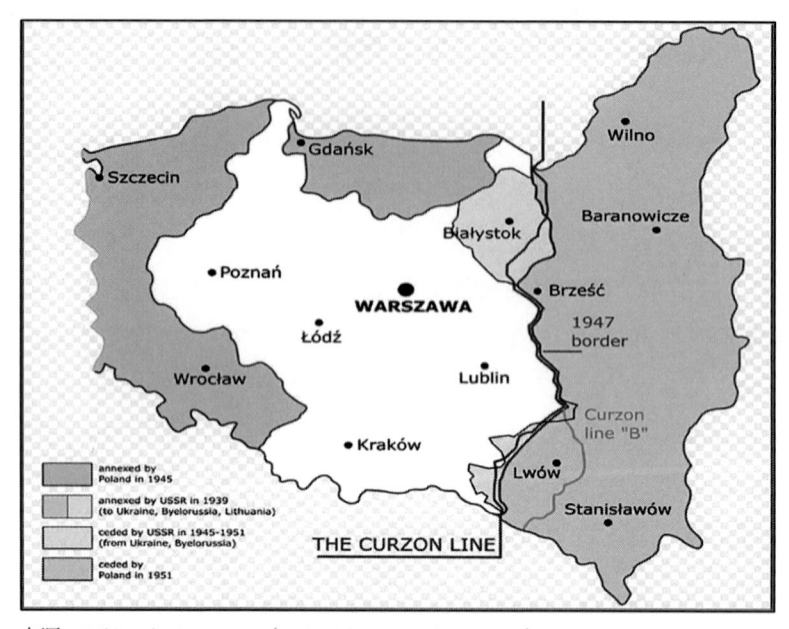

來源：Wikimedia Commons（2023: File:Curzon line en.svg）。
說明：蘇聯所要求以寇松線為基準的邊界圖（含 Lwów）。

圖 1：寇松線圖

英國外相艾登在 1943 年 11 月 22 日的一份機密備忘錄中表示，英國原則上會同意以寇松線作為波蘭的東部邊界、支持波蘭在西部獲得補償，並將要求蘇聯作出讓步，確保波蘭政府能安全返回波蘭，讓波蘭人民自由決定其政治未來。事實上，邱吉爾首相與小羅斯福總統在會議上的態度差異甚大，導致波蘭問題在德黑蘭會議上被倉促處理，邱吉爾並未提出任何要求蘇聯做出讓步的提議，甚至對波蘭在蘇聯控制下的命運表現得毫不關心。因此，德黑蘭會議後，蘇聯對倫敦流亡政府的態度顯著強硬。在 1943 年最後一天，華沙的共產黨地下組織成立了「波蘭國民委員會」（Polish National Council of the Homeland），這是對流亡政府未來權威的首次國內挑

戰（Mastny, 1975: 502-503）。

德黑蘭會議之後，美國駐蘇聯大使哈里曼進一步釐清美方的立場，認為波蘭國家重建應該是英國的問題，只有邱吉爾首相能施壓倫敦的波蘭人來跟史達林談判。在 1944 年 1 月 18 日，蘇聯外長維亞切斯拉夫・莫洛托夫（Vyacheslav Molotov, 1939-45, 1953-58）向哈里曼表示，蘇聯希望看到流亡政府調整內閣，才願意與倫敦的波蘭人進行談判；莫洛托夫表示，倫敦政府必須進行重組，將人在英國、美國、及蘇聯的波蘭人納入閣員名單。根據哈里曼在 1 月 21 日向華盛頓發送的電報顯示，要是波蘭流亡政府第二任總理斯坦尼斯瓦夫・米科瓦伊奇克（Stanisław Mikołajczyk, 1943-44）能夠接受寇松線作為「邊界談判的基礎」，蘇聯將會承認新政府的正當性，米科瓦伊奇克不只不會被列為反蘇分子、更不會被肅清，還可以邀請來自美國、俄國、或波蘭的領袖來籌組政府（Harriman & Abel, 1975: 321-22）。

邱吉爾繼續向倫敦的波蘭代表施壓，要求他們正視現實。在 2 月 6 日的會議上，他脅迫米科瓦伊奇克接受蘇聯所提出的寇松線；他跟波蘭政府曉以大義，要是他們繼續堅持現行立場，將會失去一切，華沙終究會被共產黨政府把持，屆時，現任波蘭流亡政府除了向全世界抗議之外，無力採取任何行動。然而，米科瓦伊奇拒絕接受。邱吉爾在 2 月 22 日告訴下議院：「我認為俄羅斯對其西部邊界保證的要求並沒有違反常理[5]」；終究，邱吉爾的聲明並未改變米科瓦伊奇克政府的立場，也未能滿足史達林的要求（Harriman & Abel, 1975: 324-25）。

---

[5] 原文：「I can't feel that the Russian demand for a reassurance about her Western frontiers goes beyond the limits of what is reasonable or just.」（Harriman & Abel, 1975: 324）。

事實上,美國關鍵決策官僚對於波蘭與蘇聯的邊界以及國家重建問題,一開始都是抱持觀望而且沉默的態度,最後完全認同史達林的政策。這足以顯示,小羅斯福總統對蘇聯持開放合作的態度。在小羅斯福總統於 1945 年 1 月 4 日寫給邱吉爾首相的信件揭露了這個事實,他說:「非常遺憾,未能說服您相信蘇聯政府在波蘭問題上的立場是正確的。然而,我希望事實會證明,波蘭國民委員會會一直繼續向盟軍提供協助,並與盟軍在歐洲戰場上對抗德軍,反觀倫敦的波蘭流亡政府帶來更多的混亂,無疑是在協助德軍」;面對邱吉爾首相對波蘭臨時政府的延後承認,小羅斯福總統予以拒絕(FRUS, 1945a: 104)。

邱吉爾首相在信中告訴小羅斯福總統,英國的立場沒有改變,還是會繼續承認倫敦的波蘭流亡政府。然而,蘇聯打算在波蘭臨時政府一旦成立時立即予以承認,英國內閣成員感到沮喪(FRUS, 1945b: 105)。在 1945 年 2 月 4 日至 11 日,小羅斯福總統、邱吉爾首相、以及史達林總書記召開雅爾達會議(Yalta Conference),同意波蘭籌組臨時團結政府、並舉行自由公平的選舉。事實上,對於三巨頭這樣的安排,波蘭流亡政府既沒有參與也沒有授權,甚至毫不知情。波蘭流亡政府駐美國大使讓·切查諾夫斯基(Jan Ciechanowski, 1940-45)表示,大國處理波蘭問題的方法,除了違背了盟國之間的基本原則,也破壞『大西洋憲章』的精神與國家捍衛自身利益的權利(FRUS, 1945c: 111)。

伍、結論

第二次世界大戰期間,小羅斯福總統、邱吉爾首相、及史達林總書記參與了複雜的談判和戰後秩序的規劃。本文透過官僚行為

模式來分析美國對波蘭的外交政策，發現小羅斯福總統與哈里曼大使將波蘭視為平衡盟國競爭利益的棋子，試圖在促進與史達林合作的同時，確保美國在歐洲的戰後利益。然而，這種策略也導致美國在波蘭問題上的不明確立場和猶豫不決。在這些談判中，小羅斯福與史達林的互動逐漸從觀望轉變為認同，顯示了美國在波蘭議題上的外交政策缺乏一致性。儘管小羅斯福在擊退德軍與日本戰場上功不可沒，但他對於波蘭的政策卻顯得相對消極。

對邱吉爾而言，小羅斯福在波蘭問題上的猶豫不決讓他感到沮喪，特別是他多次與史達林就波蘭未來進行談判，但卻未能獲得美國的堅定支持。波蘭問題成為三大國之間最具爭議的議題之一，邱吉爾試圖在波蘭邊界和政府組成上達成某種妥協，但最終結果卻因美國的消極立場而大打折扣。對於邱吉爾來說，小羅斯福或許並不是一位值得託付的盟友，這在戰後秩序的談判中更為明顯。

隨著波蘭臨時團結政府的成立，波蘭共產黨的統治開始成為既定事實，持續了超過40年。由於決策官僚的不重視與消極態度，蘇維埃共產政權在波蘭迅速奪權，進一步強化了蘇聯在東歐的勢力範圍，並加深了美蘇之間的對立。筆者認為，小羅斯福在戰後秩序重建中的角色，特別是他的領導風格，是促成冷戰形成的重要因素之一。如果美國當時能夠採取更為積極和堅定的立場，波蘭的命運或許會有不同的結局？

參考文獻

洪茂雄,2020。《波蘭史》。台北:三民書局。
Allison, Graham T., and Philip Zelikow. 1999. *Essence of Decision: Explaining the Cuban Missile Crisis.* New York: Addison Wesley Longman.
Barber, James D. 2009. *The Presidential Character: Predicting Performance in the White House.* New York: Pearson Education.
Beard, Charles A. 1948. *President Roosevelt and the Coming of the War, 1941.* New Haven, Conn.: Yale University Press.
Burns, James M. 1970. *Roosevelt: The Soldier of Freedom: 1940-1945.* New York: Harcourt Brace Jovanovich.
Chamberlin, William Henry. 1950. *America's Second Crusade.* Chicago: Henry Regnery Co.
Cole, Wayne S. 1957. "American Entry into World War II: A Historiographical Appraisal." *Mississippi Valley Historical Review,* Vol. 43, No. 4, pp. 595-617.
Dallek, Robert. 1971. "Franklin Roosevelt as World Leader." *American Historical Review,* Vol. 76, No. 5, pp. 1503-13.
Divine, Robert A. 1969. *Roosevelt and World War II.* Baltimore: Johns Hopkins University Press.
Foreign Relations of the United States (FRUS). 1942a. "The Ambassador to the Polish Government in Exile (Biddle) to the Secretary of State." *Diplomatic Papers,* Vol. 3, Doc. 100 (https://history.state.gov/historicaldocuments/frus1942v03/d100) (2024/9/20)
Foreign Relations of the United States (FRUS). 1942b. "The Under Secretary of State (Welles) to President Roosevelt." *Diplomatic Papers,* Vol. 3, Doc. 104 (https://history.state.gov/historicaldocuments/frus1942v03/d104) (2024/9/20)
Foreign Relations of the United States (FRUS). 1942c. "The Ambassador to the Polish Government in Exile (Biddle) to the Secretary of State." *Diplomatic Papers,* Vol. 3, Doc. 126 (https://history.state.gov/historicaldocuments/frus1942v03/d126) (2024/9/20)
Foreign Relations of the United States (FRUS). 1942d. "Memorandum by the Polish Prime Minister (Sikorski) on the Polish-Russian Frontiers." *Diplomatic Papers,* Vol. 3, Doc. 179 (https://history.state.gov/historicaldocuments/frus1942v03/d179) (2024/9/20)
Foreign Relations of the United States (FRUS). 1945a. "President Roosevelt to the British Prime Minister (Churchill)." *Diplomatic Papers,* Vol. 5, Doc. 104 (https://history.state.gov/historicaldocuments/frus1945v05/d104) (2024/9/20)
Foreign Relations of the United States (FRUS). 1945b. "The British Prime Minister

(Churchill) to President Roosevelt." *Diplomatic Papers*, Vol. 5, Doc. 105 (https://history.state.gov/historicaldocuments/frus1945v05/d105) (2024/9/20)

Foreign Relations of the United States (FRUS). 1945c. "The Polish Ambassador (Ciechanowski) to the Acting Secretary of State." *Diplomatic Papers*, Vol. 5, Doc. 111 (https://history.state.gov/historicaldocuments/frus1945v05/d111) (2024/9/20)

Greenstein, Fred I. 2009. *The Presidential Difference: Leadership Style from FDR to Barack Obama.* Princeton: Princeton University Press.

Harriman, W. Averell, and Elie Abel. 1975. *Special Envoy to Churchill and Stalin 1941-1946.* New York: Random House.

Laurinavičius, Česlovas. 2022. "The Background to the Anglo-Soviet Treaty of 1942: The Problem of Compromise Solutions for Lithuania (The Baltic States)." *Lithuanian Historical Studies,* Vol. 26, No. 1, pp. 97-127.

Mastny, Vojtech. 1975. "Soviet War Aims at the Moscow and Teheran Conferences of 1943." *Journal of Modern History*, Vol. 47, No. 3, pp. 481-504.

McGilvray, Evan. 2010. A *Military Government in Exile: The Polish Government in Exile 1939-1945, A Study of Discontent.* New York: Helion & Co.

Neustadt, Richard E. 1990. *Presidential Power and the Modern Presidents: The Politics of Leadership from Roosevelt to Regan.* New York: John Wiley & Sons

Rauch, Basil. 1950. *Roosevelt: From Munich to Pearl Harbor.* New York: Creative Age Press.

Sherwood, Robert E. 1948. *Roosevelt and Hopkins: An Intimate History.* New York: Harper & Brothers.

Tansill, Charles C. 1952. *Back Door to War: The Roosevelt Foreign Policy, 1933-1941.* Chicago: Henry Regnery Co.

Wikimedia Commons. 2023. "File:Curzon line en.svg." (https://commons.wikimedia.org/wiki/File:Curzon_line_en.svg) (2024/9/20)

中東歐國家的民粹主義與民主發展
——波蘭與捷克

鄭得興

東吳大學社會學系副教授兼中東歐研究中心主任

壹、前言

　　東歐前共產國家從 1989 年之後陸續非共化，非共化的中東歐國家有明確加入歐盟的願景，從 2004 年有 8 個後共國家「回歸歐洲」加入歐盟開始，之後仍有其他中東歐國家加入或等著加入歐洲聯盟及北約組織。新歐洲[1]對經濟發展有美好未來想象的藍圖，因此他們從社會主義計畫經濟轉向新自由主義的市場經濟是有熱烈期待的。新歐洲人從過去經常使用的「人民」語詞改為「公民」的論述，自由主義市場經濟與公民社會的民主發展都成為新歐洲師法舊歐洲的遵循路徑。21 世紀進入到了第 2 個 10 年，加入歐盟的新歐洲，其自由與民主都仍在持續深化中。國際局勢又變化萬千，其中，2008 年的金融危機衝擊著新歐洲新興的市場經濟，接著 2015 年中東戰爭造成大量歐洲難民，歐盟希望所有會員國共體時艱，並由各國分配及接收中東難民數，然而中東歐國家集體拒絕歐盟的這項要求。中東歐的民粹主義即在此際的國內自由民主未能鞏固，對外又須應付歐盟各項要求的背景下興起。

---

[1] 新歐洲是指 2004 年之後陸續加入歐盟的國家，更具體是指涉前共產國家。

加入歐盟後新歐洲期待公民社會的進展，盼望自由市場經濟能帶來社會繁榮，但過程並不順，隨後新歐洲開始不時地出現新興政黨，他們反對既有的建制政黨壟斷政治資源，以及精英政治不顧人民死活，一直配合歐盟行事，卻忽略本國的利益與國族自尊等。於是透過組織政黨，以選舉為手段，承諾要改變政治、社會與經濟等體質，在波蘭有「法律與公正黨」、捷克有「不滿公民行動黨」、斯洛伐克有「社會民主-方向黨」、匈牙利有「青年民主主義者聯盟」等。外界稱呼他們為民粹政黨，學界批評他們是反民主的民粹主義。民粹主義是中東歐後共時期民主發展的新興現象，但並非中東歐獨有，西歐也有民粹政黨與民粹主義，而且隨著經濟難題與難民危機而日益複雜。中東歐夾雜著後共發展的歷史脈絡，以及加入歐盟歷程的心理狀況，其民粹主義的屬性有別於西歐。新舊歐洲目前民粹主義的發展勢頭強勁，雖引來許多的關注與批評聲浪，但事實上仍是阻止不了民粹政黨正逐步在擴展其政治版圖。

　　本文主要以波蘭及捷克兩個後共國家的民粹政治發展，來說明中東歐民主發展的這條路走來並不順利，中東歐民粹思維大概源於新興民主發展路徑的受挫，東歐共產國家在後共的民主發展原有清晰的路徑圖，即是跟隨西方公民社會的指標前進，並希望在加入歐盟之後，不僅分享歐洲人權價值，也分享歐盟自由市場經濟的果實。然而每個後共國家的民主化都有其各自的歷史、社會文化遺緒，民主深化經驗各有不同，例如波蘭的民主化具有深層的天主教價值觀，因此波蘭民粹政黨高舉反墮胎及反跨性別主義等。捷克在後共民主化初期到加入歐盟期間，都是歐盟有名的疑歐主義者，尤其以捷克前總統克勞斯（Vaclav Klaus）為代表，捷克特別強調近代歷史的負面經驗，包括『慕尼黑協定』(1938)及布拉格之春（1968），因而對地緣政治表示相當的不信任，捷克的民族自尊與

加入歐盟經驗所產生的民粹思維似乎比其他許多中東歐國家來得早。民粹主義沒有固定形式的主張與作為，但基本上都是寄生在自由民主制度之下，因此共產政權的「人民」思維不應劃歸在民粹政黨政治範圍內，因為共產制度與當代民粹主義並不相容。本文想檢驗中東歐在後共時期的民主發展經驗，主要以波蘭及捷克個案作說明，特別是以公民社會發展的不足，以及加入歐盟的心理挫折等，來作為討論中東歐民粹主義盛行的因素。[2]

貳、中東歐的民主化發展

二次大戰納粹德國戰敗之後，東歐國家在蘇聯的支持下陸續經過「民主合法」程序選擇了共產政權，然而冷戰的結束卻是東歐國家人民紛紛以「不民主的非法」（革命）手段讓共產政權下台。中東歐共產政權的失敗原因之一是導於公民社會力量所致，而具體時間點是1980年代波蘭團結工聯的興起，事實上1980年代初是美蘇全球對戰的轉折點，美英新保守主義的聯合已讓蘇聯備感壓力。蘇聯集團在1968年布拉格之春鎮壓捷克之後，逐漸對東歐國家的掌控力量有所鬆動。蘇聯領導人戈巴契夫要求東歐共產集團鬆綁自由化程度，以自救日益艱困的社會主義經濟體系。波蘭及匈牙利從1970年代以來的自由化程度有增無減，儘管捷克及斯洛

---

[2] 本篇文章是筆者（鄭得興，2021a）另一篇文章的進一步發展，本篇論文與前述論文的主要差異有三：（一）本篇論文主要以波蘭及捷克做為中東歐個案，更深入論述中東歐民主與民粹議題；（二）本篇更具體指出中東歐國家加入歐盟之後，在公民社會與社會信任等民主相關指標上發展之不足，同時又感受舊歐洲的歧視，其所造成的民族自尊受損，轉而支持國家利益的民粹主張；（三）筆者（鄭得興，2013）以另一篇過去曾發表的相關文章，可作為本篇文章實證分析的補充。

伐克因為蘇聯鎮壓其1960年代的自由化運動,並且在1970及1980年代的捷克及斯洛伐克,倒退到1950年代共產政權高壓統治的「正常軌道」上,然而在1980年代末的捷克斯洛伐克共產政權倒台卻是瞬間爆發。東歐共產國家間除了其政權成立(二戰後)與被廢除(1989後)的前後兩個時間點大致相同之外,東歐各國之間共產政權治理的發展脈絡皆迥然不同。1980年代慢慢滋生起來的公民社會,於是最終推翻了共產政權,然而中東歐的公民社會所指為何?為何公民社會力量是成為推翻東歐共產政權的重要因素?中東歐的公民社會意涵是不同於西歐美國等國家的指涉,以上問題是研究中東歐民主化的重要議題,然而其中的「公民社會」不能單純地視為中東歐民主化的萬靈丹,其負面效用也可能形成了中東歐民主化後民粹主義的重要來源(Seligman, 2002: 13-33; Pietrzyk, 2003: 38-45; Howard, 2003; McLaverty, 2002: 303-18; Peregudov: 50-66)。公民社會是來自於從下而上的自主力量,在波蘭除了團結工聯之外,還包括天主教。然而,這股力量在捷克是比較隱性的,因為共產政權的高壓治理,就如赫拉巴爾在小說「過於喧囂的孤獨」中所說的,表面平靜,但地下卻暗潮洶湧。地下文學與音樂即成為對抗捷克共產政權的重要武器,民主化後的哈維爾總統,在共產時期即是有名的劇作家。

　　中東歐的民主化是屬於杭廷頓所宣稱的第三波民主浪潮,這波民主化浪潮是全球性的,從1970年代以來的南歐、南美與南非,再到東亞與東歐(Huntington, 1993: 266-71)。然而,這波民主化的過程假如都以各種各樣的「公民社會」來作為推翻威權或極權政權的解釋因素,則有所牽強。筆者認為作為推翻威權或極權政權的公民社會力量實際上並未充份探討清楚,以波蘭的「團結工聯」為例,甚至於波蘭的天主教勢力,都可能被視為「公民社會」的反抗

力量。然而在捷克 1970 年代以後,其實並沒有明確而有力的反政府勢力存在,七七憲章派作為反抗勢力仍過於薄弱。捷克民主化之後的哈維爾總統,稱推翻共產政權的力量是「無權力者的權力」,是來自人民普遍潛在的反抗力量。假如稱這股力量就是所謂的公民社會力量,基本上仍是抽象模糊的。筆者認為東歐共產政權的興與衰都是決定在美蘇對抗格局的國際政治架構下的結果,中東歐長久歷史以來都是位處國際地緣政治的邊陲或緩衝地帶。然而全球性的民主第三波浪潮中,來自於社會對抗力量仍是不可忽視的。因此,中東歐推翻共產政權的力量與當代民粹孳生的力量都是由下而上,但前者是民主化的基礎,而後者卻被擔憂成反民主化的現象。

　　在民主國家想要更換一個政權,正常而言,大凡透過民主的選舉機制。然而在共產極權國家,其政治遊戲規則大不同,統治者的權力鬥爭仍是在極權架構下運行,最後只是換了不同人馬來操作極權的政府機器。因此「公民社會」就成為美歐等西方勢力不僅用來操作結束東歐共產政權的工具概念,同時也是要在後共產時期鞏固民主化的重要依據。中東歐民主化之初,許多人仍猶活在過去,因為許多人仍跟隨著前共產政權的統治方式,像民主化後的捷克共產黨仍有大量的民眾支持。假如在共產時期來自社會基層異議的聲音,可以被形容為公民社會力量,這股異議的力量最終推翻了共產政權。然而,現在在中東歐的民主社會中,不同的社會聲音並存應屬正常的,不過目前有一種民粹的聲音卻特別受到關注,民粹是否為反民主仍有不同的見解,然而在中東歐民主社會發展中,為何會有民粹與民主的共生?

參、中東歐的民粹主義

　　中東歐在 1989 年之後的民主化，採行了西方新自由主義與全球市場化的運作模式，也是過去共產政權口口聲聲要反對的資本主義模式。西方模式的民主作為冷戰後中東歐新興的意識形態，不僅是經濟體制跟過去絕然不同，各項社會制度都不同於以往，比如社會主義的全民照護體系也因為預算限制而轉變為有限制條件的施行。不過，新興民主思維下的人權觀念跟共產政權有著極大的差異性，民主化後比較符合西方當代自由主義與民主價值的理念。中東歐民主化紛紛打著回歸歐洲的口號，然而歐盟日漸東擴卻又讓中東歐國家開始產生對過去歷史地緣政治的心理擔憂，中東歐國家隨著加入歐盟的進程演變，開始又對歐盟產生不信任感。後冷戰時期的中東歐對於國際體系的大國，都希望能盡量維持等距外交的形式，因為中東歐的地緣政治及歷史經驗經常是負面的。中東歐的民主化就在歐洲整合的進程下一路深化下去，然而中東歐的民主化並非只是單純的「西化」或「歐盟化」，最重要的是中東歐國家有其自身的歷史經驗（張瑛，2020；項左濤，2017）。

　　前東歐共產政權下的「公民社會」是由下而上的反極權力量，共產時期的「公民社會」不同於西方公民社會的概念與具體運作內容，東歐共產時期的社會自然孕育不滿的情緒團體，直到推翻共產政權。然而中東歐民主化後的公民社會一直並未發展穩固完善（鄭得興，2013），人民在失去過去「大有為」政府的依靠之後，仍需要重新尋找政治依靠力量，而當中東歐民主化後因為政黨政治腐敗情況嚴重，而導致人民對民主政治開始失望，於是中東歐民粹主義逐漸在民主深化過程中油然而生。中東歐民主化 30 年來，憲政體制、法治治理、政治參與及政黨政治等民主機制盡管都有進步，

但近年來的民粹主義卻也在中東歐新興民主國家悄然崛起。在歐洲地區的民粹發展,大致是歐盟會員國的人民因為反對歐盟精英的政策所引伸出來,針對歐盟相關政策如移民及難民處置上的不同意見,結果演變成歐盟各國極端政黨在政治選舉上的民意支持。

民粹並非要推翻民主,反而是要寄生在民主的形式上。近年來,中東歐國家的各項民主選舉,皆有新興政黨藉由極端訴求而在選舉上大有斬獲,例如波蘭及捷克等國。民粹主義與公民社會一樣,都是訴求於由下而上的人民與菁英對抗,然而民粹主義更在於透過形塑社會不公,以利政客鼓吹各種社會壓迫來獲取選票。在英國「成功」脫歐之後,歐盟地區的民粹風潮儼然成形,中東歐國家從共產國家蛻變成新興民主國家,作為歐盟的新成員,新舊歐洲彼此之間的互信基礎並不厚實。中東歐的歐盟會員國在深層心理結構上一直存在著相對剝奪感的危機意識,因此,中東歐各國常以彼此聯盟方式共同反抗歐盟的整體政策,如難民政策。中東歐國家反抗歐盟也開始成了民主深化路徑的一環,而各國政客用以操作民意情緒與走向來訴之反抗歐盟,也成了民粹與民主共生的政治現象(楊‧路德維希,2020:47-74;楊-維爾納‧米勒,2019:9-53;約翰‧朱迪斯,2017:135-64;露絲‧沃達克,2020:1-36;山姆‧魏爾金,2019:5-14;史蒂文‧李維茲基與丹尼爾‧齊布拉特,2019:9-44)。

近年來自中東及北非國家的歐洲難民潮,引發了歐盟與會員國及各會員國之間的角力對抗,促使了法國、奧地利、北歐國家、中東歐國家的右派極端勢力的興起,他們訴諸民眾對難民的恐懼與憎惡而獲得選舉的勝利。在中東歐地區,他們對來自中東的難民明確表達拒收,他們透過反難民的國家利益為訴求,反抗歐盟對各會員國的難民配比。另外,中東歐民主化中為配合歐盟的新自由主義市場化的經濟整合領域,顯然也出現許多困難,這情況促成了保

護本國經濟發展利益的聲音，民粹政黨皆以人民利益為政治口號，批判對手背離民意，透過民主選舉的競爭後，他們卻各自都有議席的斬獲。公民社會與民粹主義兩者相通的背景是民主環境與由下而上的人民力量，但不同的是民粹政治是假借人民利益之名而行政黨利益之實。公民社會訴諸公民參與的力量，而民粹主義訴諸社會盲從的恐懼意識。

中東歐民粹主義有異於歐盟其他地區之處，中東歐民主化的其中一個關鍵是透過歐盟整合機制在進行，由於中東歐具有前共產政權的政治脈絡，因此「公民社會」、「公民參與」及「社會信任」等西方民主重要指標，在目前的中東歐國家的實踐情況，仍與西歐國家有顯著的差距。由於中東歐民主深化過程中的「公民社會」、「公民參與」及「社會信任」之發展程度，無法有效抑制中東歐民粹主義的盛行，因此中東歐的民粹特色更具有反歐盟情節、貪污腐敗、政治無力感等。目前想了解中東歐的民主化發展，就不能不同時了解如影隨形的民粹主義。公民社會是克制中東歐民粹主義的良方，但中東歐公民社會的發展仍具有不少困境，其中公民參與低落及社會信任不高尤為重要。中東歐的民主深化與民粹發展，值得同樣是新興民主發展國家的台灣進行比較與參考。[3]

在中東歐地區，公民的不參與及社會不信任正好造成民(粹主義的起源與發展。後共時期的中東歐國家民主化、民主鞏固及民主深化，伴隨著民粹主義的共生，而實際情況有其中東歐區域的政治特殊性。中東歐的「公民不參與」所形成的社會冷漠，在歐洲難民議題以及歐洲整合的瓶頸(以英國脫歐為例)下，恰好提供中東歐

---

[3] 有關公民社會、公民參與、社會信任的新舊歐洲之比較，可以參考筆者(鄭得興，2013)另一篇文章，不過，這篇文章並未處理到中東歐民粹主義與民主發展的關係。

新興政黨及有心人士借題發揮的運作空間，他們利用人民對若干議題的不安全感而訴諸民意。近年來不管是新興政黨或老牌政黨都逐漸懂得如何利用恐懼管理模式來操作選舉，易言之，其選舉策略是製造社會不安全感，把對手描述為背叛國家利益的人民公敵，利用相對的社會剝奪感刺激人民的選舉參與，這種民粹式的政治選舉參與和公民社會的參與本質是不同的。公民社會是建構在公民參與之上，民粹主義則需要社會從眾或盲從。民粹式的語言充滿極端的政治誘惑性，激發人民的恐懼心理而出來投票，而非鼓勵人民透過公共議題的興趣培養，進而了解民主意涵及投票參與。中東歐的公民社會及其公民參與並不積極，然而民粹特有動員民眾的方式，近年來我們看到中東歐許多國家的投票率大幅增長，這樣的高度政治參與也是觀察民粹的可能現象。

　　福山以國族自尊來解釋中東歐民粹主義的興起，因為自從中東歐在加入歐盟之後，其人民原有對歐洲認同的期待遲遲無法滿足，因而產生國族自尊的挫折感，他們覺得被老歐洲看成是歐洲二等公民，他們是歐盟邊陲地帶的落後地區。原來就存在中東歐地區的疑歐主義，於是演變成民粹政黨操縱國族主義來對抗歐盟的工具。歐盟一直主張團結一致與歐洲認同，近年來不斷受到中東歐民粹政黨主張國家主權的挑戰。中東歐國家一方面需要獲得來自歐盟的各項建設補助，但一方面又強化對抗歐盟的力道，以獲得選舉上的更多選票（法蘭西斯・福山，2020：63-78）。

肆、波蘭與捷克個案

　　中東歐新興的民粹政黨與西歐國家情況有許多相似處，儘管民粹政黨的屬性可能有左派，也有右派，但除了斯洛伐克的「社會

民主－方向黨」是左翼民粹政黨之外，中東歐的主要民粹政黨大致仍是以右翼為主，波蘭的主要民粹政黨「法律與公正黨」(PiS)及捷克的「不滿公民行動黨」(2011 ANO)都是右翼民粹政黨。因為歐洲大多國家的政治制度都是內閣制，而使得歐洲的政黨屬性及意識形態顯得重要。中東歐在民主化之初，左翼或中間偏左政黨如社會民主黨等比較認同歐洲整合理念，因此在推動加入歐盟上比較積極。在加入歐盟之後，中東歐各國紛紛面臨經濟與民主政治發展瓶頸，此時比較持國族思維的右翼政黨，利用新興社群媒體、民粹式政治語言、反對歐洲難民議題、選舉政策買票方式等，獲得選民的支持，波蘭與捷克的主要民粹政黨即是如此（林正宜等，2021）。儘管捷克在 2021 年的國會大選及波蘭在 2023 年的國會大選，執政的民粹政黨（「不滿公民行動黨」及「法律與公正黨」）都失去了執政權，但這兩個政黨相同的情形是他們仍獲得最多選民的投票支持，只是他們都無法順利組成聯合內閣，而拱手讓位給反對黨（鄭得興，2021b：18-21）。中東歐從進入 2010 年代以來，至今這十幾年來的民粹政黨發展相當迅速，顯示這些政黨實際上是獲得許多民意支持的，同時這也意味著中東歐在歐洲整合的進程中出現倒退現象。波蘭與捷克民粹政黨利用媒體來製造民意，波蘭「法律與公正黨」甚至利用法官的重新任命權，而違反了司法正義。他們利用許多手段試圖鞏固他們的執政權，儘管目前波蘭與捷克的民粹政黨暫時都是在野地位，但隨即明後年他們都會再度面臨大選，他們的政治影響力仍是相當大，目前中東歐的政治情況大致都類似波蘭及捷克，亦即民主發展皆伴隨民粹的滋生。

　　中東歐的民粹影響力主要呈現在首都以外地區，或地處國家邊緣地帶。大都會地區因為公民社會力量較為鞏固，因此民粹比較無法遂行，這也印證了在中東歐地區的公民社會與民主發展是有

相關連結的。捷克「不滿公民行動黨」的黨主席巴比什，他是號稱捷克川普的第二有錢的富人，他購買了捷克的主要媒體作為他宣傳工具，他反對精英政治，他以商業治理經驗來帶領政府，他的團隊擅長經營社群媒體，捷克近來幾次大選他的政黨經常都大有斬獲，巴比什進而競爭總統大位（2023），儘管最終以敗選收場，但將來他仍有機會再起。波蘭「法律與公正黨」堅持天主教的傳統價值觀，堅持反對墮胎，並以國族認同來捍衛國家利益，同時極力抗拒歐盟的難民政策。儘管在去年（2023）國會大選的結果無法順利組閣，但是目前波蘭總統仍是「法律與公正黨」的杜達（倪世傑，2024）。

　　從波蘭及捷克民粹政黨的個案來檢視中東歐民主發展的困境，這與杭廷頓在第三波民主化的理論中有所不同，雖然民主發展也可能倒退，但民粹與民主的共生與寄生的情況有些弔詭，亦即民粹必須要有民主發展的前提，民粹必須藉由民主的形式來運行，才能達到少數人能夠持續執政的目的，例如匈牙利總理奧班。中東歐民主化進程中原本關注的公民社會力量，並不是沒有發展，而是再多的非營利或非政府組織，似乎並沒有產生更多的公民參與與公民意識。另外，經濟發展的遲緩也降低了人們對加入歐盟的期待與想像，通貨膨脹造成了人們對自由經濟體系的挫折感，反觀民粹政黨漂亮的口號激勵了選民的參與投票，結果波蘭與捷克的大選投票率都創下超過七成的歷史新高紀錄，高投票率見證了民粹政黨政治的存在。然而高投票率不代表公民參與的品質，波蘭與捷克的民粹危機，就是整個中東歐民主發展危機的縮影，顯示公民社會建構的不夠完善。公民社會包括公民參與非政府組織及活動、公民素養、社會與政治信任等，因此波蘭與捷克的民粹政黨可以利用大眾或社群媒體形塑對其有利的民意，一般選民難以判斷其真假良莠。

捷克2021年的大選結果，左翼政黨竟然都無當選席次，社會民主黨與共產黨的選票都未能獲得百分之五的門檻。左翼政黨在國會的缺席可能影響歐洲整合的效率，這也是民主化之後的中東歐國家面臨疑歐主義與國家認同的兩難選擇（Jarábik & Učeň, 2018; Cisar & Stetka, 2016）。波蘭民粹政府對憲法法庭的重整結果，引起歐盟法院對波蘭的訴訟。其他中東歐國家也都各有其與歐盟衝突之處，民粹主義在其中扮演深化矛盾的角色。

伍、結論

　　中東歐的民粹主義有其政治環境的背景脈絡，1989年民主化的中東歐國家都必須接受歐盟的民主化要求，才能加入歐盟，中東歐人民有歐洲認同的心理需求，但未必認同歐盟（總部在布魯塞爾）。從某種視角來看，歐盟成為中東歐人民反抗的新統治階級。再者，中東歐的民主化過程，其公民社會並未充分發展與穩固，因此人民對政府的信任度不高，對政治普遍具有冷漠及無力感，部份人民反而對共產政權開始產生懷舊。中東歐的民粹主義內涵具有其特殊性，民粹主義在中東歐進入21世紀之後，似乎也加入了不可避免的全球化進程中。正當西方民主大張旗鼓，擴張第三波民主化版圖之際，各種假人民利益作為政治口號的民主秀場到處上演，我們發現民粹主義正是伴隨著民主發展而共生。

　　公民社會兼有實證與規範性內涵，實證意義如社團生活、做為對抗政治的第三部門及公民參與，公民社會的規範價值即在文明社會的追求。公民參與鼓勵公民積極關懷公共領域與事務，甚至對抗政治的不當治理，公民做為自己事務的真正主人，而不再對社會或政治關懷抱持冷漠與忽視態度。這種公民社會與公民參與的理

念型,或許可以抵擋民粹主義。然而事實上中東歐公民社會目前是不太可能建構健全的,要讓公民參與成為新興民主國家中公民社會的普遍生活形式,不僅能使民主價值鞏固,更能深化民主生活價值。在公民社會與民主的建構及鞏固中,公民參與扮演重要角色。不過,就實證資料顯示,中東歐新興民主國家在許多公民參與指標仍舊相當低落,顯示人們仍不願參與公民活動的實踐,這情況也助長了民粹主義。易言之,中東歐民粹主義已經伴隨著民主深化,共生在中東歐的公民社會裡。

透過社會(不)信任與公民(不)參與的概念與現象回顧,看出二者之間是有緊密連結的關係,而社會資本的負面要素(例如社會不信任)與中東歐後共國家的前政權遺緒有緊密相關(鄭得興,2013)。東歐共產政權之下,人民普遍不信任共產黨說的話,共產社會之下的政治信任度很低。經過數十年共產社會的負面薰陶下,人們很難在民主化之後的短時間內徹底改過對政治社會的不信任基礎。雖然中東歐共產政權的回復可能性是微乎其微,但對舊政權的懷念或其遺緒來看,仍可能是表示了人們對民主政治的不滿。另一方面,中東歐對民主化的實踐仍是在學習階段,由於對民主的不熟悉,正是被有心的政治人士來操控選舉,以似是而非的政治訴求來獲取政治資源。因為中東歐公民社會的困境,而形成中東歐對民粹主義的社會盲從,這種人民從眾的參與不同於公民社會的參與,中東歐民粹主義之所以起源於民主深化過程,正是因為公民不參與所造成。

1989年之後前東歐共產國家回歸歐洲所懷抱的為下一代著想,希望下一代過得更好,從歐盟整合的實踐經驗來看,這個目標是受肯定的。自由化與民主化讓中東歐的年輕世代有更多選擇的可能性,他們也分享歐洲價值,透過全球移動,很難說他們並無歐

洲認同的部份。不過,對中東歐國家有前共產時期生活經驗的人來說,過去的歷史記憶變得越來越複雜。或許他們也不想回復共產政權的統治,但對新自由主義所建構的美好願景,透過市場競爭機制中逐漸粉碎了與老歐洲平起平坐的想像。老歐洲的資本一直流向中東歐國家,雖然創造了許多就業機會,但這也只是將老歐洲為降低人力成本而將工廠移往中東歐的市場經濟行為,中東歐於是成為歐洲汽車的代工區域。外資成為掌控中東歐國家經濟的命脈,於是增加了中東歐與西歐的衝突,也為歐洲整合增加衝突性。中東歐民粹政黨剛好利用與歐盟的矛盾,製造更多有利於自己選票的可能性。

波蘭與捷克的民粹主義發展基本上都符合本文的論述,然而問題是目前中東歐的民粹政黨為何有廣大市場?中東歐民粹政黨大都是新興政黨,為何他們能在組黨之後沒多久時間,在各項選舉中打敗傳統政黨。中東歐民粹政黨的現象有諸多雷同於西歐的民粹政黨,但其成因也有中東歐歷史、社會及經濟等諸多差異性。波蘭社會價值主要是來自於天主教,反墮胎也成為波蘭民粹政黨的主要政見。捷克民粹政黨「不滿公民行動黨」的黨主席巴比什,以其生意人身份及經驗治國。杭亭頓提出「二重翻轉測驗」來測量民主是否鞏固,中東歐國家從民主化以來都已歷經多次選舉及政黨輪替,他強調政治行為制度化的重要性,人民對政府政策可以表達不滿,並透過選舉讓執政黨下台。不過,假如民眾對民主體系所累積的失望已超過忍受範圍,又無法更換執政黨,則對民主發展不利。因此,對新興民主國家的人民而言,民主價值與態度的內化相當重要。不過,民粹主義的「反」民主現象卻是人民透過民主選舉方式選出民意代表,從而組織政府來治理各項政務。或許對中東歐新興民主國家而言,民主鞏固仍是一項挑戰,然而民主與民粹的共生情形仍是現在進行式,此時需要更多的觀察與評論。

參考文獻

山姆‧魏爾金（Sam Wilkin）（孔思文譯），2019。《民粹與政權的覆亡》（*History Repeating: Why Populists Rise and Governments Fall*）。台北：遠流出版社。
史蒂文‧李維茲基（Steven Levitsky）、與丹尼爾‧齊布拉特（Daniel Ziblatt）（李建興譯），2019。《民主國家如何死亡》（*How Democracies Die*）。台北：時報文化。
法蘭西斯‧福山（洪世民譯），2020。《身分政治：民粹崛起、民主倒退，認同與尊嚴的鬥爭為何席捲當代世界？》（*Identity: The Demand for Dignity and the Politics of Resentment*）。台北：時報文化。
林正宜、王孟平、張世強，2021。〈從政治不正確到政治正確：波蘭右翼反難民（移民）論述的挑戰〉《問題與研究》60 卷 1 期，頁 129-65。
約翰‧朱迪斯（John B. Juddis）（李隆生、張逸安譯），2017。《民粹大爆炸》（*The Populist Explosion*）。台北：聯經。
倪世傑，2024/8/20。〈國會亂政的毀憲指南（上）：匈牙利與波蘭民粹政黨的司法侵蝕記〉（https://global.udn.com/global_vision/story/8663/8173712）（2024/8/26）
張瑛，2020。〈中東歐新民粹主義政黨的政治生態探析〉《社會科學前沿》9 卷 10 期，頁 1655-59。
項左濤，2017。〈試析中東歐新民粹主義政黨的興起〉《國際政治研究》2 期，頁 81-106。
楊‧路德維希（Jan Ludwig）（邁德文譯），2020。《民粹主義：21 世紀公民的思辨課》（*Populism*）。台北：平安文化。
楊-維爾納‧米勒（Jan-Werner Muller）（錢靜遠譯），2019。《什麼是民粹主義？》（*What Is Populism?*）。中國南京：譯林出版社。
鄭得興，2013。〈新興民主國家之公民社會及參與民主：台灣與捷克之個案研究〉《法治與公共治理學報》1 期，頁 59-100。
鄭得興，2021a。〈中東歐的民主與民粹〉《巴黎視野》54 期，頁 12-16。
鄭得興，2021b。〈2021 年捷克大選與政黨政治〉《巴黎視野》57 期，頁 18-21。
露絲‧沃達克（Ruth Wodak）（楊敏等譯），2020。《恐懼的政治：歐洲右翼民粹主義話語分析》（*The Politics of Fear*）。中國上海：格致出版社。
聽橋，2023/9/15，〈訪談：波蘭民粹主義的源頭〉（https://user.guancha.cn/main/content?id=1088911&s=fwzwyzzwzbt）（2024/8/29）
Cisar, Ondrej, and Vaclav Stetka. 2016. "Czech Republic: The Rise of Populism from the Fringes to the Mainstream," in Toril Aalberg, Frank Esser, Carsten Reinemann, Jesper Strömbäck, and Claes H. de Vreese, eds. *Populist Political Communication in Europe*, pp. 285-98. Abingdon: Routledge.
Howard, Marc Morjé. 2003. *The Weakness of Civil Society in Post-Communist Europe*. Cambridge: Cambridge University Press.

Huntington, Samuel P. 1993. *The Third Wave: Democratization in the Late Twentieth Century*. Norman: University of Oklahoma Press.

Jarábik, Balázs, and Peter Učeň. 2018. "What's Driving Czech Populism?" Carnegie Europe, January 11 (https://carnegieendowment.org/europe/strategic-europe/2018/01/whats-driving-czech-populism?lang=en) (2024/8/26)

McLaverty, Peter. 2002. "Civil Society and Democracy." *Contemporary Politics*, Vol. 8, No. 4, pp. 303-18.

Peregudov, Sergei. 2006. "Civil Society as an Agent of Public Politics." *Russian Politics and Law*, Vol. 44, No. 6, pp. 50-66.

Pietrzyk, Dorota I. 2003. "Democracy or Civil Society?" *Politics*, Vol. 23, No. 1, pp. 38-45.

Seligman, Adam B. 2002. "Civil Society as Idea and Ideal," in Simone Chambers, and Will Kymlicka, eds. *Alternative Conceptions of Civil Society*, pp. 13-33. Princeton: Princeton University Press.

台灣國際研究叢書055　PF0373

波蘭
——發展現況與展望

主　　　編／施正鋒、紀舜傑
責任編輯／鄭伊庭
圖文排版／陳彥妏
封面畫作／謝肇耿
封面設計／嚴若綾
出版發行／獨立作家
共同策畫出版／台灣國際研究學會
發 行 人／宋政坤
法律顧問／毛國樑　律師
製作印行／秀威資訊科技股份有限公司
　　　　　地址：114 台北市內湖區瑞光路76巷65號1樓
　　　　　電話：+886-2-2796-3638　傳真：+886-2-2796-1377
　　　　　服務信箱：service@showwe.com.tw
展售門市／國家書店【松江門市】
　　　　　地址：104 台北市中山區松江路209號1樓
　　　　　電話：+886-2-2518-0207　傳真：+886-2-2518-0778
網路訂購／秀威網路書店：https://store.showwe.tw
　　　　　國家網路書店：https://www.govbooks.com.tw

出版日期／2025年6月　BOD一版　定價／360元

|獨立|作家|
Independent Author

寫自己的故事，唱自己的歌

版權所有‧翻印必究　Printed in Taiwan　本書如有缺頁、破損或裝訂錯誤，請寄回更換
Copyright © 2025 by Showwe Information Co., Ltd.All Rights Reserved

讀者回函卡

```
波蘭：發展現況與展望 / 施正鋒, 紀舜傑主編. -- 一版.
  -- 臺北市：獨立作家, 台灣國際研究學會, 2025.06
   面；  公分. -- (台灣國際研究叢書；55)
BOD版
ISBN 978-626-7565-18-6(平裝)

1.CST: 區域研究  2.CST: 國家發展  3.CST: 文集
4.CST: 波蘭

744.407                                    114005857
```

國家圖書館出版品預行編目